Yanaihara Tadao :
Portrait of a Christian, Scholar and Educator
Shigehiko KAMOSHITA, Yoichi KIBATA,
Nobuo IKEDA and Yoshikatsu KAWANAGO, Editors
University of Tokyo Press, 2011
ISBN 978-4-13-003370-1

東京大学総長時代

神戸にて（1904年5月8日）　右より矢内原忠雄、矢内原安昌、神戸中学校教員・望月信治

矢内原三兄弟　右より忠雄、啓太郎、安昌

第一高等学校時代
（1911年）　右より
矢内原忠雄、河合
栄治郎、三谷隆信

住友時代、
新妻の愛子さんと

戦前、東京大学教授時代

ヨーロッパ留学時代

（左）ドイツ留学中、ゲーテ記念碑の前で（ハイデルベルク、1921年）右より大内兵衛、糸井靖之、矢内原忠雄

恵子夫人とともに

息子たちと　右が伊作、左が光雄

台湾調査旅行（1927年）

長島愛生園にて（1937年）

「ロマ書講義」終了後の記念撮影　京城ホテルにて（1940年9月13日）

第一高等学校最後の卒業式（1950年3月24日）

同上　左から矢内原忠雄、麻生磯次、杉 敏介、安倍能成、天野貞祐歴代校長

東京大学教養学部正門木製門札

東京大学教養学部1号館東南の芝生より

東京大学教養学部構内を行く女子学生（絵葉書より）

期末試験ボイコットに際し（1950年9月29日）

小石川植物園にて（1952年1月）

衆議院法務委員会において
陳述（1952年3月3日）

南洋土産の貝を手に（1952年）

東京大学最終講義（1953年2月12日）

卒業式後に祝杯（1953年3月28日）

東京大学教職員運動会にて

沖縄師範健児之塔前にて（1957年1月）

寄贈されたタゴールの肖像を背に、インド首相ネルーと（1957年10月）

山中湖畔聖書講習会にて

最晩年の私服姿（1961年8月5日）

今井館における納棺式（1961年12月26日）

はしがき

今年は矢内原忠雄先生が世を去ってから五〇年になる。今の日本に、昭和初期からの風雪の人、矢内原忠雄の名を知る人はどの位いるであろうか。恐らくそれほど多くはなく、またその学問や思想、信仰を理解する人はさらに少ないであろう。

矢内原忠雄は明治二六（一八九三）年に愛媛県に生まれ、東京帝国大学法科大学を卒業した経済学者で、旧制第一高等学校の学生時代、校長新渡戸稲造の感化を強く受け、無教会キリスト教の創始者内村鑑三の門に入り、その信仰を忠実に受け継いだクリスチャンであった。卒業後住友に就職したが、大正九（一九二〇）年、東京帝大に経済学部が創設されるに当たり、新渡戸稲造の後任として助教授で戻り、欧米留学後、大正一二（一九二三）年、三〇歳で教授に昇任した。専門は植民政策であり、学者として、またキリスト信徒として、自由と独立を重んじ、真理と平和を愛し、虚偽と不義を極端に嫌い、そのために勇敢に戦った類まれな存在であった。信仰に基づく厳正な学問的態度の故に、大正デモクラシーの後、昭和初期から急速に台頭してきたファシズム、右傾化した政治権力と対決するに到り、満洲事変を批判し、関係の著書、論文は発売禁止になった。時流に迎合してファッショ化した経済学部教授会の中で少数派として孤立し、昭和一二（一九三七）年一二月、東京帝大教授を辞職に追い込まれた。辞職後は聖書の研究とキリスト教の伝道に専心し、伝道雑誌『嘉信』を発行、少数の若者に正しい信仰を伝えるべく指導する一方で、軍国主義や国家主義の批判を止めなかった。戦後請われて東大教授に復帰し、社会科学研究所長、経済学部長、そして初代の教養学部長を歴任、さらに戦後二代目の東京大学総長となった。そのように矢内原の活動分野は実に広く、学者、研究者、教育者、キリスト教伝道者として、また大学行政の場でも超人的な働きをした。

一昨年、二〇〇九年は東京大学教養学部創立六〇年に当たり、これを記念して、三月から六月まで、東京大学駒場博物館において「矢内原忠雄と教養学部」の特別展が開催され、会期中約五千人に及ぶ多数の入館者があった。この間三回のシンポジウムが行われ、いずれも盛会であった。この展示に因んで、東京大学出版会の『ＵＰ』は同年三月号に川中子義勝東大教授が「預言者の悲哀」という副題で矢内原の信仰と学問の生涯についてまとめ、五月号には国際関係学の立場から今泉裕美子法政大学教授が「矢内原忠雄の遺した課題」として植民政策、沖縄問題などについて論じ、続く六月号に鴨下が「矢内原忠雄とキリスト教――今なぜ矢内原なのか」として幾つかのトピックスを紹介し、プロテスタント宣教一五〇年についても言及した。

特別展の行われている時から、関係者の間には、展示の内容やシンポジウムの記録などを一書にまとめて出版したいとの願いがあった。その後二年を経た本年三月、東京大学出版会は創立六〇周年を迎え、その願いが実現することになったのである。東大出版会の生みの親は南原総長であり、育ての親は矢内原総長と言われていた。東大出版会は記念事業の一環として、南原総長の歌集『形相』および演述の英語版と本書の出版とを決定したのであった。

展示やシンポジウムは、矢内原先生について、その生涯、学問、信仰、そして教養学部と四つの柱のもとに行われたが、本書もそれを継承し四つの部にまとめられた。

第Ⅰ部「生涯」については単なる伝記的な記載の羅列ではなく、その生涯に様々な角度から光を当て、立体的に矢内原の人となりを伝えるような、メリハリのある内容とした。また、駒場の展示に使われた写真などを関連する本文中に適宜挿入し、理解を助けるようにしている。第Ⅱ部「学問」は木畑教授を筆頭に、若林、今泉、塩出各教授により、矢内原の植民政策論や国際関係論の多面性が論ぜられると同時に、若き日の南洋群島の研究や新たな沖縄問題を通じ、植民に対する基本的な考えが明らかにされた。第Ⅲ部「信仰」では川中子教授による無教会主義、三浦名誉教授による学問に裏打ちされた思想と信仰、そして柴田氏による伝道者、聖書研究者としての矢内原が浮き彫りにされている。第Ⅳ部「矢内原忠雄と教養学部」については、池田信雄教授による概観に続き、教養学部若手教官として直接矢内原の謦咳に接した川西進名誉教授による矢内原についての想い出が述べられている。さらに矢内原自身の膨大な講演録や論文の中から珠玉のような文章を総計一〇編選び、それぞれ関連の深い部の後に収録した。本書をユニークな充実した内容としている。

冒頭に触れたように、本年は奇しくも矢内原忠雄没後五〇年という節目の年に当たっており、本書の出版には特別の意義があるであろう。

本書が心ある人々、わけても若い世代に出来るだけ広く読まれて、矢内原が生涯をかけて戦った、真理と正義と世界平和、そして学問的精神と真の民主主義について、共感する若者が一人でも多く出現し、二一世紀に日本と世界が直面する難問の解決に立ち向かってくれることを期待するものである。

出版に当たり展示の開催をお許し頂いた、当時の教養学部長小島憲道教授（現東京大学副学長）、展示資料の提供を頂いた駒場博物館、そして東京大学出版会のご好意に深謝する。

平成二三年一〇月一日

編者を代表して　鴨下　重彦

＊『矢内原忠雄全集』全二九巻（岩波書店、一九六三〜六四年）からの引用は、次のように略記した。
　『矢内原忠雄全集』第四巻、五一三〜一四頁→④五一三〜一四

＊本書に用いられている写真は、二〇〇九年に東京大学駒場博物館において行われた特別展「矢内原忠雄と教養学部」で収集・展示されたものを中心に掲載しております。著作権の確認できない写真も含まれています。関係の方には、本書の性質上、ご理解をお願いします。お気づきの点は東京大学出版会までご連絡ください。

矢内原忠雄——目　次

はしがき……………………………………鴨下　重彦　i

I　生　涯

昭和初期からの風雪の人………………………………鴨下　重彦　二

一　はじめに──今なぜ矢内原なのか　二
二　略歴と伝記　三
三　生い立ちから神戸中学まで　八
四　一高時代から東京帝大卒業まで　一三
五　住友時代　一九
六　東大経済学部助教授、欧米留学、妻の死　二一
七　受難、教授辞任とその後　二六
八　戦闘開始、伝道に専心　三一
九　「二つのSと二つのJ」　三四
一〇　終戦、東大復帰、経済学部の再建　三八

一一　初代教養学部長として　四〇
一二　東京大学総長として　四三
一三　ハンセン病療養所伝道　四六
一四　登　山　四九
一五　宣教一〇〇年から一五〇年へ　五一
一六　沖縄訪問　五五
一七　晩年、今井館での思い出　五七
一八　最後の講演三題について　六〇
一九　病と死、葬儀　六二
二〇　むすびに代えて――今何が問われているのか　六四
補遺　駒場の学生諸君へ　六七
矢内原忠雄の言葉　I――晩年の人生論……六八
富士登山　六八
子供のために　七三
人生の選択　七九

II　学　問

植民政策論・国際関係論……木畑洋一　九〇
一　学問的出発　九〇
二　植民政策論　九三
三　イギリス帝国主義研究　九九
四　植民政策研究から国際関係論へ　一〇三

台湾との関わり——花瓶の思い出……若林正丈　一〇八
一　はじめに　一〇八
二　「花瓶の思ひ出」——矢内原事件と林献堂　一一〇
三　林献堂の「祖国事件」——なぜ林献堂は東京にいたか？　一一五
四　失意の再会——戦後の林献堂と矢内原忠雄　一一九
五　むすびに代えて——二つの苦い別れ　一二三

南洋群島研究……今泉裕美子　一三〇

一　はじめに　一三〇
二　設定された課題と研究の方法　一三三
三　植民史からみた委任統治制度の意義　一三六
四　現地住民の「近代化」に関する分析　一三九
五　熱帯への日本人移民における「沖縄問題」の「発見」　一四七
六　おわりに　一五四

植民地研究と〈植民〉概念……………………………塩出　浩之　一六三
一　はじめに　一六三
二　〈植民〉とはなにか　一六四
三　〈植民〉と〈支配〉を区別する意味　一六七
四　移植民論と人口問題　一六九
五　北米・南米移民と朝鮮・満洲移民　一七三
六　おわりに　一七八

矢内原忠雄の言葉　II——戦前戦中の文章から……………………一八一
日本精神の懐古的と前進的　一八一

III　信　仰

「宗教改革論」と東大聖書研究会……川中子義勝　一九三
一　はじめに　一九三
二　矢内原の東大辞職までの歩みと東大聖書研究会　一九三
三　「宗教改革論」　二〇一
四　無教会主義（エクレシア）論　二一〇

信仰と学問――一九三〇年代を中心に……三浦永光　二二三
一　学　問　二二三
二　学問と信仰の関係　二二五
三　学問と信仰からの政治批判　二二六
1　国際政治に対する批判　二二六
2　日本の政治に対する批判　二二八
四　矢内原の思想の特色　二三四
五　問題点　二三七

六　あとがき　二三四

伝道者・牧会者・聖書研究者……………………柴田真希都　二三六
一　矢内原の行った聖書講義　二三六
二　矢内原の聖書講義の特質　二三八
三　土曜学校における真理探究　二四一
四　矢内原共同体の成り立ちと展開　二四三
五　おわりに　二五一

矢内原忠雄の言葉　III——戦後・平和と民主主義について……………二五六
国際平和と日本人　二五六
日本に帰る／平和の道／モリヤの山　二五八
聖書から見た日本の将来　二六三
日本の民主化は可能であるか　二六七

IV　矢内原忠雄と教養学部

教養学部の船出……………………………………池田信雄　二八八
一　船　出　二九〇
1　新大学の設立準備　二九〇
2　発　足　二九二
二　教養学科の成立　二九四
三　教養学部と学生運動――一九五〇年九月の試験ボイコット事件　二九六
四　教養学部の福利厚生施設　二九七
五　おわりに　二九九

想い出の矢内原忠雄と教養学部……………………川西　進　三〇二

矢内原忠雄の言葉　IV――教育論………………………………三一二
宗教の本質と教育の本質　三一二
二つのSと二つのJ　三一七

I

生涯

昭和初期からの風雪の人

鴨下　重彦

一　はじめに――今なぜ矢内原なのか

本書出版の経緯ははしがきに記したが、その最初のきっかけは、二〇〇八年三月に駒場博物館で行われていた「平賀譲とその時代」に遡る。

平賀譲《ひらがゆずる》（一八七八〜一九四三）は東京帝大工学部造船学科を卒業し、海軍に入り、戦前は日本の多くの艦艇を設計し、海軍中将となり、戦時中は東京帝大総長を務め、軍艦総長と呼ばれた。経済学部内の対立で、右翼の土方成美学部長と自由主義者河合栄治郎教授の二人を喧嘩両成敗で休職にした平賀粛学が有名であった。この展示を見た筆者は、どうして駒場で平賀展をやるのかを十分理解できず、もし展示をやるなら初代教養学部長の矢内原忠雄こそ相応しいのではないか、と思ったのである。

それで東京大学出版会の竹中英俊常務理事とも相談し、二〇〇九年が東大教養学部の創設六〇周年になることから、当時の小島憲道教養学部長をお訪ねして賛同を得、さらに池田信雄館長のもとに準備委員会を立ち上げて展示を行うことが内定したのであった。

準備会は八月四日に第一回が開かれ、その後月一回のペースで全体構想の検討や資料収集方法などが相談された。展示とともにシンポジウムも行われることになり、内容は矢内原忠雄について①人間形成（キリスト教信仰を含む）、②教養学部の創設期、③学問（経済学、植民政策）の三部門に分けることになった。

筆者は矢内原忠雄が総長在任中の学生であり、その晩年に毎日曜、今井館で聖書の教えを直接受けた。その関係で、矢内原の信仰を含めて生涯について執筆することになったのである。本来ならば矢内原先生と呼ばせて頂きたい気持ちが強いのであるが、本稿では先生は省略し、「矢内原」または「忠雄」と呼ぶことをお許し頂く。また他の人物についても敬称は原則として省略させて頂いた。

二　略歴と伝記

最初に読者の便のために要約した履歴を掲げておく。

矢内原　忠雄　（ヤナイハラ　タダオ）

一八九三(明治二六)年一月　二七日、愛媛県越智郡富田村大字松木（現在今治市松木）一三六番地の二に出生

一九〇四(明治三七)年四月　神戸市立雲中尋常小学校を卒業し県立神戸中学入学

一九一〇(明治四三)年三月　神戸中学校を卒業（総代で答辞を読む）
九月　第一高等学校一部甲類入学（校長新渡戸稲造）
一九一一(明治四四)年一〇月　内村鑑三の聖書集会に入門
一九一三(大正二)年七月　第一高等学校卒業
九月　東京帝国大学法科大学政治学科入学
一九一七(大正六)年三月　〃　卒業
四月　住友総本店入社、別子鉱業所勤務を命ぜられる
一九二〇(大正九)年三月　東京帝国大学助教授に任ぜられる（経済学部）
一〇月　欧米留学
一九二一(大正一〇)年七月　処女作『基督者の信仰』出版
一九二三(大正一二)年二月　留学より帰国
八月　東京帝国大学教授に任ぜられる（経済学部）
一九二五(大正一四)年六月　帝大聖書研究会開設
一九三六(昭和一一)年六月　岩波書店『民族と平和』出版
一九三七(昭和一二)年八月　「国家の理想」(『中央公論』九月号)
一二月　東京帝国大学教授を辞任
一九三八(昭和一三)年一月　『嘉信』創刊
岩波新書創刊赤版一、二としてクリスチー『奉天三〇年』(上・下）訳発刊
一九四〇(昭和一五)年五月　岩波新書『余の尊敬する人物』発刊

一九四五(昭和二〇)年一一月　東京帝国大学教授に任ぜられる
一九四六(昭和二一)年三月　今井館聖書講堂で日曜の聖書講義開始
　　　　　　　　　　八月　東京帝国大学社会科学研究所長兼任
一九四七(昭和二二)年一二月　経済学博士
一九四八(昭和二三)年一〇月　東京大学経済学部長に就任
一九四九(昭和二四)年一月　日本学術会議第一期会員（第三部）
　　　　　　　　　　五月　東京大学教養学部長就任（第一高等学校校長、東京高等学校校長を兼任）
　　　　　　　　　　一〇月　日本学士院会員に選任
一九五一(昭和二六)年一二月　東京大学総長に就任
一九五五(昭和三〇)年一二月　東京大学総長に再選
一九五七(昭和三二)年一二月　任期満了により総長退任
一九五八(昭和三三)年二月　学生問題研究所所長に就任
一九六一(昭和三六)年一〇月　東京大学出版会『教育と人間』刊行（生前最後の書）
　　　　　　　　　　一二月　二五日、胃がんのため東京大学伝染病研究所（現医科学研究所）附属病院にて逝去（六八歳）

矢内原は非常に珍しい苗字で、柳原から出ているという。「ヤナイバラ」ではなく「ヤナイハラ」と濁らないのが正式である。ある日矢内原本人が今井館で黒板に Yanaihara と書き、Yanaibara では外国で小切手が使えない、と笑いながら話したことを思い出す。

矢内原忠雄のまとまった伝記となるとそれほど多くはない。章末に挙げる長男伊作（一九一八〜八

図1　矢内原伊作『矢内原忠雄伝』カバー

九）のもの、藤田若雄（一九一二〜七七）のもの、西村秀夫（一九一八〜二〇〇五）のものと三冊くらいではなかろうか。このうち伊作によるもの（図1）は、子どもが書いた父親の伝記というだけでもユニークであるが、未公開の資料を駆使して『朝日ジャーナル』に連載されたものをまとめて出版した四六〇頁に及ぶ大作である。ただ残念ながら伊作の死去のため未完のまま、矢内原忠雄四〇歳までのところで終わっている。しかしそれまでほとんど知られることのなかった忠雄の青春時代の魂の遍歴や、巷間に伝えられている事実と異なる風評などの修正、父忠雄の記憶違いの訂正までも含み、その資料的価値は極めて高く、伝記として優れていると言えるであろう。この伝記のあとがきで川西進が指摘するように、私的な感情が真実を歪める危険性が大きいのは確かであろうが、一方で矢内原の真実な人間性を伝え、神格化を防ぐ働きもあるのではないかと、筆者は考える。藤田若雄は東大社会科学研究所の教授で、信仰と学問上矢内原の弟子であったが、多少距離を置いた形で書いており、時には矢内原に対する批判もある。また西村は自由が丘家庭集会時代の弟子であり、矢内原が総長時代、東大教養学部の厚生課長を務め、後年大学紛争時代は全共闘寄りの言動が注目された。この伝記は内村鑑三、賀川豊彦、新島襄、山室軍平など「人と思想シリーズ」の一冊として取り上げられたもので、矢内原忠雄全集を資料として系統的に書かれており、一般的で読みやすい。

このほか、大学セミナーハウスから「大学と人間叢書」の第一巻として出された『人生の選択——矢内原忠雄の生涯』がある。これは矢内原の最後の講演二編に、東大教養学部学友会主催の矢内原忠雄先生追悼記念講演三編（講演者：大内兵衛、藤田若雄、西村秀夫）を教養学部物理学科教授の鈴木皇が編集した新書版の本で、最近復刻版が出されている。一方、矢内原についての短い評伝は数多い。その中で、全集が完成してから出された『矢内原忠雄——信仰・学問・生涯』は、執筆者が友人、弟子、遺族など、のべ一五三人に上り、六九三頁の立派な内容で、表題のように矢内原の信仰、学問、生涯について、多彩な活動の足跡が様々な視点から述べられている。とりわけその冒頭の大内兵衛による「赤い落日——矢内原忠雄君の一生」は評伝として最も優れたものと言えるであろう。無神論者、マルクス経済学者大内の矢内原に対する厚い友情は今なお読む人の心を打つ。そのほか、高木謙次選集第二巻『矢内原忠雄とその周辺』があり、これは伝記というより矢内原についての断片的評論集である。

筆者は本章執筆に当たり、以上の伝記などを参考にはしたが、むしろ出来るだけ矢内原自身をして語らしめようと、全集、特に「私の歩んできた道」、「私の人生遍歴」など第二六巻を中心に矢内原の生涯の概観を試みた。また若干の筆者自身の見聞や考察も加えた。他章との重複を避け、また筆者自身の関心の深い事項を取り上げたため、必ずしも網羅的ではなく、濃淡の強いスケッチとなったことをお断りしておく。

三　生い立ちから神戸中学まで

矢内原忠雄は日清戦争開戦の前年、一八九三年、一月二七日に父矢内原謙一、母松枝の四男として、四国、愛媛県富田村に生まれた。今治港から一里半奥に入った所で当時は戸数五〇ばかりの部落であった。矢内原家は代々医業を営んでおり、父謙一は明治初年、西南の役の起こる前に京都に出、京都府立医大の前身（京都府立療病院）で西洋医学を身に付けた医師であった。当時の医療情勢を考えるとおそらく地方の大変な名医であったに違いない。四国各地はもとより、瀬戸内海を渡って他の県からも多くの患者のあったことを弟で医師の啓太郎が書いている。父謙一は同時に儒教の影響を深く受けており、人は正直・誠実でなければならないことを毎日のように子どもたちに言って聞かせたという。母松枝は病弱であったが子どもへの愛に満ちた人であった。祖母とよ（図2）は仏心に厚くまた農業を好んだので、忠雄も小さい頃から農作業を手伝ったといい、家業は半医半農だ、と書いている。

今治には明治初年からキリスト教が伝わり、特に内村鑑三の一高不敬事件のとき、攻撃の急先鋒であった井上哲次郎に対して内村擁護の論陣を張った一人横井時雄の伝道地として知られていた。しかしその影響は浅く、村には一人のキリスト信者もいなかったという。

図3に家系図を示す。これは伊作による『矢内原忠雄伝』にあるものと、弟啓太郎が書いた家系図を照らし合わせ、さらに姪の小泉節子氏による修正を加えたものである。これによれば、父謙一の父啓太と母松枝の父清三郎は兄弟であったので、忠雄とその兄弟（図4）は従兄妹結婚で生まれたこと

になる。

忠雄は五歳で地元の富田尋常小学校に入学、片道二キロの道を歩いて通った。学業は図抜けて出来、小学校時代は常に首席で通し、神童と呼ばれていた。教育熱心であった父謙一は、この優れて出来る忠雄を神戸の中学に入れるため、小学校五年の時から神戸中学の数学教師であった親戚、忠雄の従兄に当たる望月信治に預けた。明治三七年、日露戦争の始まった年に神戸中学に入学した。忠雄は中学時代の読書は、井上哲次郎、徳富蘇峰、徳冨蘆花、大町桂月など、薬にもならぬものばかり、と言っているが、当時は人格修養熱が盛んであり、真面目な人間、正直な人間になろうとすれば、それだけでも困難なことが判り始めた、真面目な心と罪の慾とがいかに不調和に自分の中に根を張っているかという事実に気付き始めたとも書いている（㉖一四九）。

図 2　祖母とよ（61 歳）と忠雄（5 歳）1898 年（明治 31 年）

当時の神戸中学の校長は札幌農学校第二期生内村鑑三、新渡戸稲造と同期の鶴崎久米一で、校風は質実剛健、自重自治であった。三年先輩に川西実三がおり、自治会のリーダーであった川西を忠雄は尊敬し、川西も忠雄を弟のように可愛がった。川西はその後一高を受験し合格するが、当時は一高の入試も京都の三高で受験すればよく、そのとき隣に座って試験を受けていたのが香川から出てきた南原繁で、お互いに意識しあったという。川西は入

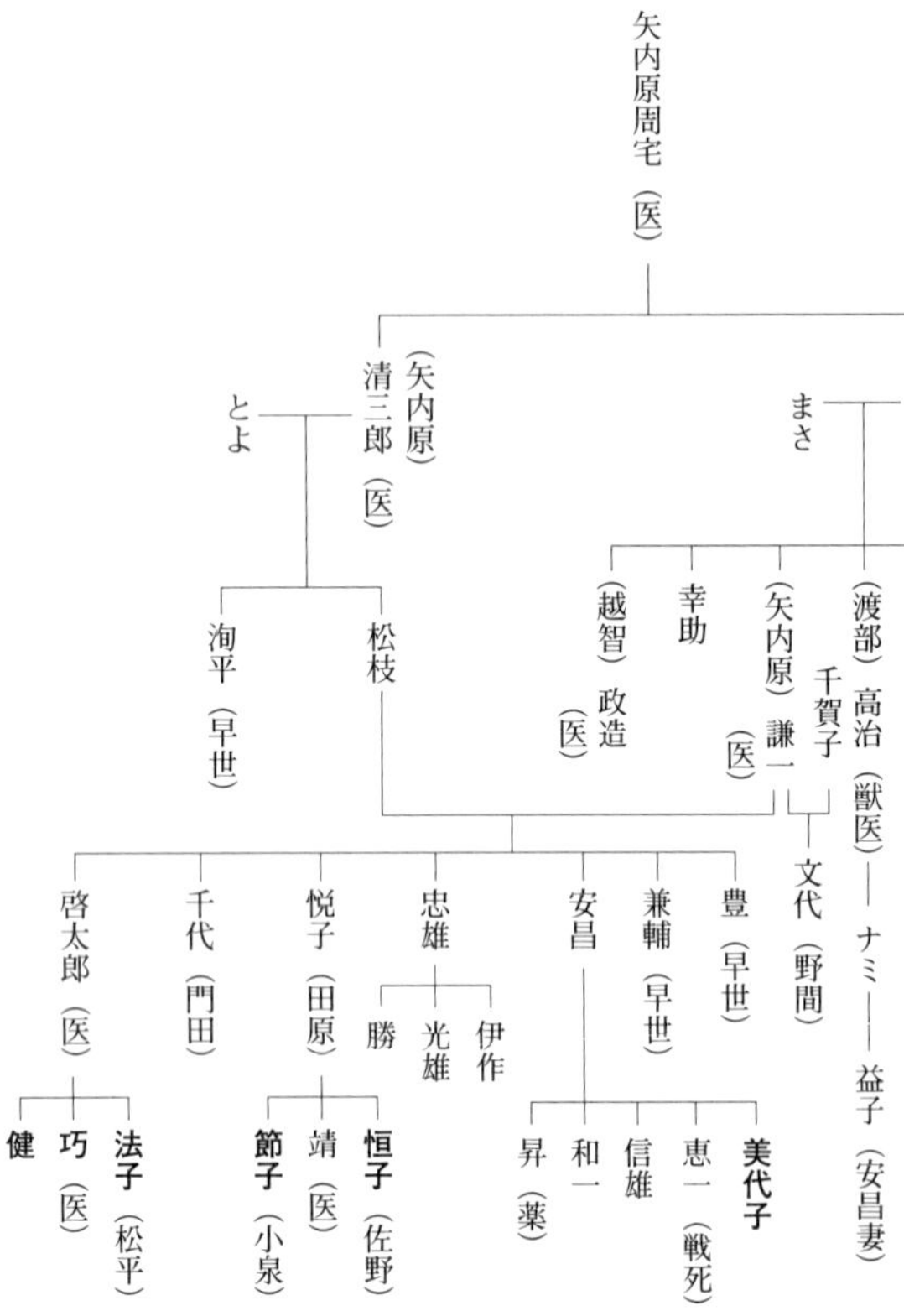

図3　矢内原忠雄の家系
2011年時点での生存者は太字。

学後、東京での様子、特に一高の新渡戸校長や内村鑑三に接して感動したことを忠雄に伝えてきた。また内村鑑三の伝道誌『聖書之研究』も送ってきた。しかし忠雄は中学時代にはキリスト教にはそれほど馴染むには至らなかったと思われる。中学五年の夏休みに郷里で本の虫干しをしていたとき、神戸女学院にいた姉文代が使っていたと思われる聖書を発見して、旧約の初め、創世記の第一頁から読み始めたが、民数記略の半ば頃、固有名詞の羅列に耐えかねてついに放棄したという。

忠雄は神戸中学時代も勉学については常に首席を維持し、人柄もよく優等生であったが、体育についてはあまり得意ではなかったらしい。伊作によると運動神経が鈍いというのか、不器用というのか、自転車になかなか乗ることが出来ず、後年東大総長退任後も自転車に乗る練習をしていて、ときどき転んで押して帰ってくることがあったという。しかし中学時代、学校では柔道や野球をやり、また特に野山を歩くのも好きであった。校友会の中に遠足部を作ったことも知られている。これは数年前、日本山岳会のニュースレター「山」にも神戸一中の山岳部を作った矢内原忠雄元東大総長として紹介されたことがあった。

図 4 忠雄とその兄弟

後列左が忠雄。

後述するように、矢内原は富士山をはじめ多くの山に登っているが、おそらく五歳の小学生時代に二キロの道を歩いて通学したことが、後の健脚につながったのではあるまいか。

四　一高時代から東京帝大卒業まで

明治四三年五月、この年文部省は、全国の高等学校は定員の五分の一以内に限り、中学の成績が抜群によいものを無試験で選考して入学させることができるという規定を公布し、推薦入学の制度が設けられることになった。神戸一中では鶴崎校長が早速矢内原忠雄の推薦書類を一高新渡戸校長宛に送ったのであった。

忠雄は無試験入学で合格した。その発表は六月二四日であったが、先輩川西の強い勧めにより、発表よりかなり前の五月二二日には上京している。一高卒業前に自分の同級生、森戸辰男、三谷隆正、澤田廉三、など優れた先輩たちに忠雄を引き合わせるのが川西の目的であったらしい。しかし忠雄は東京の生活が必ずしも性に合わず、神戸に帰りたいと不満をもらしている。川西もかなり気を遣い、毎晩泊まりにきたり、先輩との読書会を開いたり、また六月三日には内村鑑三の話を聴きに連れて行った。それは夜七時から九時までの会で、聖書講義ではなく、今井館を寄付した今井樟太郎の召天四周年を記念した、アメリカの実業家スチーブン・ジラードについての話であった。この夜話を聞いた忠雄の感激は尋常ではなく「嬉しい、嬉しい、もう明日は死んでもよい」と日記に書いている。待

図5　一高校長の新渡戸博士と弁論部員（大正２年５月。『新渡戸博士追憶集』より）
前列右から２人目が矢内原忠雄，６人目が新渡戸校長。

ちに待った合格発表の六月二四日、朝まだ発表前に、川西は忠雄を連れて、今度は新渡戸校長の家に行った。「ああこれが新渡戸先生！　したわしき先生、私は先生のご人格を慕って一高に参りました」と日記に書いている。

　忠雄は推薦で入学出来たが、一般の入学試験は七月上旬に行われた。一高の同期には石井満、舞出長五郎、三谷隆信（以上英法）、芥川龍之介、菊池寛、久米正雄、倉田百三（以上文科）などがいた。

　一年のときの寮の同室者は、都築正男（後の日赤中央病院長）、恒藤恭（後の大阪市立大学学長）などであった。二年になると部屋替えがあって、法学部の舞出、三谷ら一二人が同室になった。忠雄は一高では基督教青年会と弁論部（図５）に入ったが、キリスト教に深い関心があった訳ではなく、また弁論が好きであったというのでもなく、これも「よい友人、仲間が得られるから」という先輩川西の勧めに従ったものであった。なお一高基督教青年会は現在の東大ＹＭＣＡとは直接の関係がないようである。当時の一高生は人生の疑問や道徳的な問題などに悩む者が多く、煩悶の世代といわれた。

一高生となってから矢内原もキリスト教を求めるような気持ちが強くなったが、内村鑑三は柏木（現在の東京都新宿区西部）の自宅で二〇人くらいの限られた者だけに聖書の講義をしていて、門戸を容易に広げなかったため、入会は不可能であった。それで壱岐坂（東京都文京区）にあった海老名弾正の本郷教会や植村正久の富士見町教会などに行ってみたが、どちらにもなじめず、すぐに止めてしまった。そして親友の三谷隆信とともに「柏木に行きたいなあ」と思いを募らせていた。とうとう機会がきてそれを逃さなかった。明治四四年九月号の『聖書之研究』に一年以上の読者は聖書講義に出席出来るという広告が出され、それに従って一〇月一日から入門を許されたのである。その日の感激を「隆信君と相携え、畏敬の念に胸を躍らせつつ今井館に至りぬ」と日記に書いている（「わが師を語る 内村鑑三」、㉔四八七）。またその日の内村先生は大変怖かったと、後年大塚久雄との対談で言っている。

その頃内村鑑三の娘ルツ子の病状が思わしくなく、ついに翌年一月一二日亡くなった。矢内原と同じ年、一九歳であった。葬儀が行われ、挨拶に立った内村は、「今日はルツ子の葬式ではない。結婚式である。ルツ子は天国へ嫁入りしたのである」と述べた。そして雑司ヶ谷墓地まで質素な葬列を作って歩き、埋葬の段階になって、内村が一握りの土を手にとってかざし「ルツ子さん万歳」と叫んだ。これを聞いた矢内原は雷に打たれたような思いになったという。それは常識の理解を超えた信仰の世界が開けた体験であった。そしてその後は日曜ごとの内村の教えが春の土が雨を吸うように自分の心にしみ込んだという（㉔四四八）。

一高時代の注目すべき出来事としては、同期の倉田百三との論争が有名である。倉田百三は広島県三次の出身で、矢内原忠雄より二年年長であったが、一高には同時に入学した。最初文科であったが、二年目に法科に転じ、弁論部にも入った。ひたすら信仰の道を歩み、人生の懐疑を知らないように見える忠雄の態度が倉田には目ざわりで気になる存在であったらしい。ある日彼は矢内原を訪ね、一緒に散歩に出て話しあっている。倉田は哲学的で神や霊を認めず、大正二年の校友会雑誌に「生活批評――矢内原忠雄君にあたふ」という矢内原批判を執筆、その後大正一〇年に有名な『愛と認識との出発』を刊行したが、それには「自然児として生きよ――Y君にあたふ」と表題を変えて収載した。矢内原はこれを率直に自分への忠告として謙虚に受け止め、倉田にも丁寧な返事を書いたことなどが彼の日記の中でも述べられている。

また、矢内原自身の大きな仕事としては、新渡戸校長の排斥運動に対する擁護と、退職の際の生徒代表としての送別の辞の朗読がある。これは『余の尊敬する人物』に全文が収録されていて、あたかも他人事のように書かれているが、実は矢内原自身が述べたものであり、心打たれる名文である。

一高時代に矢内原が遭遇した大きな出来事の一つ、それはおそらく彼の人生で最も深い悲しみであったと思われるが、一高二年の春、学期試験の最中に母松枝が亡くなったことであった。お彼岸の三月二一日、試験勉強に飽きて小石川植物園に友人と遊びに行って夕方寮に戻ると、「母危篤」の電報が待っていた。それを受けて、矢内原は試験を放棄して帰郷することにし、翌日朝、新橋駅から急行列車で郷里へ向かった。駅まで見送りに来てくれたのが石井満で、彼は矢内原と同じように一高に無試験入学したが、その僅か六日後に母を失っており、矢内原に深く同情したのであろう。前夜東大正門前の寿司屋でノリ巻き弁当をこしらえさせそれを駅で渡した。不安と胸騒ぎを祈りによって抑えながら郷里の家に着いた時には、母はすでに亡くなっていた。もともと心臓脚気を病み、三月に入って風邪をこじらせて悪化したと、父の説明があった。四〇歳であった。重態の母にキリストの福音を伝えたいとの願いも空しく消え、すべてが終わりであった。悲しみの極に投げ込まれ、母の柩と一緒に墓に入りたい思いであったという。

その悲しみは容易に癒されることはなかったが、その年の五月、東京の諸大学の連合演説大会が行われ、矢内原は一高弁論部の代表として「第一義の人」という演説をした。それは、人間というものは社会的存在で、社会のために働き、人を愛し、人のために尽くす、これは水平面 horizontal な活動であって、それだけでは風に靡く葦のように空しい、同時に垂直面 vertical に生きなくてはならない、それは地から天にまで届くものである、我々はその高い理想を目指して努力しなくてはいけない、それが第一義を追うことであり、そしてそれは青年の特権でもある、というものであった（㉗一九九）。母の死によって、目を天に向けることになった矢内原の信仰の骨格がこの時期に形成されたのではなかろうか。

一高のトップはそれまで矢内原であったが、このときは試験を途中で放棄して帰郷したのであるから、その座を舞出長五郎に譲ることになり、矢内原は二番、そしてその後は追いつくことはなかったという。よい成績を喜んでくれた母親を失って、勉強のし甲斐がなくなったか、あるいは成績よりももっと大切なものがあることを悟ったのか、恐らくその両者であったろう。ところがその悲しみに追い打ちをかけるように、翌年大学に入る年に今度は父謙一が重い病気に侵され、その看病のため、暫く家に止まらねばならなくなったのであった。症状は肋間神経痛であったが、病名について医師の弟啓太郎によれば恐らく脊髄腫瘍であったろうという。そして大正二年一〇月一日、六一歳で亡くなった。忠雄は母親と父親をほぼ一年の間に続けて失い、人生の喜びも楽しみも無くなってしまったように感じたという。また母も父もキリストを知らずに死んだ。母の場合はルツ子さんの死後間もないこともあって、内村の教え、復活の信仰がかろうじて不安を和らげたが、父の場合はキリストを知らずに死んだ人の死後の救いの問題が矢内原の前に大きく立ちはだかることになった。この疑問が解かれない限り、自分の信仰生活は一歩も前進出来ないと思いつめた。熟慮の末、ある日の夜、内村先生ならば明快な答えを与えて下さるに違いないと、その門をたたいたのであった。

内村は当時厳しい門戸閉鎖主義であり、多くの訪問者を門前払いにしていた。矢内原の方は三尺下がって師の影を踏まずという態度を固持し、個人的に先生を煩わすことを極端に避けていた。その矢内原が思い余って内村を訪ねたのであるから、問題が如何に大きかったかが判る。在宅していた内村はすぐに会ってくれた。そして話をじっと聞いていた上で、ただ一言「俺にもわからんよ」と強く言い切って鷲のような鋭い目つきを窓の方へ向けた。暫くの沈黙の後、矢内原は仕方なく深々とお辞儀をして立ち去ろうとした。そのとき内村は呼びとめて声を和らげ、そのような問題は長く信仰生活を続けておれば自然に解決がつくものであること、わからない問題があっても、信仰の歩みを捨ててはいけないことを諭した。外に出た矢内原には大きな驚きと落胆があった。「先生にもわからないことがある！」これは驚くべき発見でもあった。しかしそれは目を直接神に向ける結果となり、その後も様々な悩みや懐疑の時を経過して、最後は善き解決の道が示されることになった、と矢内原自身が書いている（㉔四九一）。

精神的な革命や人生の深い悲しみを経験し矢内原にとって波乱万丈ともいえた一高時代に比べると、東京帝大の学生時代は静かであまり大きな出来事はなかった。「幼にして明敏、早くも思想に熟した矢内原忠雄にとって東京帝大は灰色の学府であった。わずかに彼に訴えたものは吉野作造の政治学だけであった」と大内兵衛は書いている。矢内原自身に言わせると、それに加えて新渡戸稲造の人道主義的な立場からの植民政策学にも深い影響を受けたという。おそらくこの二人の影響によって、矢内原は将来朝鮮に渡り、朝鮮の人たちのために働く気持ちを学生時代から温め、卒業が近づくにつれ決心するに到ったのであろう。そして大正五年一〇月のある日、履歴書を持参して小野塚喜平次教授を訪れ、朝鮮銀行への就職斡旋を依頼した。やや驚いた小野塚は「君はクリスチャンかね？」と訊ねた。たまたまそこに同席していた澤田廉三らが、「こりゃ先生本物です」と言ったという（矢内原伊作『矢内原忠雄伝』、三〇三頁)。

五　住友時代

矢内原は大学入学の初めに父を失って、一家を支えていく責任を感じたので、卒業一年前に大学を辞めて故郷に帰り妹や弟の面倒を見ようと決心したこともあったと書いている。しかし叔父たちに止められ卒業はした。当時の帝大卒業生は役人になってエリートコースに乗る人が多かったようである。内務省(前田多門、藤井武、川西実三、南原繁、三谷隆信)、農商務省(河合栄治郎、塚本虎二)、大蔵省(大内兵衛)、外務省(三谷隆信・後に内務省から)。しかし矢内原は最初から官吏を志願しなかった。

民間に進む者は少なかったが、当時住友が帝大卒の優れた人材を集めていて、すでに黒崎幸吉、江原万里らが入社していた。矢内原は吉野作造や新渡戸、内村からの思想的影響を受けて、最初は朝鮮に渡って朝鮮の人たちのために働きたい希望を持っていたが、それには兄安昌が家を継げばという条件付きであった。それが満たされなかったため朝鮮行きは止め、住友に入り郷里に近い別子銅山に奉職することにした。正確に言うと、住友総本店入社、別子鉱業所勤務であり、愛媛県新居郡新居浜町の社宅に住んだ。ここにはすでに先輩の黒崎幸吉がいた。鉱山というのは一つの自給自足の社会であって、生産のメカニズムと組織の機能が社会の模型のように良く判り、大変よい勉強になったと矢内原は後年記している。

またこれより先、川西実三の勧めにより、藤井武の夫人喬子の妹、西永愛子と結婚することになり、大正六年五月二二日金沢で結婚式を挙げた。新居浜時代は新婚生活の時代でもあった。翌年五月長男が生まれ、伊作と名付けた。アブラハムの子イサクであるが、ヘブライ語で「笑う」という意味であり、両親を失ったそれまでの悲しみの涙が拭われて、家が明るくなるような慰めを期待して名付けたのだと、ある友人の結婚式で話されたことがあった。

新居浜では、家族や職場の同僚に対する伝道の必要を痛感し、毎晩仕事が終わってから机に向かいキリスト教に関する自分の信仰を書いて謄写版で刷って周囲の人々に配った。矢内原の留学中、教友たちの計らいにより、これがまとめられて内村鑑三の序文付きで、『基督者の信仰』という単行書として聖書之研究社から出版された。その序文は有名である。

此書の著者矢内原忠雄君は東京帝国大学の出身にして、今や法科大学助教授として欧州に留学し、遠からずして帰朝して大学正教授となり博士の称号を以ってその名を冠せらるべき人である。即ち君は近代人の所謂俊才の一人であって通則に従えば一度びは基督教を信じて早く既に之を捨て去るべき人である。然るに君は未だに基督教を捨てず又捨つるの傾向を示さず、益々熱く之を信じ、又之を他に説いて恥としない。(後略)

すでに矢内原は新居浜で伝道者としての道を歩み始めていたといえるのではなかろうか。

なお彼は別子銅山の坑道で一〇尺ほどの墜落事故に遭い、奇跡的に岩角に支えられて助かったことがあった。これは満洲旅行中に匪賊に襲われて奇跡的に救われたことと並び、矢内原の人生の上で、神のみ翼の陰に隠されて守られたという確信を持つに到った大きな事件であった（㉖四六五）。

六　東大経済学部助教授、欧米留学、妻の死

大正八年、東京帝大に経済学部が創設されることになり、植民政策の講座の教授新渡戸稲造が国際連盟事務次長に内定した段階で、矢内原はその後任に助教授として戻ることになった。何事にも慎重な矢内原は、このとき渡りに船とばかりに飛びついたのではない。住友での引きとめもあったであろうが、彼自身が熟慮の末、実業家になるよりも学者として社会に奉仕することを神から示された道として決心したのであった。またこのとき矢内原には植民政策は勿論、学術的な業績が全くなく大学の方でも困ったらしいが、人に送った手紙が何かあるだろう、この手紙を書けるならまあいいだろう、ということで助教授になったという。この手紙だけで助教授になったという内輪話を今井館で幾度か聞いたことを記憶している。なお時に間違えられるが、森戸事件で辞めた森戸辰男の後任ではない（㉖一七八）。当時の状況について大内兵衛「赤い落日――矢内原忠雄君の一生」に次のような記載がある。

わたくしが大蔵省からそこに帰ってきたとき、すでにほかにも二、三人の里帰りが予定されていて、その一人は矢内原という人であった。矢内原は新渡戸先生が国際聯盟の事務局次長になってジュネーブ

に滞在することになったので、その後任としてくる人である、助教授舞出君と新渡戸先生の推薦によるものであるということであった。（中略）ある日、白皙長身の青年が飄然としてあらわれた。そして、彼はそのあくる日から研究室の机に向かって、冷然として勉強をはじめた。これが矢内原助教授であったわけである。わたくしは、ひそかに彼の机の上をのぞいた。そこにはクローマーの『エジプト現代史』が整然とのせられていた。わたくしは襟を正した。というのは、これはわたくしがいちどは読んでみたいと思っていた本であるからであり、（後略）

大正九（一九二〇）年三月東京帝大助教授となった矢内原は秋には欧州留学の途につく。一〇月一七日に神戸を出帆した船は一か月半かけて一二月二日にマルセイユに着いている。最初は英国ロンドンで大英博物館に通って、アダム・スミスの『国富論』をはじめ、経済学の書物を次々に読破した。大塚久雄との対談ではノールスという女性教授から産業革命史、インドやカナダの経済史を学んだとあるが、その講義を聴いたのは一回だけだったようである。その後ドイツに移り、ベルリンに六か月滞在したが、学期の変わり目に当たり、ベルリン大学には行かなかった。むしろ自由に社会の下層を見たり、音楽を聴いたり、絵画、美術を見たり、あるいは教会の礼拝に出席したりしている。それで「矢内原はあれで経済学の講義ができるのだろうか」と言いふらす者さえいたという。その後二週間のパレスチナ旅行をし、さらにその後フランス、パリにも少し滞在し、最後はアメリカに渡り、各地を廻って一九日間滞在した後帰国した。全集二九巻末尾の詳しい年譜によればアメリカには大正一二年の一月四日、ニューヨークを皮切りに、ワシントン、ボストン、ナイヤガラ瀑布、グランドキャニオン、ロスアンジェルスと廻り、最後はサンフランシスコから出帆している。一つ抜けているのはシカゴで、一日しかいなかったが、有名な家畜市場と場末の黒人街を視察している。南部に行く時間がなかったので、黒人の多いシカゴでその生活を見るのが目的であったという。かなり長時間、歩き疲れてミシガン湖畔の公園に出た時、そこでひょっこりリンコーンに遭ったことが『余の尊敬する人物』のリンコーンの章の冒頭に出ている。六尺四寸の長身をフロックコートに包み、うつむいて立っている銅像に向かって矢内原は「リンコーンよ、あなたは何をそんなに悲しんでいますか。あなたの国の現状をですか。はた世界の現状をですか」と問いかけた。筆者も米国留学中、一九六五年の一一月初め、東部各地を旅行してシカゴにも寄り、ミシガン湖畔を散歩の途中、ひっそりと寂しそうに立つこの銅像（図6）を訪ねたことがある。リンコーンが狙撃されたちょうど一〇〇年後のことであった。

図6 リンコーン立像
Wikipedia "Standing Lincoln" より（http://en.wikipedia.org/wiki/File:Standing_Lincoln.JPG）

『余の尊敬する人物』のリンコーンの章の中で、筆者が最も強く印象づけられた言葉は、リンコーンが大統領に再選された時の就任演説の中の一節「何人に対しても悪意をもたず、すべての人に愛をもって」"With malice toward none, with charity for all"であった。リンコーンはこれを言葉で述べただけでなく、実行した。南北戦争は四年半に及び、大変な苦戦で、閣僚たちはみな、南軍の首謀者をすべて厳罰に処すべし、と主張したが、リンコーンはそれには耳を傾けなかった。またすでに軍法会議にかけられ死刑の確定していた兵士をすべて釈放した。リンコーンの精神は、彼の死から一四四年後に大統領として登場した、リンコーンをこよなく尊敬している黒人オバマに受け継がれているかに見える。

図7 忠雄と妻・恵子
(大正13年6月，新婚当時。『矢内原忠雄伝』より)

矢内原の留学中、妻愛子は肺結核に侵され、病勢は徐々に進んだ。彼は予定を早め二月九日に横浜に上陸し、迎えに出ていた藤井武から病状の悪いことを聞き、慶應病院に入院中の愛子を見舞いに直行した。だがその一月半後の三月二六日に彼女は世を去った。まだ二四歳の若さであり、二人の男の子、伊作と光雄を遺しての旅立ちであった。矢内原の悲しみと落胆は想像するに余りある。大正一二年といえば関東大震災の年で、日本国民にとって大変な年であったが、後年「私の家庭的にも、死の蔭の谷を歩むような真っ暗な年でありました」と書いている(㉖二三九)。この年矢内原は教授に昇任したが、妻に先立たれた深い悲しみの一年後、幼い子どもたちのことも考えて、学生時代から内村鑑三の許で学んだ大阪地裁判事宇佐美六郎の強い勧めで、大阪で大きな宝石時計店を営むクリスチャンの堀米吉の三女恵子(図7)と再婚した。大正一三年六月のことであった。ここに到る経緯、特に再婚に対する忠雄の迷いや躊躇についても、伊作の矢内原伝に詳しい（三七一頁）。その後の矢内原の生涯において恵子の果たした内助の功は特筆に値するものであった。

七　受難、教授辞任とその後

矢内原の尊敬していた吉野作造に代表される大正デモクラシーは、昭和に入って軍部の台頭とともに、次第に衰え、日本の国全体が右傾化、ファッショ化の道を歩み始め、昭和六（一九三一）年の満洲事変を境に軍部が一気に勢力を強め、大学も危険思想を生む温床として攻撃されるに到った。ヨーロッパでナチスが政権を取ったのは一九三三（昭和八）年であるが、この年に日本では吉野作造、江原万里、新渡戸稲造が世を去り、京都帝大では滝川事件が起きている。続いて昭和一〇年、美濃部達吉の天皇機関説が攻撃され、さらに続いたのが矢内原事件であった。

この問題について矢内原自身はあまり詳しく述べてはいないが、昭和一二年の夏、『中央公論』にテーマは自由で論文を書くよう依頼され、「国家の理想」という題の論文を書き九月号に掲載された。国家の理想は正義と平和に在り、戦争という手段によって弱者を虐げることではないという、暗に日本の満洲政策を批判するものであった。これは直ちに全文削除となり、さらに大学でも問題にされるに到ったのである。当時経済学部助教授であった有沢広巳が「重苦しい矢内原事件」として書いているものから引用する。

一一月末ごろでしょうか、ある日の教授会に土方学部長は紫のふくさに包んだものをもってあらわれた。何ごとかと見ていると、包の中から取り出したものは、『中央公論』九月号なのだ。学部長は矢内原教授がこの雑誌に発表した論文「戦争と平和」〔引用者注・正しくは「国家の理想」〕はわれわれの同僚の教授としての資格を疑わしめるものがあると思うから、教授会で審議してもらいたいといいだした。これはまたエライことを強引にもちだすものだと、ぼくはあきれた。（中略）第一、そんな吟味が教授会でできるものかと、ぼくは疑った。ところが、学部長の提案に賛成するものがいるのだ。教授会は重苦しい空気につつまれた。

これは経済学部のセクトによる内紛とする記載もあるが、もっと根深いものであった。当時あまり表には出ていなかったが、長与又郎総長のもとには、矢内原教授追放の要求が文部省や内務省からいくつも寄せられていたという。その背後には『通信』や藤井武の追悼講演で述べた言葉を問題にした右翼や軍部の存在が大きかったのであり、帝国議会議員の中にも同調する者があり、警察、警視庁なども加わり、さらに経済学部内の右翼教授らが呼応して、それらが連絡を取り合いながら一体になって攻撃したのであった。火付け役は蓑田《みのだ》胸喜《むねき》であった。

蓑田は一八九四年、熊本県八代市に生まれ、五高を経て大正九年東京帝大文学部哲学科を卒業、その後法学部政治学科に学士入学し中退している。慶應予科の講師、国士舘専門学校教授となって、『原理日本』という月刊雑誌を出し、リベラルな学者を次々に攻撃し、著書を発禁に追い込み、出版法違反などで訴え、その地位から追い落とした。最も攻撃される回数の多かったのは天皇機関説の美濃部達吉で一八回、次いで河合栄治郎、西田幾多郎各七回、矢内原は二回で回数は少なかったが、初期の犠牲者であった。南原繁は一回であった。『原理日本』には軍部の資金が相当つぎ込まれていたという。工学部出身で海軍中将、軍艦総長と言われ、河合事件でいわゆる平賀粛学を断行した平賀譲は、昭和一四年四月一二日の東大記念日の式辞で、「全学を挙げて国家思想の涵養に努力したい」と述べ、蓑田から帝大思想史上画期的な式辞だ、とエールを送られている。

文部省の蓑田化ということがある。昭和一〇年代に入り、日本全体の軍国主義化、国家主義化が進み、文部省も右傾化して蓑田の存在意義は相対的に薄れてきた。戦争末期に彼は故郷に帰り、敗戦時には精神異常をきたして昭和二一年一月、縊死した。

その一〇年後、昭和三一年一月、全国大学教授連合九州支部総会で熊本に赴いた矢内原は蓑田胸喜のことを思い出し、「大いなる躊躇をもって、」で始まる講演を行った。そこで岩波新書『余の尊敬する人物』の最初に登場するエレミヤの終わりの部分に、蓑田胸喜の姓と名を四つに割って折り込んだことを紹介している。「卑怯なること蓑虫の如く、頑固なること田螺のごとく、胸に悪意を抱き、人を陥れるを喜びとする汝らパシェル・ハナニヤ輩よ。(中略)汝らこそ真理を乱し、正義を破壊し、国に滅亡を招いたのである」(㉖六七二)と。

矢内原の辞職をめぐっては、長与総長に何度も面会し、それを何とか止めたいとした経済学部少数派教授である舞出、大内らの奔走があった。「矢内原君を何としても守る」、と一度は約束した長与も、藤井武追悼講演会での「日本の国を葬って下さい」の一句が、木戸幸一文部大臣の許に届いており、木戸が長与に「こういう教授をこのままにしていては自分は文部大臣が務まらない」というと、それ

帝國大學新聞　昭和十二年十二月六日　(二)

矢内原忠雄教授 自發的に辭職す

經濟學部 情勢急激に變化

研究室に名殘を惜しむ

(教授會に辭意表明の直後落着いた矢内原教授)

後任に惱む 土方學部長談

矢内原教授の別れの言葉

図 8　矢内原教授の辞表提出を報ずる帝国大学新聞（昭和 12 年 12 月 6 日号）

には屈したのであった。この問題処理をめぐっては、総長としての長与に対する大内や南原の評価は低いが、一般には知られていない「長与又郎日記」を読むと、矢内原事件をはじめ、美濃部達吉の天皇機関説、教授グループ事件、陸軍大将荒木貞夫文部大臣による人事干渉など、難しい問題に対する苦慮、苦悩の跡が読み取れ、矢内原の辞職についても、事情が事情だけに退職金など最大限に出してやりたい、と書かれている。

昭和一二年一二月一日の教授会での矢内原の辞職の挨拶がある。「ただ今辞表を総長に提出してきた、諸君ともお別れだ、自分は教授として研究にも教育にも熱意を傾けてやってきた、その点では諸君に劣っているとは思はない。ただ自分の信念が問題になって、大学を辞めることになったのは心外だが、それが学部の平和のためになるなら、犬死ではない。自分のグチだとは思わないで、今後は同僚の諸君が仲好く切磋琢磨してやっていくよう、お互いに自制努力してもらいたい」。この淡々とした言葉を聞きながら有沢は涙を飲んだという。

辞表を提出（図8）した翌日、それまでの習慣で昼食のため山上御殿の食堂に行った矢内原に対し、そこにいた小野塚前総長が「君は破廉恥なことで大学を辞めたのではないから、これからもここにはやってきたまえ」と言い、文学部の桑木厳翼教授もわざわざ立って寄ってきて慰めの言葉をかけたという。

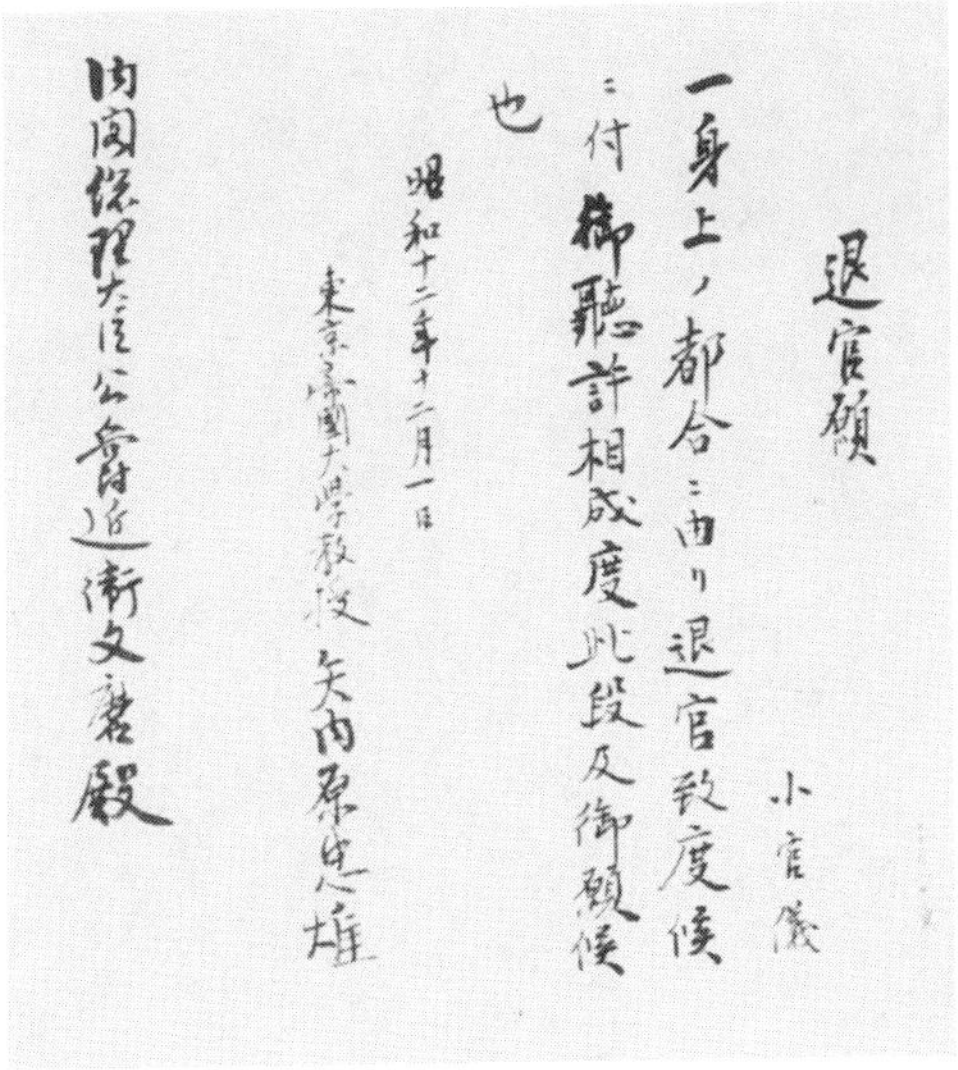
退官願
小官儀
一身上ノ都合ニ由リ退官致度候ニ付御聴許相成度此段及御願候也
昭和十二年十二月一日
東京帝国大学教授　矢内原忠雄
内閣総理大臣公爵近衛文麿殿

図9　辞表のコピー
（『矢内原忠雄伝』より）

この時出した辞表のコピー（図9）が『矢内原忠雄伝』の終わりの方に出ている。筆書きで「退官願」となっており、宛先は内閣総理大臣公爵近衛文麿であった。当時の東京帝大教授の任命権者は総理大臣であったことが判る。

辞職数日後、岩波書店の店主岩波茂雄が来て、そっと金一封を置いていき、リンコーンの伝記を書くよう依頼した。それは新しく出す岩波新書の第一冊に、ということであった。矢内原はリンコーンだけではなく、エレミヤ、日蓮、新渡戸稲造を加えて、『余の尊敬する人物』の構想として岩波の了解も得た。ところがそのあと、クリスチーの『奉天三十年』の翻訳を先にしてくれという話がきて、それも急いでやって上下二巻になり、こちらが岩波新書の第一、二冊になった。これらはいずれも心ある多くの人に読まれ、一方では給与の道を断たれた生活を支えてくれた、と自ら言っている(㉖五六)。しかし、これは家族だけの生計の問題でなく、当時すでに孤児となっていた藤井武の五人の子どもの養育も引き受けていたことを考えると、大変なことであった。一番大変であったのは夫人恵子であるが、彼女は愚痴らしいことを一言も残してはいない。

『余の尊敬する人物』の一部が戦後高校の教科書に採用されていたという話を聞いたことがあるが、確認出来ていない。むしろ確実なのは戦前、この本が出版された直後の昭和一五年に、自由学園男子部で教科書として使用されていたことである。これは当時中等部に在学していた古屋安雄国際基督教大学教会名誉牧師から直接聞いたことで、古屋牧師が無教会や矢内原忠雄のことを知った最初であったという。

また昭和二〇年八月八日、モスクワでモロトフ外相に呼び出されて対日宣戦布告を言い渡された敗戦前の最後の駐ソ大使佐藤尚武が、シベリヤ鉄道で引き上げて来る列車の中で同書を読み、大変感動して、日本にもエレミヤのような人物が必要だったと、帰国後岩波茂雄に伝えたという(㉖五九)。

因みに戦後、国語の教科書教材として使われたもので筆者が記憶しているのは、大島正健「クラーク先生とその弟子たち」、内村鑑三「後世への最大遺物」(中学三年)、天野貞祐「学生に与うる書」、南原繁「人間革命」（高校一年）などである。

八　戦闘開始、伝道に専心

昭和一二年一二月、東京帝大を追われてから、矢内原はキリスト教の伝道に全力を注ぐようになった。それまでの『通信』を『嘉信』に変え、毎月定期的に出すことにした。これは真理の敵ファシズムに対する宣戦布告を意味した。毎日曜日、自宅での集会での若者に対する聖書講義のほか、月一回の帝大聖書研究会があった。これより先、昭和九年福岡、昭和一一年は浅見仙作の招待により、北海道の札幌、小樽、夕張などを皮切りに、全国各地への伝道旅行が始まった。また昭和一四年からは土曜学校を開き、アウグスチヌス、ダンテ、ミルトンを講じた。

図 10　『嘉信』創刊号の表紙
（昭和 13 年 1 月。『矢内原忠雄全集』第 17 巻より）

矢内原は自分の伝道には次のような特徴があったと述べている。

①なるべく学者臭くなく、宗教家臭くなく、平易に説く。伝道は平民的に。

②無教会の伝道者は東京中心の傾向あり。自分は何処へでも出かける。地方であろ

うと、教会であろうと、青年会であろうと。

③専門の宗教家は宗教以外のことを語らない。自分は自由な立場であるから、学問の問題、社会の問題を信仰の立場から述べる。

④伝道活動に収入を求めず、講演でも旅行でも自費を原則とする。

⑤本務を怠らないこと。

矢内原忠雄は四代続いた医師の家系に生まれた。妹一家、弟一家も医者であり、医者一族で、本人も周囲からは医師になることを期待されていたが、血を見るのが恐ろしい、と言って医者にはならなかった。川西らの影響で法学部に進んだが、自身はおそらく魂の医師をもって任じていたであろう。「小医は病を癒し、中医は人を癒し、大医は国を癒す」との中国の古諺に従えば、矢内原はまさに国を癒す大医であったと筆者は考える。一方で医学・医療に関しても高い見識を持っていた。

今を去ること五二年前、昭和三四年四月一日に東京で内村祐之会頭の下に、第一五回日本医学会総会が開かれた際、日本基督者医科連盟主催のキリスト教講演会が開かれ、矢内原が「医療と伝道」という題で講演した。筆者は丁度医学部を卒業した時で、これから医師として働こうという逸る気持ちで聴いたが、講演の内容は主としてクリスチーの『奉天三十年』についての紹介であった。キリスト教の伝道の手段として医療を使うのではなくて、医療即伝道である、というのがクリスチーの考えであった。これは矢内原が総長時代に行った東大キリスト者医科連盟主催の講演会「医学に望むもの」で、「すべての医者は坊主でもあれ」と言ったことに通じるものであり、医の根本精神と言えるであ

図 11　クリスチー著，矢内原忠雄訳『奉天三十年』口絵写真
左端の，腰に手を当てている白衣の人がクリスチー。1905 年，日露戦争で赤十字活動を行った。

ろう。筆者は新鮮な思いで聴き、深く感動した。
『奉天三十年』上・下巻は昭和一三年に発刊された岩波新書の第一号、第二号であるが、その出版には秘められた裏話がある。奉天図書館長であった衛藤利夫（国際政治学者・東大名誉教授衛藤瀋吉の父）による訳述を読んでクリスチーの純愛無私の奉仕的生涯に感動した岩波茂雄が、その全訳を東大辞職後間もない矢内原に依頼した。当時すでに岩波新書の第一号は斎藤茂吉の『万葉秀歌』に内定していたのであるが、急遽『奉天三十年』に差し替えられたのであった。それは満洲事変の日華事変への拡大と、軍部の中国進出とに対する明らかな批判、抵抗の意味を持っていた。その訳者序文がまた素晴らしいのである。「一八八三年、クリスチーの抱いた如き志がわが日本の青年学生の間からも起れ！　その願いを以て、私はこの拙訳を彼らに送る」とある。クリスチーの淡々とした気負いのない文章の中で、最も感動的なのは、一〇〇年前、満洲で猖獗を極めた肺ペストの防疫作戦で殉職した若き同僚医師ジャックソンの記事であり、矢内原はここの部分の訳の推敲の度ごとに涙を禁じえなかったという。

図12　東京女子大学とロゴマーク
ロゴマークは二つのSが組み合わされたもので，十字架の形になっている。（鴨下重彦編『現代に求められる教養を問う』より）

九　「二つのSと二つのJ」

これは今から五〇余年前の昭和三三年五月二一日、東京女子大学の創立四〇周年に、高木貞二学長の求めに応じて矢内原の行った記念講演の題である。「私の話はクイズのような題ですが、」ではじまる二つのSとは、Service and Sacrifice で、これは初代学長の新渡戸稲造が決めた東京女子大学の標語、「奉仕と犠牲」の頭文字で校章（図12）にもなっている。二つのJとは　内村鑑三の愛したJapan と Jesus、日本とイエス・キリストの頭文字で、多磨墓地に眠る内村の墓標（図13）には、I for Japan, Japan for the World, The World for Christ, And All for God（我は日本のため、日本は世界のため、世界はキリストのため、そしてすべては神のために）と彫られている。つまりはこの講演は「新渡戸稲造と内村鑑三」ということであった。この講演は全集には収載されず（要旨のみ㉑七一一）、未発表講演集に含まれている（本書第Ⅳ部末に全文を収録）。

矢内原を理解するためには、その二人の師、新渡戸稲造と内村鑑三について知ることが不可欠である。新渡戸と内村は、札幌農学校の第二期生であり生涯の親友であった。明治四三年、矢内原が一高に入学した時の校長が新渡戸稲造であり、その紹介で内村鑑三の門下に入った者が数多い。『余の尊敬する人物』の「新渡戸博士」の章の冒頭に矢内原は、「内村先生よりは神を、新渡戸先生よりは人を学びました。その意味では私も札幌の子であります」と書いている。矢内原は新渡戸と内村を一つに合わせたような人物だ、との評もあるが、当たらずといえども遠からずであろうか。ただ単なるエピゴーネンではなく、学者としては新渡戸の植民政策について科学的実証的根拠に基づいて体系化を図る一方で、日曜ごとの聖書講義、毎月の聖書雑誌『嘉信』の発行、さらに全国各地への講演旅行などにより、内村の無教会主義の精神を忠実に受け継ぎ発展させた伝道者であったと言えるであろう。

図 13　二つの J
内村鑑三の墓に刻まれた四行詩。（鴨下編『現代に求められる教養を問う』より）

新渡戸稲造は西園寺内閣の文部大臣牧野伸顕が、日露戦争後の日本の教育水準を国際的に高めるため特別に選んで一高校長に据えた人物であった。新渡戸は国際人であり、英文で『武士道』を書いて、欧米諸国で読まれたが、武士道が一面、武士の道徳であることを考えると、それはナショナリズムの色彩も濃いといわれる。ルーズベルト大統領が日露戦争の仲裁を引き受けたのは、彼が“Bushido”を読んでいたからだったともいう。

なお、東京女子大学の英語名はTokyo Woman's Christian Universityで「クリスチャン」がついているのに、日本語では何故か省略されていることに矢内原は注目し、その精神は決して省略されてはならない大切なものだと指摘している。今から約一〇〇年前、一九一〇年に英国エディンバラで世界キリスト教会議World Missionary Conference（エディンバラ宣教会議）が開催された時、アメリカの教会が資金を出して、日本に帝国大学並みのキリスト教の大学を作ることが決議され、その結果出来たものが東京女子大学だったのである。だから英語では「クリスチャン」が入ったのであった。帝国大学並みではなく規模の小さな女子大学ではあったが、日本での女子高等教育が遅れていたことと、初代学長が新渡戸稲造であったことを考えると、それなりに存在意義は大きかったと言えるであろう。

昭和一六年一二月五日、これはその一か月余の後に始まった太平洋戦争にとって決定的に重要な日であった。それ以前には早期の開戦に反対であった天皇がこの前日までに陸海軍中枢、参謀総長や軍令部長などによる説得を了解し、宮中における御前会議で、米英蘭に対する開戦を決意したのである。Point of no returnであった。

その同じ日の夜、東京芝のフレンド教会において新渡戸稲造記念講演が行われ、矢内原が「新渡戸先生の宗教」という題で講演している。その切りだしは、

秋の夜の月が円やかでありまして、一入秋の月をお好きであられた先生を追懐致しますのには甚だ適当な夜でございます。

見る人の心ごころにまかせおきて高根に澄める秋の夜の月……

太平洋戦争の開戦に向けて、軍部や政府が国民を煽り立て、国中が戦争の準備に沸き立っている時に、およそ正反対の静謐そのものの一夕であった様子がうかがえる。新渡戸稲造が日本で最初のクエーカー教徒であったことはよく知られているが、彼自身はキリスト教を振り回すことはなく、クエーカーであることも自己宣伝しなかった。それは新渡戸の主義でもあったと思われるが、クエーカーそのものが、各人の内なる光を重んじ、教会での黙想を主とする宗教だったからであろう。いずれにせよ「新渡戸先生の宗教」という題の講演は大変貴重である。

新渡戸の著書『東西相触れて』の中に、新渡戸が国際連盟事務次長時代に自ら委員長を務めてアインシュタインやキューリー夫人などと始めた知的協力委員会（後に国際連合でユネスコに発展）のメンバーの一人、フランスの哲学者ベルクソンに、「クエーカーというのも宗教の一つですか、慈善事業かと思った」と言われたことが述べられている。ベルクソンほどの哲学者がクエーカーを知らなかったことは驚きであるが、これもクエーカーが自己宣伝をしない宗教であり、またクエーカーは英国で生まれ、アメリカに伝えられたので、フランスには信者が少なかったからであろう。クエーカーはいわゆる良心的兵役拒否を貫く反戦平和主義でもよく知られている。

講演の中で、矢内原は新渡戸の札幌農学校時代の逸話や、一高校長時代の教えを紹介し、人生の哀しみからキリスト教に入ったこと、新渡戸は人を裁かなかったこと、修養と教養の違い、日本に必要なものはリーダー、特に政治や軍事のリーダーではなくて、新渡戸稲造のような思想界のリーダーであること等々、諄々と述べている。戦争のことには一言も触れていないが、最後は「正しいことは結局勝利を占めるのである。真理は結局において勝つのである」と結ばれていて、ある意味でこれから始まる太平洋戦争の終末を予言するような結論であった（㉔四〇二）。

日本国中が世紀の大戦争の開戦直前という非常時に、平和の使徒新渡戸稲造を記念する講演と祈りの会が、その弟子の平和主義者矢内原忠雄により、首都の一角で行われていたことは、改めて記憶されてよいであろう。なお大正六年創立の東京の普連土学園の現在のホームページには、その創設に当たってペンシルバニアに留学していた内村と新渡戸の影響が強かったことが書かれている。

因みに京都帝大文学部を卒業していた長男伊作は、この日、上高地から徳本峠を越えて歩き、夜疲れきって松本に着いた。そこでは、丁度護国神社祭の夜で喧騒を極めていたと、日記に書いている。

一〇　終戦、東大復帰、経済学部の再建

昭和二〇年八月一五日の終戦の詔書を矢内原は山中湖畔で聞いた。その時彼が感じたのは、これから新しい時代が来るのだから、平和のために働かなければならない、ということであった。

一一月に入って、経済学部長の舞出長五郎が来て大学に戻るように依頼した。しかしあっさり断った。四度来たが四度とも断った。さらに五度目に来てまた断ったら、とうとう舞出が「どうしても駄目か」と涙を落とした。それで同情して帰ることになった。復帰は昭和二〇年一二月一日付、長与総

長に辞表を出してから丁度八年後のことであった。

復帰してすぐに、担当する植民政策論を国際経済論に名称変更した。休職になっていた大内、有沢、脇村らも復帰して、以後経済学部の再建は上野、大内、舞出、矢内原の四長老によって進められた。そして昭和二四年、矢内原学部長のもとで経済学部は創立三〇周年を祝った。そのとき南原総長が、経済学部はたった三〇年でもうお祝いか、と冷やかした。それに対して、経済学部の三〇年は他の学部の一〇〇年に当たる、と矢内原は胸を張って答えたという。そして、経済学部は最小ではあるが最弱ではない、smallest but not weakest と言った。矢内原は戦後いろんな役職につかされたけれども、自分でやりたいと思ったのは経済学部長だけだった、と述懐している。一方で南原総長は、自分の総長在任中、最も嬉しかったことの一つはこの経済学部の三〇周年であった、と述べている。そしてもし河合栄治郎君が生きていたらどんなに良かったろうか、と言ったところが、もしそうだったらまたひと騒動もふた騒動もあって大変だ、と誰かが言ったそうである。

なお矢内原は経済学部長になる前に、やはり南原構想で戦後すぐに出来た社会科学研究所（社研）の初代所長に就任している。新たな研究所が出来る場合には、現在ならば建物の建設費や設備費としてかなりまとまった予算が付くのであるが、当時は敗戦直後であり、社研の場合は一切付かなかったので、矢内原の苦労は並大抵のものではなかったという。

二　初代教養学部長として

戦後初代の東大総長南原繁の最大の功績は、戦後の教育改革への貢献、とりわけ教育基本法の立案・制定とされるが、これは外に対してであり、内においては旧制一高を中心に東大教養学部を作り、初代の学部長に矢内原を据えたことが、恐らくそれに劣らぬ、あるいはそれ以上の大きな功績であったと筆者は考えている。東大に教養学部という学部組織を作る構想は南原の抱いたもので、その辺の事情は『聞き書　南原繁回顧録』に詳しい。組織と大方の人事は南原総長主宰の準備委員会で出来あがり、学部長として矢内原に白羽の矢が立った。

当時の駒場は旧制一高のさまざまな悪弊が残っており、学生数は一気に一高時代の二倍に膨れあがり、駒場寮は無秩序そのもの、教官もいろいろな所からの寄せ集めでソリダリティ（一体性）を欠き、また研究室の不備のため、授業だけでさっさと引き上げる教官が多いなど、正に混沌とした状態にあった。これらをまとめて新制東大の基礎をいかに築くか、その気風をどう作るか、東大の学部長やその経験者、あるいは並みいる教授の中で誰がその任に堪えるのか、南原も熟慮を重ねたに違いない。最後は旧制一高における新渡戸稲造を矢内原にイメージして決定したという。「幸いあの人はよくやってくれた」。南原の後日の言葉である。

昭和二六年四月、教養学部の発足後三年目を迎えた時、学部内のコミュニケーションをよくし、教育の効果をさらに上げるため、『教養学部報』を発刊することにした。その創刊号の中で矢内原は以下のような宣言をしている。

東京大学における教養学部の位置の重さは、単に全学生数の半分を包含するという、量的比重にだけあるのではない。東京大学の全学生が最初の二年間をここで学び、新しい大学精神の洗礼をここで受ける。ここは東京大学の予備門ではなく、東京大学そのものの一部である。しかも重要な一部であって、ここで部分的専門的な知識の基礎である一般教養を身に付け、人間としてかたよらない知識をもち、またどこまでも伸びていく真理探究の精神を植えつけなければならない。その精神こそ教養学部の生命なのである。

この言葉は六〇年を経た今も、東京大学の教育理念の原点として、東大のパンフレット「東京大学2009」にも出ているのである。矢内原教養学部長時代には試験ボイコットやストライキで学園が荒れたこともあった。大学紛争により学内秩序が崩壊したこともあった。それにも拘わらず教養学部創設期の精神が今なお生かされていることを筆者は素晴らしいことと思う。さらに『教養学部報』には「教養学部の後期課程たる教養学科はこの小さく分れない教養を更に一段と深め、早く化石とならない真理探究の精神を更にのびのびと育てるために創設せられた独創的な制度であって（後略）」と続いている。そしてさらに次の言葉がある。

一つのことは明瞭である。よい教養学部が出来なければ、よい東京大学は出来ない。新制大学の死命を制するものは教養学部だ、ということである。東京大学が日本において占める位置を考えれば、教養学部の責任は一層重大である。この責任を果たすためには、学部関係者全体の明智と、忍耐と、努力とが必要である。学生もまた、その責任を分担する者である。

正に初代学部長としての矢内原の面目躍如たるものがあり、このような指導理念のもとに六〇年を培われてきた教養学部は幸いなるかな、と言うべきであろう。

一二　東京大学総長として

一九六五年七月、矢内原忠雄全集二九巻が完成したとき、南原繁はその推薦の小文を書いている。その冒頭で昭和二六年一二月一日の東大評議会での南原の後任総長の選挙結果発表の様子が描かれている。

「昭和二十六年十二月某日、東大中央大講堂の評議会室で、総長選挙の投票が開票され、その結果、教養学部長矢内原忠雄君が多数をもって戦後二代目の総長に当選した。その瞬間、拍手とともに一同の眼は同君の上に注がれた。白皙の顔を少しく紅潮させた彼は、受諾の挨拶をするかと思いのほか、沈んだ声で暫く考えさせて貰いたいと言った」とある。そしてその翌日矢内原は南原を下落合の私宅に訪ねてきた。矢内原は総長就任によって、宗教活動が妨げられないか、毎日曜の礼拝や、『嘉信』の発行、東大聖書研究会の指導や地方への伝道旅行が妨げられることがないのか、を確認したかったのであった。もしキリスト教の伝道が出来ないのであれば当選を辞退するつもりであったという。

「以来六年間、名総長として、多忙な中に、学内外の幾多の困難な問題の解決に当たったと同時に、他方、その宗教活動はいささかも変えることなく続けられた。矢内原君にとっては、キリスト教の信仰がその思想と行動の源泉であり、すべては神の栄光のためであった。（後略）」と続く。

矢内原は総長退任に際し、『主張と随想』の最後に「東大総長の六年——あとがきにかえて」という題で、次のように書いている。

前任者の南原総長はいわば家康公みたいなもので、戦後の混乱期にあって新制大学としての基礎をすえた明君であったが、私の位置は二代将軍秀忠で、外に向かって威を張るよりもむしろ内をよく治めて、以前の落ち着きを取りもどした住みやすい学園にしたいというのが私の念願であった。

そしてその具体的な第一が安田講堂の右手、三四郎池の土手にある浜尾新総長の銅像の復元で、戦時中金属として供出させられたのだが、戦後ずっと図書館の中庭に放り出してあったものを元に戻した。また現在附属病院外来診療棟と向き合っている医学部創設期のドイツ人教師ベルツ、スクリバの胸像の名前を彫り込んだ銅板が外されたままになっていたのを内村祐之《ゆうし》医学部長に話をして、石板をはめ復元した。

学生相談所の創設も彼の仕事であった。文部省から当時の金額で三〇万円の特別予算を取り、安田講堂の一階に部屋を設け、常時各学部から教授が交代で詰めて、学生の学業や生活の相談、あるいは人生での悩み事など精神面でのサポートに当たらせた。これは全国でも初めての試みで、その後全国の大学に広まった。矢内原総長の頭にあったのは恐らく旧制一高で新渡戸校長が週に何日か面会日を決めて気軽に学生の相談に応じていたことで、それにヒントを得たものであろう。

矢内原総長ほど学生を愛し、学生のためにやるべきことを考えた総長は少なかったが、一方で学生運動の高まりにこれほど苦労した総長もいなかった。

最近驚いたことがあるので紹介する。北海道大学の中村睦男前総長は筆者の高校の後輩であるが、五年程前であろうか、北大の新しいパンフレット（図14）が出来た、と送ってくれた。エルムの古木と札幌農学校時代の古い農場と思われる建物を背景にして「北海道大学の学問の系譜――北大学派の学風」という表題の立派な冊子であったが、開いてみて驚いた。ウイリアム・クラーク博士の胸像の写真が出ているのは当然として、その下に大きく矢内原忠雄の写真が出ているのである。しかもその次の頁の新渡戸稲造や内村鑑三の写真よりも大きいのである。何事かと思って読むと、そこには矢内原が東大総長就任最初の五月祭において行った「大学と社会」という挨拶の一部が引用してあった。「明治の初年において日本の大学教育に二つの大きな中心があって、一つは東京大学で、一つは札幌農学校でありました。この二つの学校が、日本の教育における国家主義と民主主義という二大思想の源流を作ったものである。大ざっぱに言ってそういうふうに言えると思うのです」と。そして、「（中略）日本の教育、少なくとも官学教育の二つの源流が東京と札幌から発しましたが、札幌から発した所の、人間を造るというリベラルな教育が主流となることが出来ず、東京大学に発したところの国家主義、国体論、皇室中心主義、そういうものが日本の教育の支配的な指導原理を形成した。その極、ついに太平洋戦争を引起こし、（後略）」と続いている。さらに後の頁には教育基本法（改正前）第一条「教育は人格の完成を目指し、平和的な国家及び社会の形成者として、真理と正義を愛し、個人の

北海道大学の学問の系譜
――北大学派の学風――

はじめに

学風と言う言葉に2つの意味がある。ひとつはその大学のもつ雰囲気・気風で、校風とほぼ同義であるのに対し、もうひとつは学問上の傾向、その学派の学問姿勢の特色を意味する。本書では後者の「学風」を取り上げる。必ずしも個々の大学に特徴的な学風が備わっていると言うわけでは無いが、北海道大学の研究を辿ってみると、そこに明確な、北大らしい学風があることに気付く。北大の学風とは如何なるものか、それは如何にして形成されて来たのであろうか。

本学の学風の成立を語る上で建学初期の教育思想や生い立ちの歴史を抜きには語ることが出来ない。北海道大学の前身、札幌農学校に根ざした精神は「日本近代精神の源流」とまで評価されてきた（海老名健三著・札幌農学校）。詳しい札幌農学校～北海道大学に通底する精神と教育思想形成の歴史については本冊子と姉妹冊子の「北海道大学に通底する精神と教育思想の歴史」にゆずることとして、以下に本学に通底する精神を「日本の教育における民主主義の源流」と評した元東京大学総長矢内原忠雄博士の一文を挙げ、本学がそのような評価を受けるに至った経緯について考える。次いで本学の初期からの学問への取り組みの姿勢が北大の学風を形成して行った経緯をたどり、そうした学風の下、どのような人物によってどのような学問がなされたのかを振り返ることとする。なお、一部、前述の姉妹冊子との重複がある。

北海道大学に通底する精神

1952年5月26日、当時の東京大学総長　矢内原忠雄博士は「大学と社会」と題した東京大学五月祭の挨拶で、「明治の初年において日本の大学教育に二つの大きな中心があって、一つは東京大学で、一つは札幌農学校でありました。この二つの学校が、日本の教育における国家主義と民主主義という二大思想の源流を作ったものである。大ざっぱに言ってそういうふうに言えると思うのです。」と述べている。博士はさらに、「……日本の教育、少なくとも官学教育の二つの源流が東京と札幌から発しましたが、札幌から発した所の、人間を造るというリベラルな教育が主流となることが出来ず、東京大学に発し

▲クラーク像・レリーフはクラーク博士の人生を変えたオオオニバスの花

姉妹冊子「北海道大学に通底する精神と教育思想の歴史」▶

矢内原忠雄（1893－1961）
札幌農学校第3期生の鶴崎久米一が校長をつとめる神戸中学校を1910年に卒業。第一高等学校に進み、校長・新渡戸稲造から強い影響を受ける。

図14　平成17年度北海道大学パンフレットより
（編集・本文：藤田正一）

価値をたっとび、勤労と責任を重んじ、自主的精神に満ちた心身ともに健康な国民の育成を期して行わなければならない」が掲げられ、これはクラーク博士によって始められた札幌農学校の教育理念そのものを読むようだ、とコメントされている。このクラーク博士の「自由、自主、独立の精神」と人間の「平等」はアメリカの独立宣言にまで遡ることが出来るという。なお、この「大学と社会」はその長さや格調高い内容から言っても、単なる挨拶ではなく、気迫のこもった講演であった（㉑二七七）。

矢内原は新渡戸、内村を通じて札幌農学校や北海道大学には特別の思い入れがあったように思う。昭和二四年八月一一日、矢内原は北大農学部の研究室に宮部金吾博士を訪ねた。そこで九〇歳の宮部が同じ植物学者八八歳の牧野富太郎の米寿記念論文集の原稿を執筆しているのに驚くのであるが、そのあと農学部の講堂で「新制大学の理想と札幌農学校」という講演を行った。そこで新制大学の理想は札幌農学校の精神にほかならないことを訴え、その生きた証人はここにおられる宮部先生だ、と叫んだのである（㉕一二三）。

後述するように、昭和三六年、逝去の年の七月、病軀を押して札幌に赴き、札幌市民会館において北大の学生のために「内村鑑三とシュワイツァー」の講演を行ったが、これが矢内原の地上最後の講演となったのであった。

一三　ハンセン病療養所伝道

矢内原の伝道で、他の無教会伝道者にみられない、際立って特異なものの一つは、ハンセン病（ライ）療養所への伝道である。生家が四国巡礼の通り道に面していたこともあって、ハンセン病患者の巡礼の姿を見慣れており、祖母が門前に立つ患者に憐憫を施し、こっそり家に泊めることなどもしていたことから、幼いときからハンセン病への関心と病者に対する深い同情の気持ちを持っていたのであろう。しかし決定的であったのは、本人の弁によれば昭和七年一一月一〇日の貞明皇后の御製「つれづれの友となりても慰めよ　行くこと難きわれにかわりて」が新聞に出され、深く心を動かされたことにあった。翌昭和八年二月号の『通信』四号に、「全国ライ療養所の各位に」との題で長文の手紙を掲載し、聖書とライ病、私とライ病、イエスとライ病、ライ病でない人々に、などの項目で呼びかけている（㉒三五五）。矢内原は専制君主である天皇には反対する一方で、天皇制や皇室観にはある種の寛大さと尊敬を抱いているように見受けられるが、その背景には、この御製の影響があると筆者は考える。

医学部低学年の時に筆者は細菌学に特に興味があり、当時の講義で「光田《みつだ》反応」や特効薬プロミンの話など固唾をのんで聞いたものであった。また医師として救ライに生涯をささげた北大医学部出身の林文雄のことを知り、あるいは小川正子の『小島の春』や、北条民雄の『いのちの初夜』などを読んで、将来はライ菌の研究をしてハンセン病療養所の医師になろうかと真剣に考えたこともあった。

昭和三一年、筆者が今井館の講義に出席するようになって間もなく、矢内原が国立療養所長島愛生園を訪問したときの話をしたことがある。またそのときの旅行記が「四国中国の旅」として『嘉信』

に詳しく書かれている。多忙な公務の日程の中、寸刻を惜しんでライや結核の療養所にいる『嘉信』読者を訪問し患者や職員を激励する矢内原の愛と熱意に満ちた行動には心から敬服した。彼が信頼し応援していたハンセン病の医師塩沼英之助や犀川《さいかわ》一夫らの講演も後に聞いたことがある。

ライの医学・医療に生涯を捧げその功績により昭和二六年文化勲章を受章した光田健輔《みつだけんすけ》も、矢内原とは旧知の仲であったが、先の貞明皇后の御歌に動かされて隔離政策に取り組んだのであった。現在では隔離政策は誤りであったことが明らかにされ、ライ予防法も廃止された。そして救ライの父と呼ばれた光田が今では極悪人のように言われているが、どうなのであろう。筆者はこのような極端な評価の逆転にはついていけない思いがある。ただ貞明皇后の御製により矢内原は療養所にいる患者への支援と慰めに汗を流したのに対し、光田はこの御製を錦の御旗として隔離政策を推進したという、二人の方向には大きな違いはあった。なお、矢内原の長島愛生園訪問では最後に患者、『嘉信』読者と一緒の記念撮影をした。その際、両脚切断、両眼盲で乳母車に乗って矢内原の隣に座った玉木愛子さんのことと、彼女の書いた句集の『真夜の祈り』と自叙伝『涙を吸うもの』の紹介は今井館で聞いたが、こちらも涙を飲む思いであった。それから半世紀後、二〇〇九年の駒場での特別展を計画するに当たり、真っ先に駒場に小島憲道教養学部長（現在副学長）を訪問し、計画の説明と許可・協力を依頼したのであったが、そのとき、小島学部長がクリスチャンであり、しかも矢内原の信仰の弟子で、京都大学理学部長を務めた物理学者富田和久の教えを受けたことを知り、さらに小島学部長から、この「玉木愛子さん」の話が出て驚くと同時に、特別展が成功することを確信したのであった。

一四　登　山

昭和三三年九月号の『嘉信』に「富士登山」という短文(本書第I部末に全文を収録)が出て印象深く読んだ。これは総長在任中の昭和二九年一一月、富士山の吉田大沢で雪渓登攀訓練中の山岳部学生一一名が雪崩に巻き込まれ、そのうち五名が亡くなり、その霊を弔う希望を持っていたが、在任中は多忙のため果たすことができなかったのを、この年富士山に登り達成したのであった。

遭難現場の追悼碑に、矢内原の書いた「若人の霊は雪よりも白く」の銅版がはめ込まれている。当時の生き残りの学生らとともに、五合目から六合目に点在する遺体発見の場にあるケルンを歴訪し、六合目近くの追悼碑まで行った。その日は五合目の佐藤小屋に泊まり、翌日早朝四時に山頂目指して出発、一〇時半に頂上に到着した。

矢内原が神戸中学時代に遠足部を作ったことは先に書いたが、若い頃から多く山に登っている。明治四三年八月、一高に入る前、故郷の石鎚山に登った。一高一年の秋には小諸から浅間山に登り、軽井沢を経て碓氷峠を下り、妙義山にも登っている。また房州に石井満を訪ねて、鹿野山や鋸山、また日蓮の霊場清澄山にも登っている。別の機会には群馬県沼田から金精峠を越え、奥日光までを歩いている。現在では国道が出来て車でトンネルを抜けるだけであるが、昔の徒歩での金精峠越えは相当大変であった。大正五年、学生時代最後の夏には、北アルプスの大遠征を行っている。中房温泉から燕岳に登り、その後大天井岳を経て、槍ヶ岳の頂上に立ち、梓川沿いに上高地に出、最後は焼岳にも登っている。

北アルプスの南、乗鞍岳山頂近くには東大の宇宙線観測所があるが、これは矢内原総長の時代に文部省の要請によって設置を受け入れたもので、昭和三〇年八月末、現地での開所式の様子を日本学術会議会長であった茅誠司が書いている。「名も知れぬ花を愛す」という題で、山頂に咲く高山植物に対する矢内原の知識の豊富なことに驚いている。何時であったか今井館で、矢内原が関係学部長らと東大のバスで乗鞍へ行った時のスライド映写をし、その説明を聞いた記憶がある。

筆者も山歩きが趣味で、日本百名山、日本三百名山など踏破しているが、山は間違いなく人を謙虚にする。大自然の中で人間は如何に小さな存在であるかを教えられる。また山を登りながら、悩みや哀しみ、人との争いなど嫌なことを忘れられるのが精神衛生上極めてよい。一方では自分のしたことに対する反省の気持ちが出てくることもある。矢内原は、山では孤独を感じさせる、そして孤独は平安でもある、と書いている。クリスチャンには意外に登山を趣味とする者が多く、また登山者には時にクリスチャンがいて驚くこともある。

富士山に矢内原は一高を卒業して大学に入る夏休みにも登ったとある。「二十歳であった。それから今にいたるまでの失策多く、悔い多く、知ると知らざると幾多の人を躓かせた四十五年のわが身の生涯を思って悲しかった」「私もまたモーセのようにこの大きい谷のどこかに人知れず葬られて、『今日までその墓を知る者なし』(申命記三四の六)と記されたいと思った」と続く。

長男伊作は父の伝記を書くに当たって、何故かこの「富士登山」が最も好きな文章の一つだと書いている。伊作自身もよく山歩きをしたようで、因みに彼の出版した『若き日の日記』の副題は「われ山にむかひて」であった。これは旧約聖書詩篇一二一篇の一節にあり、一九五五年訳では「わたしは山にむかって目をあげる。わが助けは、どこから来るであろうか。わが助けは天と地を造られた主から来る」となっている。伊作は、序文で自分の助けは何処から来るかまだ分からない、と書いているが、「山は人を敬虔にする。山は人に真の Demut を教える」と、秋の上高地で泊まってその美しさを讃えた本文の中で書いている。

一五　宣教一〇〇年から一五〇年へ

展示とシンポジウムの行われた二〇〇九年は、わが国にプロテスタントキリスト教が伝えられて一五〇年の節目の年に当たっていた。それでシンポジウムの当日、筆者の講演は「宣教百五十年に矢内原忠雄先生を思う」という題にした。

その五〇年前、一九六〇年は宣教一〇〇年であったが、その年三月二六日、東京で矢内原は「宣教百年と無教会運動」(⑮五三八)という講演を行っている。これは内村鑑三の召天満三〇年の記念講演会であったが、内村鑑三のことよりも、日本における外来宗教の発展の比較考察であり、その中でプロテスタント宣教一〇〇年が日本の国民思想史の上でどのような意味をもったか、そしてさらにその中で無教会キリスト教の位置づけと意義は何であったかについて論考したものであった。矢内原は次のように述べる。

古く六世紀、仏教が初めて日本に伝来したときは、聖徳太子や聖武天皇など皇室や施政者の熱心な受け入れや保護もあって、仏教は急速に日本に広まった。平安時代以後は最澄、空海という傑出した高僧が出て天台宗、真言宗を開き、比叡山や高野山など、山岳に寺院を建て、心の糧としての信仰を民衆の間に広めると同時に、土木、治水、医薬、教育などで民衆の困難を救う努力をした。さらに鎌倉時代には法然、親鸞、日蓮などが出て、新しい平易な仏教が地方にも広まり、日本人の思想形成にかなりの役割を果たしたといえる。

一五四九年にはフランシスコ・ザビエルが来日して、キリシタンの活動が始まった。大名の中に帰依するものが出たが、秀吉や家康、また家光などによりキリシタンは厳しく弾圧された。その中で島原の乱が起こり、迫害に屈せず殉教の死をもって信仰を守り通した信者がいたことは、カソリックの伝道の成果と言えるであろう。それに比べると明治のプロテスタント宣教一〇〇年の成果はどうであろうか？　国家神道があり、天皇を神とする国体とは相いれない面があり、政府もどちらかと言えばキリスト教を排斥する立場にあった。宣教一〇〇年の間にクリスチャン人口は僅か一パーセントにしか過ぎないという。数の上でそうならば、質の上でどうであろう。たとえ少数者であっても地の塩、世の光としての役割を果たしてきたのであろうか。太平洋戦争のときにはどうであったか。戦後の復興と民主主義の精神の確立のために大きな力になったのであろうか。こうしてみると宣教一〇〇年の活動は量においても質においても成功したとは言えないのではないか、その原因は何か、矢内原の考察は続く。日本の明治以後の宣教は外国ミッションからの人と金によって開始され援助されてきたが、それが精神的独立を妨げ、入信する者もある一方、離信する者も少なくなかった。日本国民の間にキリスト教が十分根づかなかった理由の一つがそこにあるのではないか。また伝道のやり方が外国ミッションのやりかたそのままを輸入し、模倣して行われた。それが日本人になじめなかったのではないか。そうした中で内村鑑三により始められた無教会キリスト教が唯一、日本に固有のキリスト教であった。そして無謀な戦争に対し抵抗し、職を奪われ、あるいは拘留され、裁判にかけられ、平和のために戦った少数者が無教会にいた。

ここで『続　余の尊敬する人物』の内村鑑三の章の最終頁にある次の言葉を引用しておきたい。

その後一五年、敗戦により日本全体が焦土と化しました。古いものはなにもかも焼け落ちてしまいました。しかし内村鑑三が日本のために据えていった礎石は「試みを経たる隅の首石」でありまして、火にも焼けず、水にも崩れない永遠の真理であります。焦土と化した都から焼け土を払って御覧なさい。そこに日本の復興すべき礎石が、据えられたままに残っているのを見出すでしょう。日本は内村鑑三を要します。先生の信仰を要します。先生の志を継いで、「二つのJ」のために生涯をささげて戦うものを要求しているのであります。

教育基本法の制定をはじめ、戦後日本の精神的復興に、内村鑑三の門に学んだ者たちの果たした役割が大きかったことはしばしば指摘されている。

無教会については、昭和二七年から国際基督教大学に客員教授として二年余り滞在し、矢内原とも親交を結んだスイスの神学者、チューリッヒ大学のエミール・ブルンナー教授が無教会を高く評価したことがよく知られている(⑮三三九)。彼は「プロテスタント教会はただ信仰による真の兄弟の交わりと言う意味に教会制度を変革することによってのみ、さらに存立を続けることができるであろう。この点で日本の無教会運動以上に良い例は一つも示されなかった」、そして世界の教会が日本の無教会運動を手本として進んで行くべきだ、と言っている。これはしかし五〇年前、宣教一〇〇年のときのことであった。

さて、一五〇年であるが、筆者の感想をあえて言えば一〇〇年の頃にくらべて死んだように静かであった。運動として殆ど盛り上がりがなかったのではないか。別にお祭り騒ぎをする必要はないであろう。しかしこの五〇年の間に信徒の数は増えていない。中心になるべき日本基督教団では信者数はむしろぐっと減っているという。そしてその減少に危機感が持たれていない所がさらに大きな危機であるという。

これから日本のキリスト教はどのように進むべきか、教会も無教会もその真価を問われるであろう。私見ではもう教会だ、無教会だ、と言い争っている時代は過ぎたのであり、各宗派が協力して課題に取り組むべき時代を迎えている。吉原賢二東北大学名誉教授がいう超教会主義については、名称はともかくその考え方には賛成である。

一六　沖縄訪問

矢内原は植民政策学者として、また教育者として、戦後米軍の支配下におかれていた基地沖縄の問題について深い関心を寄せていた。そして東大総長の任期も最後の年を迎えた昭和三二年、沖縄教職員会の研修会に講師として迎えられることになった。ただこれだけでは本土でいう教職員組合の招きなので、琉球大学からの招聘ということにした。その際重要な希望の一つとして、入所患者に『嘉信』の読者のいるハンセン病療養所の愛楽園訪問を挙げた。

この当時は沖縄は外国であり渡航にビザを必要としたが、それがなかなか下りず関係者の気をもませた。沖縄を統治していたアメリカ民政府にとって、あるいは好ましからざる人物に見えたのであろうか、政治的なことには触れないという琉球大学学長との約束でやっとサインが出たという。また民政長官をはじめ、アメリカからきていた教官は一人も彼の前に現れなかったという。

沖縄での講演は、最初の琉球大学において、学生に市民を交えて五千人もの大勢の聴衆が集まり、会場がなく野外の運動場に座っての講演会になった(図15)。このときの「世界・沖縄・琉球大学」をはじめ、「教育の基本問題」という教研中央集会での講演、さらにコザ中学における「戦後の教育理念」、名護中学における「民族の復興と教育」、愛楽園における「愛について」、那覇商業高校における「世界の平和と人の救」、そして首里教会における「平和の福音」。五日間の短い滞在ではあったが、この間になされた総計七つの講演は、沖縄全島民に深い感銘を与えたのであった。これらの講演

図 15　琉球大学運動場を使っての講演

図 16　『主張と随想』カバー

記録はまとめて『主張と随想――世界と日本と沖縄について』（図16）に収録されている（㉓三五九）。

この沖縄旅行から帰京して朝日新聞（昭和三二年一月二八日）に「現地にみる沖縄の諸問題」という論考を載せた。沖縄は悲劇と矛盾のかたまりであり、沖縄の問題は沖縄だけでは解決されない、「われわれは沖縄住民についての関心と同情を拡大し、世界平和と住民の幸福を念願する心を新たにしなければならないと思う」と結んでいる。二〇〇九年来政権交代により民主党政府の、あるいは日米間の、否、沖縄住民にとっての最重要課題ともいえる沖縄基地問題の解決に思いを寄せるとき、半世紀以上前に矢内原のこの言葉ありき、と驚きと感動を新たにするのである。

一七　晩年、今井館での思い出

筆者が矢内原の聖書講義に出席を許されたのは昭和三一年四月、医学部二年生の春であった。すでに何度か出ているが、今井館（図17）について簡単に紹介しておく。

図 17　今井館と内村鑑三

関西、大阪の香料商の今井樟太郎のため天満教会で内村鑑三が行った追悼記念演説に感激した未亡人今井ノブから内村の事業のためにと一〇〇〇円の寄付が寄せられて、明治四〇、四一年にかけて一四畳の集会室と一八畳の宿泊所が柏木の地に建てられた。手狭になったので五年後途中拡張のため改築されて、約一〇〇人が収容できる講堂が完成し、宮部金吾によって今井館附属柏木聖書講堂と命名された。内村没後の昭和一〇年に都市計画によって内村邸と今井館の敷地が道路になることになって、内村の遺言に従い閉鎖廃止されることになったが、内村の最後を看取った医師藤本武平次の英断によって移築存続に決まり、現在の目黒区中根町に建てられた。その後戦時中には思想統制等で幾度か危機が訪れたが、幸い戦災も免れて残り、今井館聖書講堂として戦後昭和二一年三月から、矢内原忠雄による毎日曜の聖書講義や土曜学校講義に使っていたのであった。その後は無教会の講演会や、慶弔の式場に利用され、最近は立派な資料館も出来て、「特定非営利活動法人今井館教友会」が運営をしている。二〇〇九年の展示の際にも、資料館から貴重な資料を何点もお借りした。

当時の今井館は男女別席で講壇に向かって右が男性、左が女性、出席者は一〇〇人余りであったろうか。一〇時五分前になると玄関の扉は閉められ、遅刻者は入ることを許されなかった。会費、受講料ははがき一枚と同じとされ、筆者が出た頃は五円であったと思う。一〇時に下駄ばきで自宅から歩いてきた矢内原が横の口から入り、礼拝は讃美歌合唱で始まり、矢内原自身による聖書朗読、祈禱、聖書講義、讃美歌、祈禱で終わった。終了時刻はほぼ正午であった。出席者が当番で講義をノートに速記することが行われており、筆者も何度か分担した。

無教会では一般的であるが、集会では矢内原との縦の関係が重視され、横の親睦的なつながりを積極的に作ろうとする動きはなかったし、それはむしろ警戒されていたように思う。ただ今井館出席者の中に橄欖《かんらん》の会、山鳩の会があった。筆者は山鳩の会員であったが、これも一つのグループ内での横の関係というよりは、矢内原との縦の真実な関係を求められた。今井館出席者には当時の東大聖書研究会のメンバーも多く、礼拝終了後一緒になることが多かった。名前を挙げると山下薫（法）、清永昭次（文）、高橋和郎（医）、土田貞夫（農）、原島圭二（農）、高橋守雄（工）、花田桂一（工）などであった。清永、山下両氏はすでに故人となったが、後年、NPO法人今井館教友会の理事長を務めた。少しシニアなメンバーとしては今堀和友（教養）、尾上守夫（生産技研）、喜多川篤典（法）などが、会ったことはない。『サザエさん』の長谷川町子さんの母親も参加していたというが、会ったことはない。『サザエさんうちあけ話』の漫画では、矢内原は集会で時々雷を落とす大変怖い先生として描かれているが、その雷に遭遇したことがあった。ある夏の暑い日、扇子を使いながら話を聴いていた女性に向かって、「それ止めなさい！」と一喝したことがある。あるとき精神科の内村祐之教授から、「矢内原さんは父（鑑三）の真似をしているうちに怖い人になってしまったのではないか」、と言われたことがある。しかし、東大聖書研究会の連絡などで、総長室に伺ったりしたとき、怖いという感じは全くなかった。信者の、特に学生には優しかったのかもしれない。

矢内原は出張や地方講演も多かったが、その場合は主として山田幸三郎が講壇を守り、時に藤田若雄、永田泉、臼田斌《うすださかる》、湯沢健などの諸氏が立つこともあった。

矢内原は子どもと高齢者への伝道も重視していた。そして総長を辞める前に子どもたち（原則小学五年から中学三年まで、今井館集会出席者の子弟）のために今井館聖書学校（昭和三二年四月開校）を開き、また総長を辞めてからは、高齢者のために如鷲会（昭和三四年五月より）を始めた。

一八　最後の講演三題について

矢内原は逝去の一年余り前の昭和三五年一一月一三日、姫路市の姫路野里教会で「生死の問題」と題する講演をしている。これは妹田原悦子が録音したものからテープ起こしがなされ、矢内原勝《かつ》の校訂を経た上で三三年後、矢内原生誕一〇〇年の年に未発表講演記録と題し、二二頁の小冊子として出された。矢内原の伝道の特徴は、教会、無教会を問わず、と自ら言っているように、多くの教会でも講演を依頼されているが、これは教会での講演としては最後のものであり、「生死の問題」という表題が特に注目される。新約聖書ピリピ書一章二〇～三〇節についての講解的内容であり、それから丁度一年後、逝去の一か月前、昭和三六年一一月の『嘉信』二八七号に「今井館集会への手紙」として病の床から綴った中に、「このたびの病気になってから、ピリピ書は、とくに私にしたしいものとなりました。生くるもキリストのためであり、死ぬるもキリストのためであります」とこの箇所について書いていることと合わせ読むと、矢内原はこの姫路講演の時点で、自らの死についても深く考える所があったのではないか、と思わされる。

逝去の半年前、昭和三六年六月二三日、東大教養学部学友会主催の講演会で話した「人生の選択」は、東大生に対する最後のメッセージであった。これも『嘉信』の終刊号に掲載されてはいるが、全集には収録されていない。学生達に人生の意味や生きる目的をどう考えるかを諭し、この講演が聖書を読む機会になれば、という願いで結ばれている。

最後の「内村鑑三とシュワイツァー」は、同年七月八日、札幌市民会館において北海道大学の学生のためになされた講演で、矢内原の地上での最後の講演として貴重なものであるが、これも全集には収録されていない。恐らくは当時病気もかなり進行していたに違いなく、病軀を押しての札幌行き、そして講演であった。「立身出世や自分の幸福のことばかり考えずに、助けを求めている人々のところに行って頂きたい」、そして「畑は広く、働き人は少ない」という聖書の言葉で結ばれている。

矢内原は東大退職後、学生問題研究所を創設し、その所長として学生の生活や思想の調査・研究に取り組んでいたが、東大と北大の学生に向けて行われたこの二つの講演は、彼が生涯の最後まで学生を愛し、日本の将来を彼らに託そうと考えていた表れであったと思う。

一九　病と死、葬儀

矢内原の健康状態についていえば、若い頃から歯が悪く、歯痛で悩まされ（⑭四七一）、東大総長時代も東大病院の歯科口腔外科には随分通ったらしい。しかしそれ以外には健康で、総長時代も病気で休むことは一日もなかったと述べている。ただその後、昭和三五年一月新春の聖書講習会の途中胸部、上背部の激痛発作に襲われ、その後東大病院第一内科に入院、肝臓疾患として治療、一時回復したかに見えたが、翌三六年八月、静岡県御殿場東山荘での講習会のあと、再び激痛発作が起こり、東大で精査の結果腹部腫瘍（胃がん）と判り、九月六日、第二外科木本誠二教授執刀により開腹手術、しかしすでに広汎な転移があり、そのまま閉じざるを得なかった。自宅に近いこともあり、目黒の伝染病研究所（現在の医科学研究所）附属病院に移り最期を迎えることになった。

亡くなる二週間前、総長に再選された茅誠司と一緒に見舞いに訪れた鶴田酒造雄《みきお》事務局長に宛てたお礼のはがきがある。

何卒東大の伝統をよく維持し、揺るがぬ東大を御建設被下様御努力願上候

激しい病苦の中で、筆跡も乱れていたというが、最後まで東京大学の発展を祈っていた証が矢内原の絶筆である。

病床での最後の闘病の様子については夫人恵子が『嘉信』の最終号（二四巻一二号、図18）に「終刊の御挨拶」として書いている。末期がんで排尿障害などひどい苦痛に悩まされたようであるが、現在ならばターミナルケアとして苦痛も和らげられたであろう。矢内原はその苦痛を罪との戦いと受け止めていた。

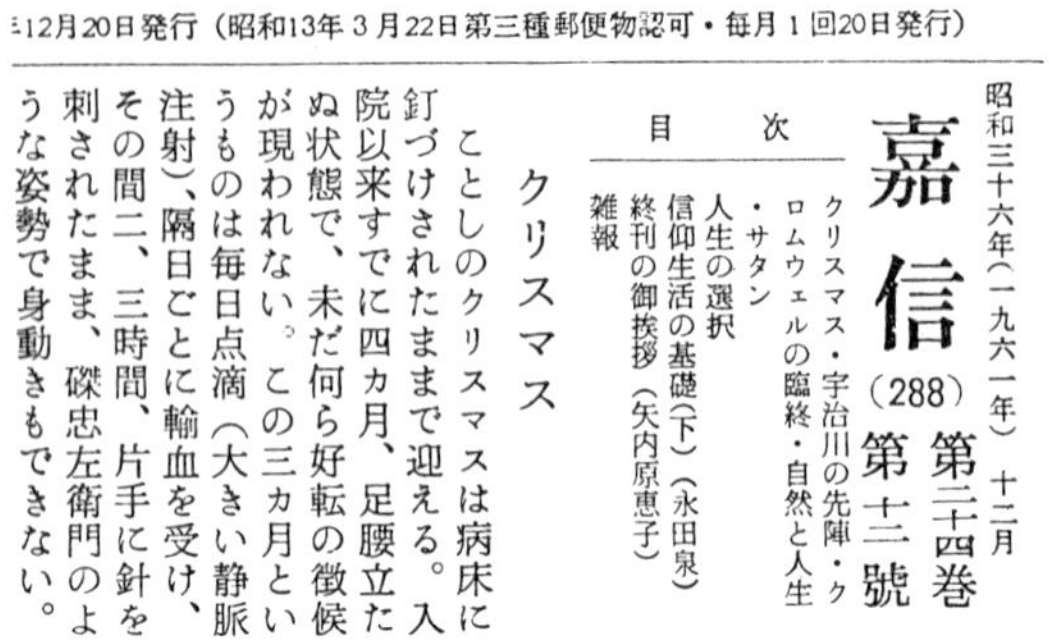
…12月20日発行（昭和13年3月22日第三種郵便物認可・毎月1回20日発行）

昭和三十六年（一九六一年）十二月

嘉信

（288）第二十四巻 第十二號

目次

クリスマス・宇治川の先陣・クロムウェルの臨終・自然と人生・サタン
人生の選択
信仰生活の基礎(下)（永田泉）
終刊の御挨拶（矢内原恵子）
雑報

クリスマス

ことしのクリスマスは病床に釘づけされたままで迎える。入院以来すでに四カ月、足腰立たぬ状態で、未だ何ら好転の徴候が現われない。この三カ月というものは毎日点滴（大きい静脈注射）、隔日ごとに輸血を受け、その間二、三時間、片手に針を刺されたまま、磔忠左衛門のような姿勢で身動きもできない。

図18 『嘉信』最終号

そして五〇年前、一九六一（昭和三六）年の一二月二五日、クリスマスの日に、波乱に富んだ六八年の地上での生涯を静かに閉じた。その日の朝日新聞夕刊のコラムには、「矢内原忠雄氏死去　昭和初期からの風雪の人　信仰と理想がそれをしのいだ」とあった。この短い一行に矢内原忠雄の生涯は

図 19　東大安田講堂での告別追悼式
友人代表で弔辞を述べる南原繁元総長。

要約されている。風雪とは、学問、思想、あるいは信仰の故に、ファッショ化した国家権力に追われて東大教授を辞したことを指している。「しのいだ」という言葉は「耐えた」、あるいは「超えた」という意味があるが、(ここでは)明らかに後者のニュアンスが強いであろう。

翌二六日に今井館で納棺式・出棺式、二七日に女子学院講堂での葬儀・告別式、そして暮もいよいよ押し迫った一二月二八日には東大安田講堂で告別追悼式(図19)と、お別れの儀式が相次いで行われた。そのいずれもが厳粛、敬虔な雰囲気に満ち、山田幸三郎、黒崎幸吉によるそれぞれの式辞、陳茂棠医師による病状報告、大内兵衛、塚本虎二(前田護郎代読)、南原繁らの友人、あるいは門下生らの弔辞や追悼の言葉はいずれも真実に溢れ、深く胸をうつものばかりであった。筆者はそのいずれにも出席し、熱い思いで恩師の天国への凱旋を見送った。

二〇　むすびに代えて――今何が問われているのか

矢内原にとって戦前の戦いの相手は真正面から対立した右翼、ファシズム、軍国主義であった。鋭く研ぎ澄まされた彼の信仰と学問は虚偽を暴き、真実と正義を希求して止まなかった。そのため東大教授の職を辞することになったが、戦後は、求められて復帰し、経済学部長、教養学部長、総長と要職を歴任した。この間、レッドパージ闘争の試験ボイコット事件や「ポポロ事件」など、過激化する左翼運動の学生とも対決を迫られた。その一方で朝鮮動乱を機に再び息を吹き返しそうな国の右傾化があった。ファシズムに追われた矢内原を総長にしたものは、ファシズムに対する東大の警戒である、と大内兵衛は述べている。矢内原は、内外の情勢が如何にあろうとも絶対平和を守るとの主張で終始一貫性があり、不動の姿勢があった。

二一世紀の今、われわれが戦うべき相手は何であろうか。地球環境問題、人口食糧問題、経済社会問題、格差、テロ、サリンのような新型犯罪、サイバー犯罪、エイズやインフルエンザなど新興感染症など、国際的にみれば平和問題として北朝鮮、アフガン、パレスチナなど、民族や宗教を背景とする小競り合いや国際紛争が絶えない。いずれも解決の難しい手強い相手ばかりである。自分たちだけでは解決できず、次の世代にも引き継いで担って貰わなくてはならない。しかし最強の敵はわれわれ

図20　矢内原忠雄『教育と人間』カバーと口絵写真
写真は東大三四郎池のほとりにて。

の内側にいるのではないか。端的にいえば、モラルの崩壊である。これに対しては科学技術で応えることは出来ないであろう。最後の砦は宗教的なものである。そこでキリスト教、わけても宣教一五〇年を迎えたプロテスタント教会はどう応えるのか？　無教会はどうか？

矢内原が逝去の二か月前、東大出版会から出した最後の本は『教育と人間――民主主義と平和のために』（図20）であり、その終章は「子どものために」であった。これは昭和三六年五月七日、子どもの日に合わせてNHKで放送されたものであり、その中で一九世紀のイギリスの詩人ワーズワースの言葉「子どもは大人の父である」を引用して、子どもに対する大人の責任を論じている（㉒七）。子どもの前で恥ずかしくない正しい生活をすること、それが今も我々に問われ続けているのではなかろうか。

参考文献（アイウエオ順）

有沢広巳『学問と思想と人間と——忘れ得ぬ人々の思い出』毎日新聞社、一九五七年
今井館教友会『今井館の歩み——開館百周年記念誌』二〇〇九年
清き岸べに刊行会（矢内原恵子）『清き岸べに』嘉信社、一九六二年（非売品）
鈴木／大学セミナーハウス『人生の選択——矢内原忠雄の生涯』キリスト教図書出版社、一九六三年（初版）、二〇〇九年（復刻版）
高木謙次『高木謙次選集第2巻　矢内原忠雄とその周辺』キリスト教図書出版社、二〇〇五年
竹内洋『丸山真男の時代』中央公論社、二〇〇五年
南原繁、大内兵衛他編『矢内原忠雄——信仰・学問・生涯』岩波書店、一九六八年
西村秀夫『矢内原忠雄』日本基督教団出版部、一九七五年
藤田若雄『矢内原忠雄——その信仰と生涯』教文館、一九六七年
古屋安雄『日本のキリスト教』教文館、二〇〇三年
丸山真男、福田歓一編『聞き書　南原繁回顧録』東京大学出版会、一九八九年
矢内原伊作『若き日の日記——われ山にむかひて』現代評論社、一九七四年
矢内原伊作『矢内原忠雄伝』みすず書房、一九九八年
矢内原忠雄「真理探究の精神を——教養学部の生命」東京大学百年史教養学部史編集委員会『教養学部の三十年　1949–1979』東京大学教養学部、一九七九年
矢内原忠雄『信仰と学問——未発表講演集』新地書房、一九八二年
吉田裕『アジア・太平洋戦争——日本近現代史⑥』岩波新書、二〇〇七年

補遺　駒場の学生諸君へ

毎春駒場の東大教養学部には三〇〇〇余りの学生が入学するが、『UP』（東京大学出版会）に掲載されたアンケートを再構成した『東大教師が新入生にすすめる本』というのが文春新書として出されている。二〇〇九年三月発行の同書（2）のページを捲っていたらその中に『矢内原忠雄全集』を挙げた教員がいて驚いた。さらに驚きであったのは、それが文系ではなく理系の教員であったことである。理学部理論物理学者の青木秀夫教授、すすめる理由も正鵠を得ている。駒場の新入生が一人でも二人でも挑戦してほしいと願う一方で、全巻の読破は大変なことであろうと思った。

そこで筆者がもし新入生に特に読んで欲しい矢内原の本として挙げるとすれば、まず『余の尊敬する人物』そして『続　余の尊敬する人物』（㉔七、一七五）である。さらにキリスト教に関心があるなら、『キリスト教入門』（⑭一一五）を薦めたい。また医師になる理科三類の学生には『奉天三十年』上・下二冊（㉓三）と「医学に望むもの」（㉑四四四）は是非読んで欲しい。

何よりも真理を愛し、正義と平和のために生涯をかけて戦った矢内原忠雄先生の信仰と思想が、没後五〇年を経た今、混迷を続ける日本と世界の中で、若い人々に受け継がれて、二一世紀の難問解決に力を発揮していくことは筆者の心からなる願いである。

矢内原忠雄の言葉　I――晩年の人生論

「富士登山」（㉖四八二）

遭難した東大山岳部の学生たちを追悼する登山をふり返りつつ、自らの終焉の時を想う。『嘉信』第二一巻第九号・一九五八年九月、『人生と自然』一九六〇年（昭和三五年）一〇月刊所収。

富士登山

私が東大在任中、昭和二九年一一月二八日のことであった、富士山の吉田大沢で雪渓登攀の訓練をしていた東大山岳部員一一名が雪崩《なだれ》のために遭難し、五名が死亡した。その追悼碑の銅板に、私が「若人の霊は雪よりも白く」と書し、遭難現場の岩にはめ込まれている。

私はそこに登って学生たちの霊を弔いたいと願っていたが、在任中はこれを果すことができず、この夏ようやくその素志を達した。

九月三日、河口湖からバスで船津口五合目まで。そこから三〇分ほど歩いて、吉田口五合目の佐藤小屋に着いたのは一二時半であった。同行は東大学生課長長谷川君、東大山岳部の学生およびOB四名（その中三名は遭難当時の生残り）であった。

小憩後、五合目と六合目との間に点在する死体発見の場所に積まれたケルンを歴訪し、六合目近くの追悼碑に行った。碑面の銅板を撫でながら、前途ある若い身を雪に埋めた学生たちの霊を弔った。私も一高を出て大学に入る間の夏休みに、一人で富士山に登った。二〇歳であった。それから今にいたるまでの失策多く、悔多く、知ると知らざると幾多の人をつまずかせた四五年のわが身の生涯を思って、悲しかった。

私もまたモーセのようにこの大きい谷のどこかに人知れず葬られて、「今日までその墓を知る者なし」（申命記三四の六）と記されたいと思った。

この日はゆっくり休んで、翌四日早朝四時佐藤小屋を出発。七合目で日の出を見、頂上に着いたのが一〇時半。普通人の所要時間の二倍かかった。一歩一歩が息苦しかった。前に登った時はカモシカのようであった脚も、今度は鉛のように重かった。

同行の青年たちは強健で、熟練した山岳部のエキスパート（専門家）ぞろいであった。私の前に二人、後に三人、一列縦隊で登って行く。私が息苦しくて立ち止ると、前後ともにピタリと止る。私が足を運ぶと、皆動き出す。全然私のペース（歩調）に合せて、全員が行動する。

誰もほとんど口をきかない。私がのろくて、三歩進んでは立ちどまり、半歩動いてはまた止っても、誰も何とも言わない。叱ることもなく、呟くこともなく、笑うこともなく、さりとて励ますこともなく、言葉をもっても手をもっても助けることをしない。私が動けなくなれば、かついで行くつもりであることは確かであるが、登り始めてから下山した後まで、私にむかって誰一人、「ひまがかかった」とか、「大変だったでしょう」とか、批評する者も、いたわってくれる者もなく、彼らは黙々として私を守護し、その務めを果した後黙々として去って往った。

これが、足弱な者を守って行く時の登山家の訓練なのであろう。私はあえぎながら一歩一歩登りつつ、この事を考えて感心し、大きい教訓を受けた。

私がこの世を去る時、神から遣わされたミカエル、ガブリエル、ウリエル、その他名を知らぬ天使が四、五名私の前後をかこんで神の山を登るであろう。彼らは私に好意をもって、私を守ってくれていることは明らかだが、しかし私は自分の足を自分で運ばなければならないであろう。

この世において私の周囲にあった者は、その時誰も私の傍にいないであろう。私を責め、批評し、悪口言う声は、私の耳に届かないであろう。私を敬慕し私の耳に甘い声も、私の傍にないであろう。私は裸で母の胎を出たように、裸で母のふところに帰って行くであろう。

私は孤独を感じた。孤独はきびしいが、また安らぎであることを感じた。

こんなことを思いながら、私は黙って、長いそしてけわしい登山路を一足ずつ登って行ったのであった。

私に同行してくれた山岳部員は、七月八月の登山の最盛期における混雑を避けて、九月初めの閑静な時期を選んだのであった。

山は静かであった。しかし登山客の投げすてた罐詰の空罐や弁当の折で、富士の谷は塵溜のようになっていた。「恩恵の露富士山頂に降り、東西に分れて二つの流となる」と言った内村鑑三の初夢は、理想の富士であるとしても、現実の富士は罐詰の空罐が二つの谷を埋める姿であって、日本国の腐敗をここに見る思いであった。

一一時半山頂を発し、午後二時半五合目佐藤小屋に帰着。やはり普通人の所要時間の倍を費した。佐藤小屋から徒歩二〇分ほどのところまで自動車をよび、富士吉田駅に午後五時三五分着。無事下山したものの、苦しい登山であった。しかしそれによってまた忘れ難い教訓を受けた。

（追記）私のためにこの富士登山を企画し、案内をしてくれた東大大学院学生古田貞夫君は、翌昭和三四年一〇月一八日北穂高で遭難し、君をしのんで友人たちが作った追憶集『北穂の空』に私が依頼を受けて、「美しくゆたかな心の思い出のために」という題字を書くに至ったとは、何という悲しく痛ましいことであろう。好い学生の死に遇う度ごとに、私は自分の生命が削られて行く思いがする。＊

＊この「追記」は、本文を『人生と自然』に収めるに当って著者の付したものである。——編集者

「子供のために」（㉒七）

一九六一年（昭和三六年）五月七日、NHK放送。『東京独立新聞』同年六月一五日、『教育と人間』同年一〇月刊所収。子どもたちの中でも困難を負った最も弱い存在について語りつつ、社会の責任を示唆する。

子供のために

子供はおとなの父である

子供はかわいいものでして、昔から芸術や文学にいろいろ取り扱われております。「子宝」ということばもありまして、家庭にとっても、また国民にとっても、子供を宝のように大事に考えております。私のすきな画の一つに、ルオーのかいた「村はずれのキリスト」という画がありますが、村はずれの道で二、三人の子供がキリストのところにやってきて、何かキリストが話をしている。非常に単純素朴であって、しかも味わいの深い画です。

聖書にありますことですが、キリストが教えをのべていられるところへ子供たちがやってきた。弟子のひとりが、「うるさいから、あっちへ行ってな」といったのに対して、キリストが「子供をとめるな。私のところにきさせなさい。神の国は子供のような者の国だ」といわれた。子供のように単純に素直に信ずることをほめて、こういわれた。

私が学生時代に愛読した詩ですが、近ごろの学生諸君は読むかどうか知りませんけれども、イギリスのワーズワスという十九世紀の詩人がおりますが、このワーズワスの詩には子供を歌った詩が多い。かれの思想によりますと、子供は一番天国に近いものだ。おとなになるにしたがってだんだんこの世の汚れに染んでくるが、子供を見れば天国に近い思いがする。そういうことをよんだ詩が多くありまして、「虹を見てわが心おどる」という一八〇二年に作った詩があります。その中に、「子供はおとなの父である」とうたっています。

子供の無邪気さ、死を考えない、汚れに染まない子供の姿こそ、人間本来の姿である。おとなは子供を見て、「童心に帰る」と言いますか、本来の人の姿にかえるべきである。こういう意味のことでありまして、ワーズワスにはまた、「幼きころの思い出から不死を思う詩」という、有名な長詩がございます。

子供を大事にする思想的根拠

どうして子供をかわいいと思い大事に思うか。その思想的根拠を考えてみると、一つには、子供のなかに人間の理想の姿を見いだす。罪を知らず、死を恐れず、素直で、無邪気で、疑いを知らない子供の心こそ、人間のほんとうのあるべき姿だ。

子供をおとなのおもちゃのように考えないで、かえってその中に人間の理想の姿を見いだす。ワーズワスのことばでいえば、「子供はおとなの父である」そういう考えから、子供を大事に思う思想の一つの根拠があると思います。

子供を大事にする考えはまた国民の将来ということを考えまして、将来の労働力、あるいは政治とか経済とか芸術とか学問とか、社会の各方面における指導者になるもの、それから日本では今あまり問題でありませんけれども、将来の兵力という見地から、子供をよく育てなければならないという社会的要求があります。こういうことから、子供を大事にするという考え方もある。

ところでもう一つ、子供が弱者である、無力者であるという事実そのものの中に、子供を大事にすることの思想的根拠があります。一体、社会は概して力のある者が横暴で、暴力をふるい、力のないもの、弱い者が日陰者になるのがありがちのことですが、家庭について考えてみると、子供が家庭の中心である。子供が生まれますと、家庭の主人は子供で、みなが子供に仕える。社会でもそうでありまして子供をただかわいいと思うだけでなくて、その弱いもの、力のないものに仕えるところに、人間の人間らしさがある。子供のことを心にとめて、弱者・無力者としての子供をいたわり、その生命を尊重するところに社会のうるおいというか、社会生活の中心がある。そういう面がございます。

人生というものは、人を従えることが成功のように思われがちでありますけれども、実はそうではなく、人に仕えることが人生の意味である。社会的にみてもそうであって、人に奉仕することが社会存在の意義である。そういうことを考えると、子供は家庭の中心であり、また社会の中心であって、人は子供に仕えることによって自分自身の人生の喜びを見いだす。また社会も社会の喜びを見いだす。こういう面があるように思うんです。

精薄児の問題

ところで、その弱者・無力者の徹底したものが、精神薄弱の児童であるとか、身体障害の児童であるとか、いわゆる恵まれない子供たちでありまして、これは弱者のうちの弱者であり、無力者のうちの無力者であるのです。

どうしてこういう精薄児童とか身体障害児童とか、特殊の悪い先天的あるいは後天的な環境もしくは素質をもつ子供たちの面倒を社会はみるのか。これを単に唯物論的に考えますと、そういうものを世話しても将来の労働力になるわけでなく、社会のリーダーになるわけでもなく兵隊になるわけでもない。いわば足手まといの厄介者であります。しかるに家庭でみましても私の知った家庭にもありますけれども、小さいときに脳膜炎をわずらって白痴になった子供をもった家庭がありましたが、その家庭の中心はその白痴になった女の子でありました。

その子を愛し、その子の世話をすることで、その家庭全部が力を挙げてそれにかかっている。その子は家庭の厄介者ではなくて、家庭のエンジェルである、天の使であると、その子のお父さんが申しておりました。二十歳まで生きました、ついに病気でこの世を去りましたけれども。家庭でそういうふうに感ずるごとく、社会も精薄児とか身体障害児とか、特に弱い特殊の児童を世話する、顧みるということが、体裁のためとかあるいは功利主義的な考えからでは、とても割り切れないものがある。児童問題そのものが、おとなの問題であり、社会あるいは家庭そのものの問題でありまして、なぜこれらの子供たちの世話をしなければならないか世話をするかということに、人間というものの深い意味、ひいては社会というものの深い意味があるように思います。

精薄児の救い

私の恩師である内村鑑三は、若いときにアメリカに行って、ペンシルベニア州のエルウィンという所にある州立白痴院にはいって看護人として働きました。そこの院長ケルリンという人は偉い人格者であったようですが、日本人で精薄児童の取り扱いについて本格的な勉強をした最初の人は恐らく内村鑑三であろうと言われます。

そのケルリン院長についての逸話でありますが、ある朝ひとりの白痴の子供が院長の袖を引いて、アーアーと言いながら窓まで連れて行って、外を指し示しましたので、外を見たところ朝日が昇るところで大へん荘厳な美しい景色だった。

それでケルリン院長は非常に感動して、何もわからないと思っていた白痴の子供でも、日の出を見て、何か打たれるものがあることを知って、精薄児の教育について希望をもたれたということであります。

伊豆の大島に精薄児童を収容する施設がありまして、私、訪問したことがありますけれども、行ってみますと、本当に普通の人々の社会と違う世界であります。そこで私は院長に——最近なくなられましたが——どういうお考えで精薄児の世話をしておられるか、ということをお尋ねしました。「これは自分が人間としてせずにはおれないことである」というお答でありました。

私は、精薄児童を教育してその子供らの将来に希望をもてるかということを、伺いたかったのですけれども、精薄児そのものの救いという問題についての御経験を伺うことはできなかったのでありますが、どんな人間でも、どんな精薄児、どんな身体障害児、あるいは精神病者であろうとも、人間である以上は救いの望みがあるであろう。その病気もしくは身体的、精神的欠陥にはいろんな原因があるでしょうが、人として生まれた以上は救いの希望が必ずあると信ずるのです。

キリスト教でいう復活の希望が、その救いの望みを与えてくれる。どんなに精薄児であろうとも、精神病の患者であろうとも、神の救いにあずかることができる。そして復活のあかつきには、ほんとうに汚れのない満足な人になれるだろう。精薄児はこの世の汚れに染んでいないだけ、それだけ救いの望みが大きい。救いの望みをもつことができなければ、十分な世話はできないのであるまいかと思います。

子供に対するおとなの責任

どうして子供をかわいいと思うか、どうして子供を貴ぶか、どうして子供を世話するかということについて、これまでお話をしたのですけれども、子供に対するおとなの責任という問題があります。酒をのむ親とか、梅毒その他の病気をもった親から生まれる子供は、先天的に身体ならびに精神的の欠陥をもつものが少なくない。

子供に対する責任ということを考えれば、おとな自身の社会生活、社会における衛生上および道徳上の生活を正しくする義務があると思われます。

非行少年という問題がありますが、多くはおとなが悪い模範を示し、あるいは適当な注意を子供に対して払わないことから起ってくるのでありますから、そういうことを考えれば、子供に対して、おとな自身が正しく生活する社会的義務があると思うのです。

子供に対する社会の責任

最後に、子供に対する施設として、社会のなすべき責任ということがあります。社会としていくつもなすべきことがある。たとえば保育園とか、精薄児の収容施設とか、そういう施設の現状をみてすぐに気のつくことは、そこで働いている保母さんたちの労働条件が非常に悪いということであります。勤務時間は大へん長く、報酬は少ない。人員が足りない。先ほど申しました伊豆の大島の施設の例でみましても、一年勤める保母さんがいないということであります。それはかわり手がないため休暇がほとんどとれず、かつ給料が安いためでありまして、保育園や、これらの特殊施設に働いている保母さんたちの労働条件の改善ということは、どうしても国として考えなければならない。

日本では義務教育が制度上は普及しているように見えますけれども、しかし実質的にはいろんな点において実は行きわたっていない。北海道では小学校・中学校のうちで六〇パーセントは辺地校に指定されている。さらに給食の問題とか、教科書の無償配付の問題とか、これを児童各自の家庭の負担としてだけ考えないで、児童の教育は社会の責任であると考えて、そういうことについて国もしくは地方団体がもっともっと面倒をみなければならないだろう。子供を育てることは社会全体の責任として考える必要があるだろうと思います。

「人生の選択」

一九六一年六月二三日、東大教養学部の学生を前に語った最晩年の講演（筆記・文責は西村秀夫とされている）。『嘉信』第二八八（終刊）号所収。

人生の選択

今日はまず何の話をしようかと考えました。まず私はこれまで社会科学を勉強した学徒の一人である。それから私にとってもう一つの経歴は、学生の時からキリスト教を信じたその信仰が私の経歴をずっと形づくって来たということです。さて古くから社会科学と信仰とは両立するかしないかということが論争点になっています。このことについてはこういう二つの考え方がある。つまり一つは信仰は科学の否定であるという、もう一つはいやそうじゃない、科学には科学の、芸術には芸術の、宗教には宗教の、それぞれの真理があって、これらの間には方法のちがいはある。方法に即している面では矛盾しているともいえるが、そもそも真理を矛盾なくとらえようというのが間違いなのであって、科学と信仰は両立する、というふうに考えるのです。いずれにせよ、この科学と信仰とを二つの縦糸、横糸として織りなされた人生を送って来た、そういう一人の人間の、老人の、話だと思って私の話をきいてもらえばよいと思うのです。

私は現在、学生問題研究所というのをやっている。これは大学生の思想と生活について調査しよう、そして大学生の生活に貢献できればと思ってやっているのです。日本には現在全学連というものがある。これは世界的に有名です。そのうち世界中の辞典にのるかも知れない。私はこの間、エンサイクロペディア・ブリタニカをひいてみたがまだこれにはのっていなかった。しかしともかく、非常に有名である。その組織と活動は非常に日本的でユニークなものです。しかし、いわゆる「一般学生大衆」はそれでは一体どういう生活をして、どんな考え方をもっているか、ということ、これを知ろうとして学生問題研究所をやっておるわけなのですがこれは難かしい。非常にとらえにくい。なかなか判らないのです。丁度、日本の国民性は何かというのと同じで、日本の学生とは何かということはなかなか判らない。その中で、こういう人にぶつかるのです。東大に入学することをもって人生の目的と考えている。東大に入学することが人生の目的だったものだから、目的を達したとたんに、勉強の意義がさっぱりわからなくなってしまう。もちろんここにいる皆さん全部がそうだというのではないですよ。もしそうだったら大変なことだが、ここにいる人の中にはそうでない人がいっぱいいる。さて人生の目的を東大入学ということにおいたというのは目的のおきどころが低かったわけですね。東大へ入ることは人生の手段であって、目的ではない。ともかくこういうわけで勉強の意義が判らないままに、ずるずると、二、三年すごしてしまう。真理とは何かということがよく判らないうちに卒業期を迎えてしまうということになる。卒業期が近づくと、ここで又人生の目標が目の前にあらわれて来ます。それは就職という目標です。ここで大変おかしなことが起るのです。学生時代はよく判らないなりにも、何か正義感をもっていて、資本主義社会の矛盾など論じている人が、いざ就職となると、まっ先に喜んで資本主義社会に頼ろうとする。これは生活のためには仕方がないというわけです。こういうふうに考え方をかえるとき、どんなにその人は心の中で苦しむだろうと、私どもは想像する。ところがこういう人たちは非常にはっきり割りきっていて、ちっとも苦しんだり悩んだりしていないらしい。こういう青年達がこれからの日本、これからの社会を担ってゆくのかと思うと、私ども老人はほんとうに心配になって来ます。

このごろレジャーという言葉がはやっている。それは経済が発達して、労働者が働かないでよい時間が増加したことと、又その余暇を充分に遊べるだけの経済力が労働者にそなわってきたということで、もう有閑階級というものが、ある一部の、極く少数の人をさすのではなくなっている。このレジャーがあるということは、それ自体よいことでもわるいことでもないのですが、その余暇を何に使うかということが大きな問題です。結局消費を盛んにするということになり、ものの考え方がそのときそのときの快楽の追求ということに追われてしまう。

近代においては偉大な芸術、偉大な哲学が生まれていない。人類に対してともしびを掲げるというような偉大さが見られないという感じがする。過去の歴史をふりかえると、ローマ帝国が物質文明の真只中で没落した。このことは、人間というものは繁栄の絶頂において没落するということを示していると思います。人生は何を目的として生きるのか、人生は何を求めて生きるのかということを考えないと、個人の空虚さはどうしてもみたされないのです。自分の人生を何にささげるか、つまりどの様な人生を選ぶか、目的を設定して、そのために努力をすることによって、はじめて人生はみたされる。人間とはそういうふうにできているのです。

（節番号省略）

さて、いま私はここで「どの様な人生を選ぶか」といいましたが、選択という以上は意志の自由を前提としているわけです。選択の余裕がある、意志の自由があるということです。しかし現実の自分たちの生活をちょっとふりかえればすぐ判るように、われわれが「選ぶ」といっても、そう自由には選べない。「選ぶ」のではなくて、われわれが「選ばれる」のであるという言い方をしてもいいと思う。つまり、われわれには、選ぶ人生と選ばれる人生とがあるということが言えるでしょう。いま「選ばれる」といったが、これはどういうことかというとわれわれは一定の社会的関係の中に生まれている。ある家庭、ある社会、ある国、われわれなら日本……というふうに。これらの条件はもうはじめから与えられており、きめられているわけです。このことについて、史的唯物論の応用がなされるわけですが、史的唯物論にせよ、社会進化に関する法則、社会学説を直接個人にあてはめるとまちがいが起る。「人生は決定されている」という考え方の極端は宿命論である。「努力してもどうにもならない」というふうに考える。しかし宿命論と史的唯物論とはちがいます。史的唯物論の場合はある一定の社会に生まれているが、反撥の余地が与えられているのです。個人の自由活動の余地が与えられている。

さて話をもどして、この現実生活の中には自分の選択によって自由にならないことがあります。否、ありすぎるほどです。まず病気についてちょっと考えても、病気を自分の方から選ぶということはない。病気の方からやってくるのです。私たちは自分の人生を選ぶということと、外部からの影響を与えられるという二つの契機の中で生きている。そして意志の自由をもった人間は、外部から影響されることについて反撥を示すわけです。選ぶ人生と選ばれる人生というのが、どこで調和するかというと、条件づけられた人生を、自由意志によって受けとるという点にあるのです。つまり調和点は受けとり方にあるといえます。与えられ条件づけられた人生を「これがいいんだ。これが正しいんだ」というふうに喜んで受けとる、その態度が、この条件づけられた人生を「選んだ人生」とするし、そのときに、これがいいんだと思わず、面白く思わなければ、「選ばなかった人生」ということになる。つまり与えられた、条件づけられた人生も、「選ばれた」人生も、受けとり方によって、自ら「選ぶ」人生といえる場合と、「選ばない」人生といえる場合とが出てくるということです。

今ここで「選ばれる」人生というものを別の方面から観察してみましょう。この「選ぶ」もの、われわれに、われわれの人生を選んでくれる存在について考えてみると、ある団体や組織が、個人に決定を下すという場合、共産主義国家の場合、実際ソ連でどの程度行なわれているかよく判りませんが、国家が個人の人生を決定するという場合も考えられましょう。おまえはこういう勉強をしてこういう職につきなさい……というふうに。そしてその場合に、もしきめられたことに対して不平があれば、その個人の破滅か、あるいは国家機構、国家体制の変更か、そのどちらかが起らざるを得ないのです。きめられたことに不満を感じないでよろこんでやってゆくことができる場合、これが自分の使命だと思えば、「選ばれた」人生に生きがいが感ぜられる。しかし国体とか国家とかの統制主義が人を満足させるかどうかということは、大問題であります。

（節番号省略）

さて、この選ばれたということを信仰的にみると、次のようになります。人生は自分の思いもしなかったようなことが起るが、これは神が自分のために選んで下さった人生なので、政治的な圧力とかその他の力によってきめられたのではない。存在と生命とを支えて下さる神様が、私自身に選んで下さった人生なのだと信ずるのであります。選んだ人生と選ばれた人生とがここで調和するのでありま す。たとえば東大入試とか就職とか、思うにまかせないことがたくさんある。もし東大を志望していた人が東大へ入れなかったからといってその人の人生は無意味かというと、そんなことはない。そんなことがあったら大変なことです。そういうときこれは自分が失敗したと思わないで、そこに神の意志があったと考える。そこに神の意志を認めるのです。たとえばある人が東京に住んでいたい、東京で就職したいと思ったが、地方勤務になった。不便で、文化程度も低くて、その人は文化生活を楽しむことができないと思うと不満ですが、これは神様が、都会より文化程度の低い地方で、自分に与えられた高い知識や教養を、その地方の人に役立たせるために、地方へ派遣されたのだと考えると、そこに使命感もおこってくる。感謝も起ってくる。シュヴァイツァーにしてもそうである。彼は三十才のときあるところで小さなパンフレットに、アフリカでは医者が足りなくて住民が困っている、という記事を読んだ。そこで、この恵まれたヨーロッパの土地にいるものは、そういう恵まれない人々に、自分のもっているもので奉仕する義務があると思って、それから医者の勉強をしてアフリカへ行ったのです。はじめの望みと異なっても、力のない人で自分よりも低い生活にある人のためにささげるように、神がさだめて下さったのだというふうに考えると、人生を喜びをもっていきることができるようになります。人生を喜びをもっていきるようになるのは「使命」に対する感謝と興奮をおぼえることによってであります。

人間の決定、国家などと大きなことをいわなくても、たとえば医者の家だから医者にならねば……などということがあるけれども、およそ人間の決定は、それをどうしてもいやだといえば、何とか逃げられます。しかし神が定めたことからは絶対にのがれられない。だから人生論の根本は「神に選ばれた人生」ということにかかっているのであります。神は一体存在するのか。神と人との関係はどうなのか。又神と自分との関係はどうなのか。これが人生論の根本問題なのです。

さて、われわれは自由を望みます。ではその自由というのは何であるかといいますと、ある人は神から自由になるのが自由だというのであります。これは無神論の主張であります。つまり神に縛られているから人は自由でないのであって、神からの自由が、自由の意味だというのですね。これは神の理解のまちがいに原因があるのです。というより神と宗教とを混同しているから、こういう論がなされる。神と宗教とを混同してはいけないのです。宗教というのはある場合には神を手段としてこの世的な利益を追求しかねない。だからそういう宗教から解放されなければならないというのはまったく正しい。唯物論の思想によると、信仰とか宗教というのはまちがっているという。しかしこの信仰廃止の運動はソ連においても、中国においても事実上失敗しているといえます。外国人宣教師は排斥しても中国人の牧師は働らいている。信仰そのものを撲滅することは不可能なのであります。迷信その他宗教の名をかたっているこの世的団体から自由になるというのは、たしかに人間を自由にするが、人間をつくり、人間を導き、人間を守るところの存在人間の創り主である神を否定するということは、決して人間を自由にしないのであります。人間が自分で一切のことを解決する、それが自由だと考える人があるが、人間が人間のことを解決しようとすると、不可解なことばかりである。病気とか、正しい人が苦しんで、悪い人が栄えている。何故こんなことが起るか判らない。又、自然科学の進歩によって、これからだんだん解決するのだといわれても、科学の成果も今の自分自身のためには、まにあわないということになると、この現実の悩みを一体どうしてくれるんだ……ということになる。失望に対しては希望を、つめたい心に対しては愛を、いま科学がわれわれに与えてくれるかというと不可能なのであります。

神以外のすべてのものから束縛されていないということが人間の自由なのであります。思わしくない状態、心や身体や、社会の状態からたえずおびやかされて心に平安をもちえぬ、ということが不自由なのであって、こういう状態から解放されることが自由といえます。又自分でこれは正しいことだと思っていることも、もし言うと首がとぶだろうと思って言えないということが不自由な状態なのであります。

自分が正しくないと思っていることをやらねばならないというのは、自分の人生の目的の設定が低かったことを示しています。つまり、職とか地位とかに対して恐怖しているのです。私の知っている人にこういう人がおります。六十七才の老人なのだが、家族の生計を立てるために、鶏卵の行商をして歩いた。生活というものはどういうことでもして、何とかきりぬけてゆけるものだと思います。生活のおそれから正義感を殺すというのは、神の御守りを信じていないからです。正しいことをするものは、神がきっと守って下さる。生活していけるだけのものはきっと神が与えて下さる。自分のことを全部自分でするという態度が真の独立ではない。今も言ったように、生活をおそれて正しいことをなしえずまちがったことを知りつつやるということが起るからです。正しいことは、自分のことを犠牲にするというところからはじまるのです。

（節番号省略）

ここで神をあるとして、つまり、人間を創り、導き、守り、心に希望と平安を与えてくれるところの神が「ある」という人生を選ぶか、そんなものはないんだという人生を選ぶか、という二つの道が分れます。「人生を意味あるものにつくり上げてゆこう。どういうことが起ってきても、それを使命として生涯をおくろう」という「神あり」と賭ける人生と、「神なし」と賭ける人生と、どちらを選ぶか。この賭けるという所に意志の決定があるのであります。これは一つの決断ですが、決して盲めっぽうな決断ではなくて、知識を伴なった決断であります。

この決断によって個人の、又は国家の運命が決まるのであります。昔、堺枯川という社会主義者がいました。彼が未だ学生の頃、ある晩、星空を仰いで、宇宙のことを深く考え、何か厳粛な気持になった、そして宗教とか神とかいうことが、身近かに感じられたが、すぐまた忘れてしまったと、後になって回顧しておるのです。われわれが神を知る機会というものは何度もあるのですが、それを逃さずにとらえるか、そのまま見送るかで、ずいぶんと人生の意味が異なってくるのです。生きる目的文化の意味など、考えざるを得ない機会が、いま諸君の目の前にあるのであります。

私は十八才のときに、はじめてキリスト教を知って、聖書をだんだんと教えてもらって、ここまでの人生が築かれて来た。そういう私がいま諸君にお話をしておる。諸君がこの私の話を機会としてとらえて、人生の意味を考え、聖書を読んでみようという気を起してほしいと思うのであります。私の話しが、聖書を読むという機会になればと思うのであります。

II

学問

植民政策論・国際関係論

木畑　洋一

一　学問的出発

矢内原忠雄は、戦前の日本における植民政策研究・植民地主義研究を牽引し、さらに戦後は新制大学制度発足のなかで国際関係論という日本にとっての新しい学問の導入に大きな役割を演じた。本書の第II部では、その学問面から矢内原の業績を検討する。矢内原の植民政策研究の内、台湾研究と南洋群島研究については、若林正丈氏と今泉裕美子氏が論じ、矢内原の植民政策研究の全体像に関わる検討は塩出浩之氏によって行われる。本章においては、筆者の問題関心に引きよせる形で、矢内原の植民政策研究の特質と、彼のイギリス帝国主義研究、および戦後における国際関係論の導入問題とを扱う。内容的に塩出氏の議論と重なるところがあることを、予めお断りしておきたい。

矢内原は、一九一七年に東京帝国大学法科大学を卒業した後、愛媛県新居浜の住友別子鉱業所に就職し、さらにその三年後の一九二〇年に東京帝国大学経済学部助教授に転じ、国際連盟事務次長となった新渡戸稲造の後を受けて、植民政策の講座を担当することになった。新渡戸の植民政策講義は、矢内原が大学在学中に聞いた講義の中で、吉野作造の政治史とともに、彼に最も強い影響を与えたものであったが、それを引き継ぐことになったのである。現在の大学における教職ポストへの就職状況の厳しさを日々感じている私たちにとってみると、その転職に当たって、矢内原が植民政策に関する学問的業績をもっていなかったということには、驚かざるをえない。大学での職につくまでの矢内原の著書は、別子時代に書いた『基督者の信仰』のみであり、植民地政策についての研究を行っていたわけではなかったのである。それだけ、矢内原個人への信頼が篤かったということであろうか。

現在では存在しない「植民政策」という学問分野は、日清戦争後から植民地領有国となった日本がいかに植民地を統治していくかを研究することを目的としていた。日本の高等教育機関におけるその嚆矢は、日清戦争以前の一八九一年の札幌農学校における「植民学講座」(農学を中心とするもの)であったが、東京帝国大学には日露戦争後の一九〇九年に「植民政策講座」として設置され、新渡戸稲造が初代の担当教授となった。従って矢内原は二代目の担当ということになる。ちなみに、後に矢内原が東大を追われた後三代目の担当となったのは、戦後日本の農業政策策定に大きな役割を演じた東畑精一《とうばたせいいち》であった。新渡戸稲造も農学から出発した人物であり、英文で刊行した『武士道』が世界の各地で読まれるなど、名は広く知られていたが、植民政策に関してまとまった著作は残していない。しかし、彼の講義内容は、他ならぬ矢内原が聴講したノートなどをもとにして没後に刊行された『新渡戸博士 植民政策講義及論文集』から知ることができる。その講義は、「植民は文明の伝播である」

という言葉に示されるように、文明論を基調としたものであった。(1)

そのような新渡戸の跡を継ぐ矢内原には、すぐに講義を行う必要はなかった。助教授就任後半年にして、彼は植民政策研究のため、イギリスとドイツに留学したのである。ロンドンでは大英図書館などに通う一方、頻繁に劇場や音楽会、美術館に顔を出した。ドイツでも、同じ頃留学していた同僚舞出長五郎の「矢内原はあんなことをしていて経済学の講義ができるのかな」という言に示されるように、(2)留学中は教養を広げるための読書やキリスト教集会への参加などで、専門の経済学や植民政策の研究に集中するといった状況ではなかったようである。しかし、第一次世界大戦直後で、イギリスの植民地統治をめぐる状況にも大きな変動が生じている時期にイギリスの空気に接したことは、後に紹介する矢内原のイギリス帝国論などに影響を及ぼしたものと考えられる。とくに、アイルランドとパレスチナへの旅行を行っていることに注目したい。ナショナリズムの気運が蔓延していたアイルランドのダブリンで、矢内原は日記に「自由！ 独立！ 獲得せよ Ireland 人汝の自由を！」と書き記している(㉘六二四)。このことがよくあらわしているように、矢内原は植民地支配のもとに置かれている人々への共感を基盤にすえながら、彼の植民政策研究を展開していくことになる。

一九二三年の帰国後、教授に昇任した矢内原は、精力的に植民政策に関する講義をこなし、その内容を次々と公刊していった。彼の植民政策の講義は、経済学部の他、法学部や農学部でも行われた。また、東京女子大学では経済学を、第一高等学校では法制経済の講義を担当した。この一九二〇年代半ばから三〇年代半ばにかけての十数年に、植民政策に関わる矢内原の業績は集中している。一九三七年、日中戦争への彼の批判的言論が、時局におもねる経済学部首脳の嫌うところとなり、矢内原は辞職に追い込まれたが、それ以降、彼はこの面での専門的仕事はほとんど行っていない。その理由を語る材料として、彼の愛弟子であった楊井《やない》克巳《かつみ》は、一九四二年の『帝国大学新聞』における次の一文を引いている。「官を辞した時余は思った、今後再び植民政策を論ずることをなさざるべしと。それは、余が此の学問を以て国家に奉仕することを、無用であるとなされたからである」(「大東亜戦争と英国植民政策」、④四七八)。楊井は、学問を有害または無用とする野蛮な国家権力への怒りと抵抗の気持ちが、矢内原に専門的研究を放棄させたものと見ているが、正鵠を射た指摘であろう(楊井克巳「『大東研究室』のころ」、全集⑤月報、一頁)。

二　植民政策論

植民政策に関する矢内原の研究は、植民政策や帝国主義全般に関わるものと、特定の地域を対象としたものとに大別することができる。前者の代表的な業績が、矢内原の最初の学問的著作『植民及植民政策』(一九二六年)である。また後者については、『帝国主義下の台湾』(一九二九年)、『満洲問題』(一九三四年)、『南洋群島の研究』(一九三五年)、『帝国主義下の印度』(一九三七年)を代表的なものとしてあげることができる。矢内原は、インドには行っていないが、台湾、満洲、南洋群島には赴いて現地を観察し、研究素材を集めた上でこれらの研究を完成させている。矢内原が強い関心を寄せていた朝鮮問題についての研究は著書としてはまとめられていない。

ここでは、ヨーロッパ留学から帰国して教鞭をとりはじめた当初の講義を基礎とした『植民及植民政策』に主として即しながら、矢内原の植民政策研究において筆者が重要と考える点を紹介してみたい。

この本のなかで矢内原は、植民地統治国と植民地との間の関係を、まずは植民という問題そのものに即して議論した上で、植民地に対する統治政策、原住民（彼は「原住者」という言葉を用いる）政策、労働政策、土地政策、金融政策、産業政策、財政政策を論ずるという構成をとっており、植民論にきわめて大きな比重をかけている。その植民論の最大の特色は、植民という問題を社会現象としてとらえてその意味を探っていこうとする姿勢にある。社会現象としての植民の意味を明らかにするために、矢内原は植民を「形式的植民」と「実質的植民」とに区別し、後者の意味を強調する。植民地の領有など法的・形式的支配に関わる前者に対し、後者はそうした関係に必ずしも制約されない社会的経済的活動を伴う「社会群」の移動を指す。矢内原は、そのような「実質的植民」の諸相を論じた上で、「実質的植民の利益は文明社会にとりて一般的である」と、植民のもたらす結果を肯定的に論じている（『植民及植民政策』、①二〇二）。「実質的植民」を伴う植民地化を文明化のプロセスと見るところに、矢内原の植民論の軸が存在するといってよいのである。(3)

しかしこのことは、現実の世界に展開してきた植民地の領有を、矢内原が肯定したことを意味しない。「自主主義的植民政策の理想が実現するときは、植民に関する圧迫も強制もなく、各社会群生存の必要は完全に調和せられ、植民地領有関係の成立を見ずしてしかも実質的植民が完全に実行され得る」ものと彼は考えていた（「植民及植民政策」、①四七〇）。しかし実際にはそれにはほど遠い状態が世界にひろがっていたのであり、彼は、「人類社会に於ける圧迫の中最も主要なるものの一つは一国民若くは一民族による他国民他民族の支配である。それが最も顕著に現はるるは植民地（属領）である」（「帝国主義下の印度」、③四六五）としつつ、植民地統治の分析を行った。

矢内原は植民地統治政策を、それに関わる「社会群」すなわち本国からの植民者と原住者の関係に即して、従属主義、同化主義、自主主義の三つの類型に分類した。

従属主義は、植民地の原住民の利益を顧みないで、もっぱら本国側の利益のために植民活動を規律しようとする主義で、政治的には住民の参政権を認めず、経済的には本国の利益に適するように産業・貿易を制限し、社会生活の教化は行わない。それが典型的に見られたのは、一六世紀から一八世紀にかけての、スペインやポルトガルの植民地支配などである。同化主義は、やはり政治的・経済的・教育的すべての点で本国側中心の主義であって、植民地を本国の延長とみなして、住民の法制、慣習、風俗、言語などを本国に同化させようとする。その典型例としてあげられるのが、フランスのアルジェリア支配である。自主主義とは、統治国とは異なった植民地の歴史的な特殊性を認めて、自主的な発展を認める主義である。自主主義の例として矢内原が重視したのが、イギリスと自治領との間の関係である。イギリスは従属主義の結果アメリカの独立を経験し、その後カナダなど有力な移住植民地に自主主義の適用を始めた。さらに第一次世界大戦後には、自主主義をアイルランドにも適用し、インドについても自治の範囲を拡大している、と矢内原は評価していた(「植民及植民政策」、①二四七〜五〇。ただし、具体例は矢内原の他の著作から適宜採っている)。一つの問題は、自主主義を採った結果としての本国と植民地の関係であるが、それについて矢内原は、自主的政治団体の域に達した植民地も、帝国にとどまることで利益を受けるなら、あえて帝国から脱退することはないであろうと見ていた。

文明化作用を伴う実質的植民と、植民地統治における自主主義、その延長上に「各社会群の必要が完全に調和」した帝国の姿を、矢内原は想定していたのである。

矢内原による植民地統治のこの三分類については、これまでしばしば批判がなされてきたことを、ここで紹介しておく必要があろう。そのような批判を最も厳しい形で行った浅田喬二は、同化主義も植民地の自主性を踏みにじる点においては従属主義と同様であり、従属主義と同化主義を区別する必要はなく、植民政策を区別するならば、従属主義と自主主義の二つでいいのではないかと主張した。(4)また矢内原の植民地統治政策分類が、「客観的な分類基準を明確にした上で全面的かつ体系的に行われたものでなく、日本の植民地統治政策への批判を強烈に念頭において、よりベターな政策を提示するためというきわめて実践的かつ政策的なものとして」なされたとする、重要な指摘を行った村上勝彦も、矢内原における同化主義と従属主義の差異は必ずしも明確ではないと評している。(5)また同化という問題に関して突っ込んだ検討を行った駒込武は、その概念についての矢内原自身の定義に揺れがあったことを指摘し、彼の議論にはあいまいさがあったと論じた。(6)矢内原の植民地統治分類論がこうした問題点をもっていたことは確かであるが、ここで確認しておくべきは、彼の主張の要となっていたのが、目指すべき方向としての自主主義であったという点であろう。

従って問題は、従属主義や同化主義から自主主義への変化の契機は何か、ということになる。矢内原によると、従属主義は植民地を疲弊させ、あるいは住民の反乱を招くことでかえって本国の利益を害することになり、同化主義もしくは自主主義に移行するという。また同化主義も、社会群の特殊な存在の事実を無視するために住民の不満、反抗を招き、自主主義に移行することになる。同化主義の典型と見られるフランスの植民地統治にもその変化の兆候が見られることに矢内原は着目している（「植民及植民政策」、①二四八〜四九）。その転換の先にあると見られていたのがイギリスの自治領の姿であり、『植民及植民政策』の最後の部分で、そうした変化の結果として、「植民地と本国とはもはや領有支配関係に基かず、さりとて孤立的関係にもあらず、自主的結合による一大共同団体たるの組織を実現する」という展望が示された（「植民及植民政策」、①四八二）。

それでは、日本の植民地支配に即した場合、このような変化を矢内原はどのように考えていたのであろうか。矢内原は一九一九年の朝鮮三・一運動に対する日本の鎮圧政策は、植民地における政治勢力の増加に対して武力で鎮圧するという従属主義の例であると位置づけていたが（「植民及植民政策」、①二八五）、それから同化政策に移行したとみていた。そのような矢内原の議論をよくあらわしているのが、一九三七年の「軍事的と同化的・日仏植民政策比較の一論」という論文である。そこで矢内原は日本とフランスの同化主義を比較し、行政的な同化政策や教育面での同化政策における両国の植民地政策の類似性を指摘した上で、両者に共通する一般的特色を軍事的見地と同化的見地の優越性に求めている。ただし、矢内原によると、日本の同化政策は「フランスにおける如き自然法的人間観に基くものではなく、寧ろ日本国民精神の優越性の信念に基くものであって、その意味においてフランスの同化政策よりも更に民族的、国民的、国家的であり、従って軍事的支配との結びつきはフランスにおけるよりも一層容易」であった(④三〇一)。

矢内原は、そのような同化主義から自主主義への移行が必要であると考えていた。『植民及植民政策』とほぼ同じ頃に書かれた「朝鮮統治の方針」に示されているのは、朝鮮の自治国家化による帝国日本の再編という方向性である。当時朝鮮では、参政権付与を求める運動が高揚しており、矢内原は、「朝鮮に行いて見よ。路傍の石悉く自由を叫ぶ。石はいくら叫んでも警官に睨まれないから」と、その状況を描写しつつ、「朝鮮の内政は朝鮮人を主とする議会に於て之を決すべきである」として、植民地議会開設などによって朝鮮の人々に自治を与えることを主張したのである(①七四〇〜四一)。そうすれば、朝鮮は必ずしも分離独立をしないであろうし、むしろ、「経済的軍事的利害関係の共通はその結合力を有効に発揮し得るに至る」というのが、矢内原の予測であった。同時に彼は、「仮りに自主朝鮮が全然日本より分離独立を欲するとしても、その事は日本にとりて甚だしく悲しむべき事であるか。道を以て領有関係が平和的に終了せられたる場合には、其後の友誼的関係の維持が期せられ得る」と、分離独立の可能性に言及していたものの、力点は自主的な結合関係の実現に置かれていたと考えられる(①七四二)。

植民地統治策の転換に関する矢内原の所論について、さらに留意すべきは、南洋群島をめぐる議論である。彼は朝鮮と台湾については、日本の植民地統治策を強く批判し、自主主義への移行を提唱するという態度をとっていたのに対し、南洋群島に関しては異なった姿勢をとった。日本の統治（南洋群島は厳密には国際連盟のもとでの委任統治領であったが、実質的には植民地であった）の現状を肯定的に評価し、「日本の統治が委任統治制度の理想より見て不十分であるとしても、現実国家に期待し得られる程度に於て相当の努力と実績を挙げて居る限り、政府の安定統治の継続を維持する」ことがよいと、その継続を支持したのである（③四一三）。南洋群島では朝鮮や台湾と異なり住民が民族として形成されていないと考え、そのような原住民に対する植民地統治の文明化作用を積極的に評価していたところに、その姿勢の源は存在した(7)。

三　イギリス帝国主義研究

以上の簡単な紹介からも分かるように、矢内原が植民政策論を展開する上で、最も有効な引照基準として用いていたのが、イギリスによる植民地統治であった。その際、彼のイギリス植民地統治研究の柱は二つ存在した。一つは、インドやアイルランドにおけるイギリスの政策であり、いま一つは、第一次世界大戦後の、自治領（ドミニオン）を軸とするイギリス帝国の再編問題である。

まず、インドやアイルランドの研究であるが、これらの研究、とくにアイルランド研究が、日本の植民地政策批判を念頭に置いて取り組まれたことは、一九三七年に『帝国主義下の印度』の付論として発表された「アイルランド問題の沿革」に、「アイルランド問題研究の実際的興味は吾人にとりては朝鮮（及び満洲、台湾）あるが故である」と、はっきり述べられている（③六五五）。インド分析の中でもアイルランド分析の中でも、日本の植民地統治との比較が直接示されるわけではないが、イギリスの統治政策に対する批判が、読者の意識を自ずから日本の植民地統治の問題に誘っていくのである。

インドについては、イギリスの統治が積極的にインド人を貧困と無知の状態に陥れたかどうかという議論は別としても、「英国が印度統治に於て印度民衆の為め為すべきを為さざりし不作為の事実は何人も之を認めざるを得ない」（「帝国主義下の印度」、③四七二）と述べるとともに、インドの自治要求に対してイギリス側は、将来の責任政府制をめぐる口約束を行うのみで、具体的な施策はほとんどとっていないという評価が下される。この論説が書かれる少し前の一九三五年には、新たなインド統治法が制定され、地方（州）レベルでインド人による責任政府制が実現されたが、それについても矢内原は、「英国は州政府の自主権を認むることによって印度国民運動の要求に呼応しつつ、中央政府を連邦制度に組織することによって英本国に対する印度の分離乃至自主的要求を阻止し、英国による印度統治を継続するの工夫たること明である」（「帝国主義下の印度」、③四七九）と正鵠を射た分析を行っている。このような状態にインドがとどまることはありえないというのが矢内原の見方であり、少なくとも完全な自治領としての位置を獲得するまで、インドの民族運動はおさまらないであろうと予測していたのである。

そうしたインドの先を行っていたのが、アイルランドである。アイルランドでは強力な民族運動が持続的に続けられた後、第一次世界大戦による大きな変動を経て、一九二二年に南部がアイルランド自由国という自治領として独立していた。矢内原によれば、「イギリスは始め搾取を標榜して搾取し、中頃自由平等の名によりて搾取し、終りに保護的政策によりて結合の維持を計った。搾取はアイルランドの国民運動を激化し、懐柔も亦無効に終った」のであり、アイルランドは「言はば搾取の完了したる植民地」だったのである（「アイルランド問題の沿革」、③六九九）。

インドやアイルランドへの関心が、日本の現実の植民地統治批判を念頭に置いたものであったとすると、イギリス帝国におけるイギリスと自治領（オーストラリア、ニュージーランド、カナダ、南アフリカ、アイルランド自由国）との間の関係や自治領相互の間の関係は、日本と植民地の関係の将来構想に関わるものとして、矢内原の関心を引いていた。『植民及植民政策』のなかで、彼は第一次世界大戦が植民地問題に関して二つの大きな新事実を生んだとして、国際連盟とならんで、イギリス帝国をあげていた。「自主諸国民の自主的連合、之が英帝国の組織である」と彼は論じ、また「英帝国は一の国際連盟である」とも言っている（①一二八、四七八）。矢内原は、そのような関心のもとにイギリス帝国の動向に注目した。

たとえば彼は、一九二五年にイギリス労働党が中心となって開いた帝国労働会議について詳しい紹介論文を書いている。この会議は、第一次世界大戦後急速に勢力を伸ばして一九二四年に一時政権をとるにいたったイギリス労働党が中心となって、帝国の枠組みを維持しながらそれを社会主義的に改造していくことをめざして、自治領やインドなどの代表を集めて開いたものである。矢内原は、こうした方針について、「彼等はこの帝国的結合を維持発展せしむるに就き、資本家的政党と相異なる原則に立つ。帝国的結合の論議に於ては、労働党は寧ろ他の政党に後れた。たゞ非搾取的協同主義の結合政策に於て、労働党は先頭たるものとなった」と、共感をこめた評価を下している（「第一回英帝国労働会議」、①七四八）。ただし、この会議自体は、南アフリカ労働党（白人から成る政党）がインド人移民排斥を主張したことからもつれを生むことになり、矢内原も、会議はインターナショナル的会議としては失敗に終わったと断言した。

また、一九三〇年の帝国会議をめぐっては、将来『帝国』なる名を以て想像せらるゝ統一的政治領土の与ふる経済的利益をば、英本国も自治領も今日より以上の程度に受くるには至らないであろう。却って会議の度毎に自治領の自主国家たる地位の向上を見るであろう。英帝国の傾向はたしかに分散的である。分散に語弊ありとせば、統一に反対の傾向である」と、評している（「最近の英帝国会議に就て」、④四五六）。自治領の自主性の増大、イギリス帝国構造の遠心化は不可逆の趨勢であると、彼は見ていたのである。確かに、第二次世界大戦を経て、イギリス帝国のそのような変容はいっそう進行していくことになった。

四　植民政策研究から国際関係論へ

矢内原が一つの範型としていたイギリス帝国のさらなる変容がはじまる前に、日本は一九四五年の敗戦によって、植民地をすべて失った。それによって、戦前矢内原が担当していた植民政策の講座は意味をもたなくなったが、矢内原が論じていた問題自体は、国際経済論や国際関係論という新しい学問分野に継承されることになった。矢内原自身は、終戦後一九四五年一一月に東京帝国大学に復帰して経済学部で教鞭をとり、経済学部長を経て四九年の新制大学制度の発足によって誕生した東京大学教養学部の初代学部長となり、さらに総長に就任したが、その間、戦前の蓄積を生かしながら、国際経済論、国際関係論の開拓に力を注いだ。矢内原の盟友であった大内兵衛は、国際経済論の中の「低開発問題」として扱われている分野の原型は矢内原によって作られた、と指摘している。矢内原の国際経済論講義の内容は『国際経済論』として東京大学総長在任中の一九五六年に刊行された。一方、矢内原が教養学部で学部長時代に行った国際関係論の講義については、講義ノートが現存しているものの[8]、刊行物の形はとっていない。このノートの内容については、今泉裕美子氏による丁寧な検討がなされているので[9]、詳細はそちらを参照していただくこととして、筆者の関心に絞って紹介してみたい。

国際関係論は、未曾有の規模の被害をヨーロッパにもたらした第一次世界大戦の後、イギリスでまず歩みをはじめ、英米の大学で教えられるようになった新しい学問分野であり、広く合意をみた方法論や構造をそなえていたわけではなかった。従って、第二次世界大戦後の日本の大学教育にそれが導入されるに際しても、導入者の個性が強く反映されることになった。矢内原の講義ノートもそのことをよく示している。講義ノートは次の構成をとっている。

第一章 序論、第二章 民族、第三章 世界の成立、第四章 帝国主義、第五章 国際人口問題、第六章 国際貿易問題、第七章 国際投資論、第八章 国際平和論

民族、帝国主義、国際人口問題に置かれた力点などから、矢内原自身の戦前の植民政策研究の延長上に国際関係論が構想されていることは明らかである。ここでは、この構成の中で中心軸になっていると考えられる帝国主義についての矢内原の所論に触れておきたい。

帝国主義という問題は、当然のことながら『植民及植民政策』でも重要な位置を占めていたが、そこでは帝国主義を論ずるにあたって、矢内原は、帝国主義を資本主義以前の政治的な膨張衝動から説明するジョゼフ・シュンペーターの説を紹介した後、それを否定し、シュンペーターの意見とは「全く反対に、帝国主義は資本主義経済と不可離の関係に立つ」と述べていた（①八三）。このように彼は、『植民及植民政策』執筆時には、帝国主義の動因について何よりも経済的要因を重視していたわけであるが、一九三四年に出された「軍国主義・帝国主義・資本主義の相互関連」という論文においては、「然るに最近の事変は余をして氏の言説についていささか悟るところあらしめたのである」と、シュンペーターの説を取り入れる姿勢をしめした。そして、「近代帝国主義を経済的に規定すれば、それは独占資本主義である。（中略）〔しかし〕国民中における独占資本以外の諸要素諸勢力を誘引し糾合

して帝国主義への実行に導くためには、独占資本の要求という形を以ては不可能である。それには超階級的なる国家的なる、非合理的なる勢力が働かなければならない。その役割を果すものが民族主義若しくは国民主義である」と、帝国主義の動因として、政治と経済の複合的な力を指摘したのである（④一一〇〜一一）。こうした見方の変化が、満洲事変時からの日本の状況を目の当たりにしたことによって起こったということは興味深い。

国際関係論講義ノートでは、矢内原は帝国主義の動因として、経済面（商品販路、原料供給地、本国人移住地、資本の投下地）、軍事面、精神面（多くは宗教的色彩、さらに文明化の義務という意識）、政治的膨張本能をあげ、とくに経済面と軍事面のいずれを重視するかについて、諸説の紹介を行っている。帝国主義へのこのようなアプローチの仕方は、ちょうどこの講義が行われた頃に矢内原が翻訳した（下訳は後述する川田《かわた》侃《ただし》が行い、矢内原は「数度の校訂と推敲」を行った）イギリスの思想家Ｊ・Ａ・ホブスンの『帝国主義論』を髣髴させるものがある。ホブスンは帝国主義の動因として海外投資を重視した経済的動因論者として分類されることが多いが、実際には経済以外の動因にも周到な注意を払っていたのである。それは、矢内原訳の岩波文庫版の下巻（この方が経済面を扱った上巻よりはるかに分厚い）から明らかである。

ここでこの点を強調するのは、そのような帝国主義論を視座の中心にすえて国際関係を論じる研究方向が、東京大学教養学部において、その後江口朴郎《ぼくろう》を中心として展開していったからである。本章の筆者も、その流れをくんで、国際関係史研究に従事してきた[10]。

また講義ノートに示された矢内原の国際関係論の構図は、日本で最も早い国際関係論教科書の一つ、矢内原の教え子である川田侃が著した『国際関係概論』に受け継がれたと考えられる。その本は、国際関係における行動主体としての民族に関する議論と、民族的膨張運動としての近代帝国主義についての議論から出発しているのである。またそのなかで、川田は国際関係論への戦前の日本での貴重な貢献として、植民主義、帝国主義の研究からのすぐれた接近である矢内原の台湾研究、南洋群島研究、民族と平和の研究、帝国主義研究をあげている。(11) 矢内原の戦前の業績は、それ自体現在からみても価値を失っていないばかりでなく、第二次世界大戦後の新たな研究潮流に流れこんで、現在にまでつづいているのである。

注

(1) 酒井哲哉『近代日本の国際秩序論』(岩波書店、二〇〇七年)二〇二～〇六頁。北岡伸一「新渡戸稲造における帝国主義と国際主義」浅田喬二他編『岩波講座　近代日本と植民地4　統合と支配の論理』(岩波書店、一九九三年)一八九～九〇頁。
(2) 矢内原伊作『矢内原忠雄伝』(みすず書房、一九九八年)三五五頁。
(3) 米谷匡史「矢内原忠雄の〈植民・社会政策〉論――植民地帝国日本における『社会』統治の問題」『思想』九四五(二〇〇三年)。
(4) 浅田喬二『日本知識人の植民地認識』(校倉書房、一九八五年)一九頁。
(5) 村上勝彦「矢内原忠雄における植民論と植民政策」浅田喬二他編『岩波講座　近代日本と植民地4　統合と支配の論理』(岩波書店、一九九三年)二一〇～二一一頁。

（6）駒込武『植民地帝国日本の文化統合』（岩波書店、一九九六年）一九〜二〇頁。
（7）村上前掲、二二九〜三〇頁。
（8）琉球大学図書館矢内原忠雄文庫所蔵。このノートはインターネット（琉球大学附属図書館サイト）で見ることができる。
（9）今泉裕美子「矢内原忠雄の国際関係研究と植民政策研究——講義ノートを読む」『国際関係学研究』二三号（津田塾大学、一九九七年）。
（10）そのような流れの最近の成果として、木畑洋一・後藤春美編『帝国の長い影——二〇世紀国際秩序の変容』（ミネルヴァ書房、二〇一〇年）参照。
（11）川田侃『国際関係概論』（東京大学出版会、一九五八年）。

台湾との関わり――花瓶の思い出

若林　正丈

一　はじめに

矢内原忠雄に「花瓶の思ひ出」と題する一文がある。『矢内原忠雄全集』編集者の目には留まらなかったようであるし、短文でもあるので全文引用しておこう。

林献堂先生は辱知台湾人の中、最も品格高潔の印象を受けた先輩であって、長身鶴の如き体軀風貌と共に清らかな感じを私の記憶に留めて居る。

先生が私の家に来訪されたことが二度ある。一度は一九三七年一二月、私が日本軍国主義に反対的な言論を述べたため東京帝国大学教授を去った直後であって、先生は深碧色のカットグラスの花瓶を携へて、私を慰問された。私はその時の先生の好意を決して忘れることなく、その花瓶を常に愛用し、それを見る毎に先生の誠実と友情を思い出して居る。

先生再度の来訪は戦後台湾の将来について、私の意見を徴された時であった。先生は御自身の意見を述べられることなく、専ら私の言ふところを傾聴して帰られた。人の誠実と友情は国境を越え、民族の別を忘れて、貴重な交際の靭帯である。先生の如き誠実、友誼、謙虚、思慮の深き士を知ったことは、私の生涯の喜である。

先生逝いてすでに数箇月、思慕の情愈厚きものがある。謹んで哀悼の意を表す。(一九五七年一月)

ここに言う林献堂(一八八一~一九五六)とは、台湾中部の大資産家にして名望家霧峰林家を率いた当主で、日本植民地統治期から戦後初期にかけて「台湾筆頭社会領袖」(黄富三『林献堂伝』)として台湾社会に重きをなした人物である。日本植民地統治下の台湾では、第一次大戦後、日本教育を受けた新興知識人たちを中心として、一九三〇年代初めまで組織的な抗日民族運動の展開があったが、林献堂は、台湾文化協会の活発な文化啓蒙運動や一種の植民地自治運動である台湾議会設置請願運動など、穏健派(右派)民族運動でも大きな役割を果たした。林は、大衆運動型の政治リーダー、即ち自ら大衆を組織しそのパワーで権力と渡り合う、あるいは自身の権力を追求するといったタイプのリーダーではなく、自身の儒教的エートスに基づく士紳的社会エリートとしての責任感に基づき、自らが共鳴する活動には資金を援助し、またその支持者からリーダーとして担がれる象徴型リーダー、また権力との相互作用のスタイルで言えば自身の社会的地位と運動基盤とを背景に当局と交渉することを好む名望家型リーダーであったと言える。

ここでは、林献堂が残した膨大な日記中の関連記述を手がかりに、矢内原と林献堂との交遊の姿を素描したい。矢内原は日本現代史において、①批判的な日本植民政策・植民地研究、②戦前日本軍国主義批判(矢内原事件)、③無教会主義キリスト教信仰の宣教、④戦後の平和主義の提唱などの役割で知られているが、これらと台湾の現代史とがどうかかわるのか、林献堂の側から、もっと言えば植民地台湾人の側からそれを照射して、その一端を浮き彫りにしたい。ただし、行論と紙幅の関係から③には触れることができないのは残念である。

二 「花瓶の思ひ出」――矢内原事件と林献堂

林献堂が矢内原忠雄に最初に会ったのは、矢内原の台湾調査旅行（一九二七年三月一八日～五月六日）の時である。矢内原が林との面会を希望した。一九二七年四月四日林は秘書の葉榮鐘（一九〇〇～七八）を台中駅に出迎えさせ霧峰の邸宅で午餐を以て矢内原を歓待した。葉は、矢内原の林献堂訪問の目的は「台湾民族解放運動の領袖林翁の人物テストを兼ねて、当時竹林事件(1)として世論を引き起こし、日本中央政界に注目された問題の現地竹山への調査行に適当な地元協力者を紹介して貰うためであった」ろうと推測している。矢内原は林献堂の紹介を得て翌日葉榮鐘の案内で竹山の有力者林月汀を訪問した。

林献堂と矢内原をつないだのは蔡培火（一八八九～一九八三）であろうと思われる。蔡培火は林献堂と同様、台湾抗日民族運動右派の系譜に属する人物であり、台湾文化協会、台湾議会設置請願運動などの主要な活動家の一人であるとともに、「国語」（日本語）中心の同化政策に抗して台湾語ローマ字普及運動（キリスト教長老教会が聖書を翻訳し布教に用いていた台湾語＝福佬《フクロウ》語音節を表示するシステム）を推進した文化活動家として知られる。林献堂の経済援助を得て東京高等師範留学中にキリスト教入信、一九二四年信仰上の師である植村正久の紹介で矢内原と知り合い、以後交遊を深めていた。台湾調査に際して蔡培火は基隆《キールン》に矢内原を迎え、ついで台南で再度合流して案内を続け、また基隆で矢内原を見送っている。その調査旅行の成果である矢内原の『帝国主義下の台湾』は、蔡培火自身の植民地統治批判の書である『日本々国国民に与ふ――殖民地問題解決の基調』から何箇所も肯定的に引用している。両者は信仰を共通にする友人関係というのみならず、植民地統治への自由主義的な批判という面で一種の「言説同盟」の関係にあったと言えよう。

林献堂と矢内原の次の出会いは、一九二九年三月である。日記によれば、林は台湾議会設置請願活動のためこの月の五日に東京に到着、一一日に当時台湾新民報社専務だった羅萬俥（一八九八～一九六三）とともに矢内原を帝大研究室に訪問した後、燕楽軒なるレストランで午餐を饗している。談話の内容に関する記載は無い。

次は、一九三四年四月である。この間、台湾の抗日民族運動は一九二七年に左右分裂し、左派の運動は一九三一年の満洲事変前後の弾圧で解体してしまい、五・一五事件など日本本国政治における軍国主義的ムードの増大とともに、林献堂・蔡培火らの民族運動右派の活動に対しても非寛容な雰囲気が強まり、一九二一年来毎年続けられていた台湾議会設置請願運動にも中止の圧力が強まっていた。こうした傾向は、一九三三年八月「軍服を着たアジア民族主義者」と称された松井石根が台湾軍司令官に就任するといっそう強まり、一九三四年一月にはその松井が中心となって東京で設立された大亜細亜協会の台湾支部が結成されている。そんな状況下での矢内原との再会であった。この年二月矢内原の『満洲問題』が岩波書店より刊行されている。

林献堂は日本人から起こされた訴訟に対応するため三月二五日東京に到着、これより先、蔡培火も一五回目の台湾議会設置請願を帝国議会に提出するために着京していた。同請願は結果的にこれが最後となった。林の日記によれば、三〇日、岩波書店店主岩波茂雄（一八八一～一九四六）の招きで蔡培火とともに晩餐に赴き、インド独立運動家ラスビハリ・ボース（一八八六～一九四四）と朝鮮人朴錫胤〔2〕を紹介され、さらにボースの勧めで翌日蔡培火とともに新橋の料亭「なだ万」で安岡正篤《やすおかまさひろ》（一八九八～一九八三）と会った。前日同様岩波、ボース、朴錫胤が同席していた。林日記によれば、席上安岡が開陳した「王道主義」にボースが意見を求めたので林は、「現在標榜されている王道主義は皆羊頭狗肉で日本が武力を以て中国を侵しているのは利益のためであり王道などとは言えない」（原文漢文、以下同）と応じたという。

その四日後、林献堂は蔡培火と同道して矢内原を帝大研究室に訪ねた。日記はそのやりとりを次のように詳しく記している。

三時矢内原を帝大教室に訪問、安岡正篤の思想如何を問う。彼は頗る安岡には不満で右傾思想の第二線人物と評した。〔蔡〕培火が、朴錫胤が彼の『満洲問題』の立論が不徹底と批評していたと述べ、さらに石原〔莞爾、一八八九～一九四九〕大佐が天皇以外の日本国民は中国国民に謝罪すべきだと言っていたとの朴の伝聞を紹介すると、矢内原は激怒し、石原は満洲占領計画の張本人であり、彼こそ切腹すべきだと言った。余はこの怒りにいたく感動した。その後、矢内原は〔人前で立腹したのは〕修養に欠けることだったと悔い、余等を不二家のお茶に誘った。（〔　〕内は筆者の補足）

朴錫胤の『満洲問題』批判の具体的内容は不明である。この記述からは、矢内原はこれにはあまり反応しなかったように読める。林献堂が矢内原の石原への強い怒りに共感を示しているのは、前引の安岡への返答からも容易に理解できるところである。矢内原の怒る様を見て林は矢内原への信頼を深めたのではないだろうか。また、客人の前で立腹したことを恥じてお茶に招待したという記述から、林が矢内原の人柄に好感を覚えたらしいことも窺える。

この林献堂の矢内原の信念への共感とその人柄への好感が次の両人のエピソード、即ち一九三七年矢内原事件時のエピソードに繋がる。冒頭に引用した「花瓶の思ひ出」では、林最初の訪問が一九三七年一二月となっているが、これは矢内原の記憶違いではないかと思われる。林の日記で一九三七年一〇月六日の条には、

培火と余は三時矢内原忠雄宅（自由が丘）を訪ねた。一日夜の平和を愛し正義を愛するの講演、その絶叫に感服したのである。一時間ほど雑談、英米が必ず和解の仲裁に出るだろうが、それが何時になるかわからない、云々。

とある。「深碧色のカットグラスの花瓶」はこの時持参したものであろう。

よく知られているように、その後の一二月初め矢内原は終に帝大教授辞職を余儀なくされたのであったが、林献堂はこれに対して研究費の援助を申し出たようである。日記一二月二一日の条には林の

東京の居所に矢内原が来訪したことを次のように記す。

（前略）矢内原忠雄は戦争反対の講演のため旬日前帝大教授辞職を迫られた。その後専ら研究に従事するとのことで、余はその費用の一部を援助することを申し出たので、礼を述べにきたのである。培火同道、談話数十分で辞去した。

葉榮鐘によれば、林献堂は蔡培火より矢内原の生活に問題が生じているとの連絡を受けて援助を申し出たという。ただし、この「援助」とはただ一回のみ、金額は五〇〇円で、矢内原は他に「日本方面の援助」を得たのでその後は辞退したとのことである。矢内原自身が戦後に回想するところによれば、この「日本方面」とは岩波茂雄であった。

その岩波茂雄とともに、林献堂は一二月二七日矢内原を晩餐に招き再び慰労した。同日の日記には次のように記されている。

（前略）〔蔡〕培火、〔林〕攀龍〔林献堂長男〕、〔高〕天成〔林献堂娘婿、医師〕来る。天成に注射してもらってから、四人一緒に山水楼で矢内原忠雄をもてなした。帝大教授を辞めさせられたことの慰安である。主人側には他に岩波茂雄、陳茂源、呉三連、劉明電、主客合計九人、八時過ぎ散会。

これは、植民地台湾の人格高潔の長者が、政治社会運動の同志や在東京の台湾人エリート、そして共通の日本人友人とともに、台湾総督専制を批判し植民地台湾の自治運動に支持を表明してきた、そしてその学問的また信仰上の信念に基づく中国侵略政策批判の故に政治的災難にあった旧知の帝大少壮学者を慰問した、というエピソードである。

三　林献堂の「祖国事件」――なぜ林献堂は東京にいたか？

では、このエピソードは台湾現代史においては何を物語るのだろうか。林献堂が矢内原に贈った「深碧色のカットグラスの花瓶」は何を象徴するのだろうか。

それには、そもそも林献堂、そして蔡培火が一九三七年一〇月になぜ東京に居たのか、という点から見なければならない。当時の林献堂や蔡培火が置かれた状況も矢内原同様、あるいはそれ以上に厳しいものであった。

第一に、林献堂、蔡培火らが率いた台湾の右派民族運動全体が、三〇年代初めの左派の弾圧による解体の後、一連の挫折を強いられていた。既に触れてきたように、東京で林献堂と蔡培火が矢内原の石原莞爾への「激怒」を目撃してから五か月後の一九三四年九月、台湾議会設置請願運動は終に中止を余儀なくされた。林献堂らのこの譲歩といわば引き替えに一九三五年にはようやく地方自治制度が実施されたが、それは林献堂ら民族運動右派が一九三〇年以来台湾地方自治聯盟を結成して要求してきたものよりは遥かに制限の大きいものであった。

近藤正巳によれば、一九三五年四月に発生したジュノー号事件(3)をきっかけに台湾軍の植民地政治への介入が強まり、総督府はこれに屈服する傾向が強まった。在台日本人の間には武官総督待望論が強まり、実際に一九三六年末には予備役ながら海軍大将の小林躋造《せいぞう》が総督に就任した。そして、よく知られているように、小林は「皇民化」、「南進基地化」を高唱し、台湾でも戦時動員体制が敷かれていった。そんな中で林献堂ら台湾土着地主資産階級の政治勢力への圧力も強まり、前記台湾地方自治聯盟も蘆溝橋事件勃発直後の一九三七年七月一五日に解散を命ぜられてしまった。林献堂らの苦心惨憺の末一九三二年ようやく日刊新聞化を勝ち取っていた『台湾新民報』も、蘆溝橋事件勃発に先立ってその「漢文欄」の廃止を余儀なくされた。

第二に、蔡培火は失意と焦燥の中にあって、家族をあげて東京に移住していた。一九二〇年代より蔡培火は、民衆啓蒙のため台湾語ローマ字普及運動に熱心に取り組んでいたが、総督府はこれを認めず講習会の開催なども思うにまかせなかった。一九三一年より独自に台湾白話字(カタカナに似た字母で台湾語の音節を表現)を案出しその普及運動に取り組んだが、三五年春にはこれも断念せざるを得なかった。

また、植民地台湾人の立場から「文化上の祖国」中国と「政治上の本国」日本との「日華親善」を唱えていた蔡培火にとっては、満洲事変以来の日中対立の深まりも憂愁の種であった。一九三七年春、深刻化する時局を前に蔡は危機感を吐露する『東亜の子かく思ふ』の原稿を急遽書き上げ岩波書店に送ったが、刊行(七月一五日)直前に日中戦争は勃発してしまった。また、この間、前年より病床にあった妻呉素卿の病状が悪化、同書脱稿(五月三一日)後、六月一五日危篤の電報に接し急遽帰台したが、呉は七月二日死去した。『東亜の子かく思ふ』巻頭には同書を妻に捧げる七月五日付けの「献本の辞」が付されており、「愚夫培火泣記」と署名されている。

失意の末、蔡培火は翌月子女を伴い東京に移住した。矢内原事件の頃は、自身と家族の落ち着き場所を求めて奔走中であったと考えられる。そして、翌年杉並区高円寺に岩波茂雄を保証人として中華料理店「味仙」を開いてようやく生活の目処をつけたのであるが、この間一九三八年一月一八日『東亜の子斯く思ふ』の「反軍思想」の嫌疑で警視庁に検挙・拘留され、岩波茂雄や安部磯雄が奔走しその保証人となって不起訴処分となり、二月三日ようやく釈放されたのであった。矢内原事件の前後、矢内原の植民地台湾の親友蔡培火もまた公私ともに惨憺たる状況にあったのである。

第三に、林献堂は、軍部にそそのかされた日本人から暴力を振るわれていた。台湾史上のいわゆる林献堂「祖国事件」である。東京で二・二六事件が起こった直後の一九三六年二月二八日、林献堂は台湾新民報社主宰の華南視察団に参加して台湾を出発、厦門、福州、香港、上海などをまわって、四月一六日台湾に戻った。この間林献堂らは上海で元台湾新民報記者の謝南光（一九〇二〜六九）などの招待を受けて南洋華僑連合会の歓迎会に出席したが、林献堂がその挨拶の中で「林某が祖国に帰ってきた」と述べたと三月二一日付けの『上海日報』が伝えた。台湾史家何義麟は、台湾総督府「御用新聞」である『台湾日日新報』などの関連報道の内容から、林献堂の華南旅行における言動はすべて領事警察の監視下にあり、台湾総督府に報告されていたことが窺えるとしている。実際に林献堂は帰台後直ちに台北憲兵隊に召還され、調査が開始されていた。五月に入ると『台湾日日新報』がこの発言を引用して、林献堂が上海滞在中に反国体の失言があったとの非難を開始した。そして、六月一七日の「台湾施政記念日」（一八九五年のこの日、台北で台湾総督府が正式に事務を開始した）に事件は起こった。この日林献堂は台湾地方自治聯盟常務理事の楊肇嘉（一八九二〜一九七六）とともに台中公園で行われた総督府の紀念の園遊会に出席していたが、突然「愛国政治同盟員」を名乗る売間善兵衛という男から名刺と勧告文を渡され、上海での「失言」を謝罪し、すべての政治活動から身を引くことを要求された。男は即答を求め、林献堂が躊躇していると林献堂の頬を殴打した。同席した楊肇嘉が男を抱き留めて暴力沙汰はそこで止まり、男は台中警察署に一時留置されたが、まもなく釈放された。

矢内原忠雄は東大辞任を迫られた際も自己の身体や家族に直接攻撃を加えられることはなかったと回想しているが、植民地台湾の友人はそうではなく、総督府も一目置かざるを得なかった林献堂でさえ、気炎を上げる軍部勢力の前にその例外ではなかったのである。

前に触れたように、蔡培火と矢内原の言説同盟関係は、台湾土着地主階級を基盤とする台湾抗日運動右派が、総督府牽制や植民地自治要求への声援を求めてその培養を心がけた本国自由主義政治家、言論界、知識界人士との政治的同盟の一環を成すものだった。林献堂と矢内原の交遊もその文脈の中にあった。しかし、植民地にも及んだ戦争動員と超国家主義の嵐に先立って、まず左翼勢力が圧殺され、ついで、植民地政治への軍部の介入とともに、合法路線と当局との折衝、本国政界・言論界への働きかけを重視する運動スタイルを採っていた台湾土着地主資産階級を基盤とする抗日民族運動右派に圧迫の矛先が向かった。それとともに、矢内原と植民地台湾知識人の言説同盟も警戒の対象から敵視の対象となっていったと言える。植民地台湾における林献堂「祖国事件」と植民地本国における矢内原事件の相継ぐ発生は、台湾抗日右派と本国自由主義者の政治同盟を活動不能の状況に陥らせたのであった。矢内原忠雄の活動は宗教上のものに局限された。林献堂も結局は翌年一二月に帰台、詩作に韜晦するところがあったが、終に一九四一年四月に成立した皇民奉公会では同中央本部参与への就任を承知せざるを得なかった。蔡培火は、「味仙」の経営で何とか東京に家族とともに暮らす居場所を得たのであったが、依然「甲種要視察人」として警察の監視下にあった。そして太平洋戦争勃発一年余り後の一九四三年一月、政界のツテを得てようやく監視解除に成功し「味仙」をたたんで単身上海にわたってしまったのであった。

ただ、「祖国事件」に直接起因する林献堂の東京避難は、台湾軍部や総督府への間接的抗議の意義を帯びていたと考えられるし、矢内原事件後も個人雑誌『嘉信』による伝道活動を堅持していたことに見るように、矢内原もまた時局に屈していたわけではない。林献堂が矢内原に贈った「深碧色のカットグラスの花瓶」は、かくして、危難に逢着した政治同盟上の日台友人たちの気節を歴史的に紀念するものとなったと言えよう。林献堂について言えば、それはまた植民地自治を求め続けた植民地台湾人の誇りを、さらには林の士紳的気節を、象徴するものでもあったと言えるのではないか。

四　失意の再会——戦後の林献堂と矢内原忠雄

前述のように、林献堂は、日本統治下台湾社会においていわば「台湾筆頭社会領袖」として高い声望を有した。その彼が日本支配から解放された戦後の台湾政治において何らかの形で重きを成すべきことは自他ともに期するところがあったのは当然であろう。だが、現実はそのようには進まず、その後林献堂が東京に客死する結果となったことは、既によく知られている。一九四五年八月以降の激動の台湾政局の中で林献堂は極めて慎重に振る舞いながらも、陳儀台湾省行政長官に始まる国府の台湾施政に不満を募らせていったのであった。そして、林献堂は、一九四九年九月二三日持病の眩暈の診察・治療を名目に日本に渡ってしまった。ちょうど蔣介石腹心の陳誠台湾省主席（四九年一月就任）が農地改革に本格的に手をつけ始めた時期にあたる。

東京に居を構えた林献堂は、以後連合軍占領下における手続きの煩瑣をいとわず滞在許可の延長申請を繰り返し、さらに滞在を続けるために、連合軍総司令部（ＧＨＱ）に「政治難民」としての身分を申請して日本居留権を獲得する挙にも出ざるを得なかった。『林献堂伝』著者黄富三は「一個の植民地主義反対者が終に祖国と故郷を離れ、なおかつ政治難民の身分で〔かつての植民地支配国に〕居住権を得るとはなんたる皮肉であろうか」と慨嘆している。

そんな中、林献堂は一九五一年五月二七日に矢内原を東京・自由が丘の自宅に訪問している。前記「花瓶の思ひ出」に言う二回目の矢内原宅訪問である。矢内原はこの時新設の東大教養学部初代学部長の職にあり、翌年末には東大総長に選出されている。そして、激職にありながらも依然精力的な講演や聖書講義の活動を続けていた。

この再会については、林献堂日記には次のような記載があり、「花瓶の思ひ出」の記述を裏付けている。

（前略）呉振南十一時来る。午餐後余と〔林〕瑞池〔林献堂秘書〕とでその車に同乗し東京自由が丘に矢内原忠雄を訪ねる。彼は昭和十三〔十二〕年軍部跋扈の時期、日比谷で反戦の趣旨を講演し余は深い感銘を受けたことがある。彼は当時余が花瓶を贈って紀念していたことをなお覚えていた。余は日本国家将来の建設について尋ねると、彼は英国に学ぶべしとした。時局を談論すること数十分で辞去した。

（中央研究院台湾史研究所林献堂日記解読班より提供）

これと前引の一九三四年四月四日条の記述を対比してみよう。三四年の記述からは矢内原をしっかりと見据えて反応する林献堂の自信と気節にあふれたまなざしを感じることができるが、この記述からはそれを感得することはできない。自身の一回目の矢内原宅訪問が回顧されていることがその感を増す。かつて同じく日本軍国主義の圧迫に抗し「深碧色のカットグラスの花瓶」を以てその友誼の証とした二人であったが、その軍国主義が倒れた戦後の歳月において、片や其の処を得て意気軒昂、片やかつてその支配に抵抗した国の国土に自己放逐同様に起居する日々を送っていたのであった。

林献堂にとっては、「祖国事件」後の一九三七年五月からの東京滞在も台湾軍部の迫害に対する間接的抗議の意味があり、今回のそれも蔣介石政府に対する同様の意義を有していた。だが、台湾では陳誠が一九四九年五月一九日布告の戒厳令（一九八七年七月一五日まで続く稀に見る長期戒厳令となった）を背景に実施していった農地改革は着々と進み、陳儀施政下でもすでに政治的経済的打撃を被っていた林献堂をはじめとする台湾土着地主資産階級の経済的基盤を直接に掘り崩していた。林献堂らに狂瀾を既倒に反す力はもはやなかった。日本植民地帝国の軍事的冒険の失敗のような外部の僥倖もまた、朝鮮戦争勃発後米国が蔣介石側について台湾海峡に介入したことで望み薄となっていた。この再会は、矢内原の意気軒昂に対比するとき、林献堂にとってはかつて「花瓶」を贈ったことを想起する他にすべもない失意の再会であったと言えよう。ただ、林献堂は帰台の誘いと意に沿わぬ忠誠表明のパフォーマンスとを拒否することによって辛うじてその気節を保持していたとも言える。

五　むすびに代えて——二つの苦い別れ

最後に、矢内原忠雄と林献堂のこうした失意の再会の台湾現代史的意義は、あと二つの別れ、それも苦い別れの場面を見ないと浮かび上がらないかもしれない。

前引日記一九五一年五月二七日条に記されている、林献堂と矢内原自宅に同行した呉振南とは、台湾独立運動家で、当時廖文毅（一九一〇～八六）らの「台湾民主独立党」の「経済主任」であった。二・二八事件後香港で謝雪紅らとともに「台湾再解放同盟」を組織していた廖文毅は、謝雪紅（その後解放区に入り台湾民主自治同盟を組織し中華人民共和国設立に参加した）と袂を分かち、一九五〇年春香港から日本に潜入、「台湾民主独立党」を組織して活動を開始していた。この時日本にはすでに林献堂が滞在しており、廖らのグループは林に様々に働きかけたのであった。

これに対する林献堂の対応は、彼らと往来はするがその誘いに応じて独立運動に参加したり支援したりはしない、というものであった。したがって、国府に対しても表だって批判することもなく表面上は良好な関係を保つよう努めたのであった。しかし、前述のように林にとって帰台しないことは間接的抵抗であり、国府にとっても「台湾筆頭社会領袖」が訪日して帰国せず、かつ独立運動人士と往来して様々な噂が立つことは不都合であり、万が一林献堂が独立運動に正式に加わるとさらに厄介であった。そこで、一九五三年以後帰国説得工作が開始された。同年八月以後、林と交遊のある監察委員の丘念台、情報局の鄭介民、厳霊峰らが入れ替わり立ち替わり林宅を訪れ、米国に亡命した李宗仁や「台湾独立党」も含めて「大陸反攻」の「統一戦線」を組もう、あるいは「反共救国大会」を開こうといった話を持ちかけては林献堂に帰国を迫った。黄富三によれば、これらの工作の背後には蔣経国がいて、丘らはそのことも示唆しつつ働きかけたのであったが、林献堂は応じなかった。一九五五年七月には次男の林猶龍（一九〇二〜五五）が彰化銀行董事長在職中に台湾で死去した。林献堂には大きな精神的痛手であったが、しかし悲痛をこらえて帰国しなかった。

国府の最後の手段が蔡培火による説得であった。蔡培火は、前述のように一九四三年から上海に単身移住していたが、四五年日本敗戦の報を聞くと重慶に赴き中国国民党に入党、四六年台湾に戻り、五〇年に陳誠内閣が発足すると行政政務委員（無任所相）に任ぜられ、五六年までその地位にあった。

廖文毅らが一九五五年九月一日に「台湾共和国臨時政府」の成立大会を開催するなど、日本での台湾独立運動が活発化したのがその直接の契機であったようだ。同月一三日蔡培火は厳家淦、張群、丘念台らの書簡を携えて来日し、頻繁に林宅を訪れては説得を試みた。一〇月一四日、林献堂はその執拗な来訪に耐えかねて終に本心を明かした。日記には次のように蔡に述べたと記されている。

危邦に入らず、乱邦に住まず。かつての聖人の教訓を忘れることができようか。台湾は危邦であり乱邦であり、入ることも住むこともできない。危邦たり乱邦たるのみならず法律が無く、蔣氏に生殺与奪の権が委ねられている。余が帰国すれば籠の中の鳥となるのと変わらない。

林献堂は、時の台湾を蔣介石独裁の、法治に欠ける「危邦」「乱邦」である、と断じたのである。蔡培火はこれで説得をあきらめざるを得ず一一月に帰国した。四〇年来の植民地自治運動の同志の、脱植民地化後の苦い別れであった。

林献堂は一九五五年一〇月三一日を最後に日記をつけなくなった。翌年一月心臓の衰弱と呼吸困難で入院したが回復の兆し無く、病状悪化の報に急遽来日した夫人楊水心に看取られて九月八日東京久我山の居宅で死去した。享年七五歳。林献堂は長男林攀龍が携える遺骨となって九月二一日台北松山空港に帰着した。

遺骨となっての帰台は、林献堂が日本軍国主義に対しても蔣介石政権に対してもその気節を守り通したことを示していると言えよう。しかし、現実政治においては大勢の赴くところを如何とすることも出来なかった。林献堂と蔡培火の東京での苦い別れと林の遺骨となっての台湾帰還は、台湾土着地主階級勢力の遅れてきた政治的死亡通知であったと言えよう。

ところで、蔡培火の苦い別れは、林献堂との間にあったばかりではなかった。植民地期の言説同盟上での友人であった矢内原忠雄との間にもあったと見ることもできる。

蔡培火は、『矢内原忠雄全集』の月報に寄せた回想の中で「八年前に旧交を温めた我々両人の間に、親切にして厳粛であった問題の一つに就き意見の交換がありました」と述べている。林献堂帰国説得の訪日に際して蔡培火は当然ながら矢内原を訪問している。その際の談話の中で両者は「日本の再軍備という大問題」で意見を異にしたのであった。蔡培火によれば、それが矢内原を戦後台湾に迎えられない理由であった。蔡の回想に曰く、

それは日本の再軍備という大問題であり、私は遠慮なく矢内原様に対してその再軍備反対のご意見に同意を肯じませんでした。私は戦後何回か矢内原様を台湾に迎えて台湾の同胞と共に矢内原様に感謝し、お慰めを致したかったのであったけれども、その日本再軍備反対の御意見が余りにも強かったので、周囲の事情が許さず、その為私の心願が果たされませんでした。

また蔡培火によれば、矢内原の論拠には二つあり、一つは「日本人は幸か不幸か東亜戦争で徹底的に戦争の非人道であることを教えられた」こと、二つめは「戦後の日本国民は困苦の深淵に落ち込んだのであって、再軍備の為めその生活恢復の力を割」くべきでなく、また「日本旧軍閥の復活で、若しや罪なき日本民衆を再び苦しめることがあってはと恐れる」からであるというものであった。ただ、これだけで矢内原の台湾再訪の決定的な政治的障碍になるとは考えがたい。蔡培火の当時の政治的考量の全体を推量するのは困難だが、矢内原の台湾の親友をして再訪は無理だと思わせたのは、おそらく蔡培火が記すところの次のような矢内原の「共産国家」についての見方であったと思われる。

共産国家は軽々しく戦争をしかける筈はなく、現在の共産国家は当時の日本軍閥とは違い、その思想見

識において日本の軍閥に比べて、数段も上手《うわ》でありますから安心しなさい。当分の間戦争はありませんよ。我々の信ずる神様は必ずや何かの方法で、共産国家が意識するとしないとに拘わらず、政策の修正を促がし戦争忌避の途を教えられるであろう。

中華人民共和国と全面的に対峙し「反共復国」を国是とする政権の国務大臣としては、こうした「容共的」発言が矢内原の口から出てしまっては、その台湾訪問をアレンジするわけにはいかなかったのであろう。もちろん、当時多忙を極めていた矢内原故にこうしたことだけが原因だったとは考えられない。ただ、推定できるのは、おそらくこの日に蔡培火の認識の中でそのことがはっきりしたということだろう。

この直後に来る林献堂との別れがかつての植民地自治運動・抵抗運動の同志との政治的決裂とも言い得るものであったとするなら、矢内原との別れは、戦後東アジアの国際政治の激動がすでに二人を分かっていたことをほろ苦く確認する別れであったと言えよう。日華関係史の文脈で見れば、同じく国際的反共陣営にあったとはいえ、冷戦の前哨基地としてより深く冷戦にコミットすることを余儀なくされた台湾の中華民国と、戦後改革を経て共産党の存在を容認する民主体制となっていた日本との間には、一定の距離が生じていたのである。

日台関係史の文脈でいえば、それは、植民地自治運動の言説同盟の、これまた遅れて届いた死亡通知であったと言えようか。矢内原忠雄の日本現代史上の役割は、その戦後の側面において台湾人と交わるところが無かったのである。ただ、矢内原、林献堂、そして蔡培火が確かにともに眼にしたであろう「深碧色のカットグラスの花瓶」が「暴風雨の時期」（葉榮鐘の語）の日台友人の気節を象徴したものであったことは、われわれの記憶に留めて良いであろう。

注

（1）竹林事件とは、いったん官有地とされた後一九〇九年に三菱合資会社に払い下げられた台湾中部の広大な竹林をめぐり台湾総督府・三菱側と台湾人縁故使用者との間に明治末期から大正末期にかけて続いた紛争を指す。

（2）朴錫胤は、一八九八年朝鮮全羅南道生まれ。一九二二年東京帝大法学部卒、朝鮮総督府在外研究員として英ケンブリッジ大学留学後、一九三〇年総督府御用新聞『毎日申報』副社長、満洲事変後には一時間島地域に朝鮮人の自治を唱える親日団体「民生団」結成を画策した。一九三二年に毎日申報社退社後ジュネーブ一般軍縮会議日本代表団随行員になった際に石原莞爾と知り合いその東亜聯盟論に共鳴した。その後「満洲帝国外交部嘱託」などの地位に就いたことがある。戦後は朝鮮戦争勃発前に北朝鮮で「民族反逆者」として処刑されたと見られる（水野直樹、一九九六）。

（3）オランダ籍タンカーが海難を避けるため澎湖諸島の軍港でもある馬公港に寄港したことを在台軍部がスパイ行為として断罪しようとした事件。

参考文献

日本文

安倍能成『岩波茂雄伝』岩波書店、一九五九年

何義麟「台湾知識人の苦悩――東亜共栄協会から大亜細亜協会台中支部へ」松浦正孝編著『昭和・アジア主義の実像――帝国日本と台湾・「南洋」・「南支那」』ミネルヴァ書房、二〇〇七年

川島真・清水麗・松田康博・楊永明『日台関係史 1945–2008』東京大学出版会、二〇〇九年
駒込武「在台軍部と『反英運動』――ジュノー号事件を中心に」松浦正孝編著、前掲
蔡培火『日本々国国民に与ふ――殖民地問題解決の基調』東京、台湾問題研究会（代表楊肇嘉）、発売元岩波書店、一九二八年
蔡培火『東亜の子かく思ふ』岩波書店、一九三七年
蔡培火「神の忠僕矢内原忠雄先生を憶う」南原繁他編『矢内原忠雄――信仰・学問・生涯』岩波書店、一九六五年
陳茂源「大森の家庭集会の頃」同前
水野直樹「在満朝鮮人親日団体民生団について」河合和夫他編『論集 朝鮮近代史 姜在彦先生古稀記念論文集』明石書店、一九九六年
矢内原忠雄『帝国主義下の台湾』（一九二九年、全集②）
矢内原忠雄「花瓶の思ひ出」（一九六〇年）葉榮鐘編『林献堂先生紀念集 巻三 追思録』台中、林献堂先生紀念集編集委員会、二三頁（執筆日付一九五七年一月）
矢内原忠雄『矢内原忠雄――私の歩んできた道』日本図書センター、一九九七年（原著は東京大学出版会、一九五八年）
葉榮鐘「矢内原先生と台湾」南原繁他編、前掲

中文
許雪姫総画策『台湾歴史辞典』台北、遠流出版、二〇〇四年
黄富三『林献堂伝』台中、国史館台湾文献館、二〇〇四年
葉榮鐘「灌老与矢内原先生的交誼」台中、晨星出版、二〇〇〇年、一一七～一二一頁（原著は葉榮鐘『小屋大車集』台中、中央書局、一九六七年、所収）

林献堂(許雪姫主編)『灌園先生日記(二)一九二九年』台北、中央研究院台湾史研究所籌備処、二〇〇一年
林献堂(許雪姫主編)『灌園先生日記(四)一九三四年』台北、中央研究院台湾史研究所籌備処、二〇〇四年
林献堂(許雪姫主編)『灌園先生日記(九)一九三七年』台北、中央研究院台湾史研究所籌備処、二〇〇四年

＊本章は、若林正丈「矢内原忠雄と植民地台湾人——植民地自治運動の言説同盟とその戦後」(『ODYSSEUS(東京大学大学院総合文化研究科地域文化研究専攻紀要)』第一四号、二〇一〇年)を改稿したものである。

南洋群島研究

今泉裕美子

一　はじめに

日本統治下の南洋群島(1)に関する研究は、近年日本でもようやく関心が向けられつつあるものの、日本の他の植民地に関する研究に比べれば極めて少ない。こうした研究状況において、矢内原忠雄の『南洋群島の研究』（岩波書店、一九三五年）及び関連する南洋群島関係論文は、一九三〇年代初頭の南洋群島の実態を記録している点で、またその分析方法において、南洋群島研究史のなかで主要な位置を占める。それは、後述のような限界をもちながらも、矢内原の植民政策研究に共通する特徴を有することにある。すなわち独自の植民及び植民政策研究から導かれた視点や方法、経済学を中心とした学際的な分析、文書史料、フィールドワーク、理論研究とを組み合わせた分析、さらには日本の同化政策及び軍国主義批判である。さらに南洋群島の研究には、本論で述べるように、植民史から導かれた第一次世界大戦後の国際関係分析、「未開」すなわち「自然経済段階」とみた現地住民の「近代化」、さらには日本人移民における「沖縄問題」など、矢内原が特に関心を寄せた対象があった。

矢内原の南洋群島に関する論考について、近年の評価では彼の植民及び植民政策研究に対する批判の延長線上で[2]、あるいは、矢内原が現地住民や沖縄出身者に対して与えた評価について、その限界性が指摘されてきた。こうした批判は、矢内原が、戦前日本における日本の植民及び植民政策における「同化主義」の数少ない批判者であったこと、戦時に軍国主義批判を行って大学の職を追われ、しかしキリスト者、研究者として一貫した言動を保ったこと、などから矢内原の研究を肯定的に捉える評価を相対化する意味をもつ。南洋群島の分析に関してみれば、矢内原が沖縄出身者を「文化程度低き沖縄県人」と評価したことは、戦前日本の言論人に象徴的に示された沖縄認識の問題として、すなわち沖縄出身者を「日本人」への同化にせめたてていった日本の「帝国意識」の問題として指摘されてきた[3]。また、矢内原が台湾や朝鮮の植民地統治に対してとった評価とは異なり、日本の南洋群島委任統治に対して「肯定的」評価を与えたことについては、植民地への資本主義拡大作用の肯定、つまり「民族」が「未形成」とみなした現地住民に対して、文化相対主義的な立場をとりながらも、日本統治を「文明の担い手として」捉えたからだ、との分析がある[4]。

右のような矢内原の研究を相対化する業績から学びつつも、筆者は特に南洋群島の研究については、第一次世界大戦という人類が初めて経験した総力戦がもたらした国際関係の変容、その後の日本の大陸侵出、対米開戦、敗戦をめぐる国際関係の中で、矢内原の研究の次の三点を検討すべきだと考える。それは第一に、第一次世界大戦後の世界を分析するうえでの国際関係研究と地域研究の方法として、第二に南洋群島に関する「民族学」研究に加えた「社会的経済的」分析として、第三に南洋群島におけるキリスト教と「近代化」の関係、である。本章では、第一の点に焦点を合わせることとし、矢内原の南洋群島研究が、同氏の植民及び植民政策研究のなかでどのような特徴をもつかを、次の事項を中心に考察する。すなわち、南洋群島の研究が行われた満洲事変以後の時代状況のなかで、また、矢内原の植民及び植民政策研究から導かれた第一次世界大戦後の国際関係研究の文脈で、そして当時の南洋群島をめぐる国際連盟常設委任統治委員会（以下、常設委任統治委員会と略）での議論および現地の実態との関係において、である。

二　設定された課題と研究の方法

矢内原が南洋群島の研究に具体的に取り組んだ契機は、一九三二年五月に日本の太平洋問題調査会から依嘱されたことにあった(5)。同会が共同研究項目の一つにあげた「太平洋に於ける属領並にその住民」の研究を依頼してきたのである。そこで矢内原は研究の主眼を、「日本の植民政策の下に於て島民の社会的経済的生活の近代化過程が如何に進捗せるかの問題に置き」、また日本による南洋群島統治の特徴を、一方では「日本人の発展による南洋群島の開発との関係に於て」、他方では「日本の前任者たる独逸時代との比較に於て」明らかにしようとした。さらに面積狭小であり、自然条件が良好でない南洋群島は、「植民地政策の功過を一層明瞭ならしめる」と考え、日本の植民地統治や移民の存在を、南洋群島の植民地化の歴史的経緯のなかで捉えようとしたのである(『南洋群島の研究』、③三〇〜三一)。

矢内原は手始めの調査として、現地住民の生活状態を知るために、官庁、学校、病院、教会などに「質問書」を送ったことを紹介している(本質問書の内容については四節で述べる)。矢内原はさらに、南洋群島の現状を自ら調べる必要性を、政府の現状報告資料と「民族学」研究の次のような限界から説明した。それは、前者は現地住民固有の社会組織について「殆ど得るところが無」く、一方、現地住民固有の社会組織を説明する後者は、「島民生活の社会的経済的意義を明らかにするに足りない」からであった。いいかえれば、両者とも、固有の社会的経済的制度が崩壊し、近代化してゆく過程を説明していないからだとした。矢内原による南洋群島の研究は、民族学の研究に多くを負うており、なかでも日本統治に先立つドイツ統治時代の研究、欧米の研究からの引用が多い。矢内原は、これらの研究書に依りながらも検討を加え、現地住民の風俗、習慣に固有、あるいは古くから不変とみえる特徴すら、スペイン以来の「近代化」の過程を経てきたことにむしろ着目すべきだと考え、現在の特徴を表している「社会的経済的意義」を探ろうとした。

しかし矢内原は、質問書送付による調査にも満足できず、現地調査に向かうことになる。当時、横浜から南洋群島の玄関口といわれたサイパン島まで、直航便で約一週間かかった。さらに東西の広がりが樺太から台湾までを包み込む距離をもつ南洋群島で、サイパン、パラオ、ヤップ、トラック、ポナペ、ヤルートの六支庁所在地を訪れるだけでも大変な時間がかかる。矢内原によれば、本務を長期間留守に出来ないことから、「やうやく」一九三三年の夏季休暇を利用して南洋群島の「主要島を一巡」し（一九三三年七月三日〜九月一六日）、翌三四年はヤップ島を中心に調査した（一九三四年六月二四日〜七月三一日）。一回目の二か月半の調査では、その半分が航海に費やされ、二回目の調査では約四〇日のうち、ヤップ滞在は僅か二週間であった。

矢内原は天候不良やデング熱にかかった時など以外は、毎日精力的に島内各地を訪れ、支庁所在島周辺の離島にも出向き、あるいは島嶼間を移動した（『南洋群島の研究』「附録 南洋群島旅行日記」、「附録ヤップ島旅行日記」、全集③）。交通手段、宿泊所の準備、案内は、もっぱら各支庁、病院、警察など南洋庁関係機関や南洋興発（株）などの手配によった（矢内原忠雄より妻恵子への私信（一九三三年七月一五日付、南洋サイパン島ガラパンにて）、㉙一〇三）。以上の調査の様子をみると、台湾は「裏玄関」からの調査と特徴づけられたのとは対照的に、南洋群島では「表玄関」からの調査という印象を受ける。(6)それでも、外国人及び日本人のキリスト教宣教師からはキリスト教による「近代化」の実情を、また日本語よりドイツ語に慣れている現地住民からはドイツ語で聴き取りをし、(7)ドイツ統治時代との比較において日本統治の実情を探ろうとした。

『南洋群島の研究』の執筆は、二回目のヤップ島調査より戻ってから着手された。しかしそれは「意外に困難」で「尠《すくな》からず労苦と時間」を投じたという。つまり稿を何回改めてもなお不満足であったが、さらなる現地調査を行わない限り必要な情報は得ることが出来ないとし、「止むを得ずここに筆を収め」た。矢内原は現地調査の不足が分析を不十分にしていることを気にかけており、「社会的政治的研究」における時間をかけた現地調査と記録の必要を強調した(「南洋群島の経済」、全集⑤一八一〜八二)。

さて、矢内原の南洋群島研究を、これが行われた時代状況のなかに置いてみると次のようなことが指摘できよう。すなわち、太平洋問題調査会から研究を委託された一九三二年五月の約五か月後には、国際連盟で「満洲事変」に関するリットン報告書が公開され、翌三三年三月に日本は国際連盟脱退を通告した。一方、南洋群島では、一九三二年に南洋庁が施政一〇周年を迎え、南洋庁はこの間の第一の成果として、経済の著しい発展を高く評価していた。しかし対現地住民政策については、彼らが「一般に天恵の資源に馴れ、衣食に労さるゝ事薄い為に貯蓄心に乏しく、且つ勤労の念に欠けて居る」ため、これを「適当に指導し、同化、向上させるには尚幾年かの将来を待たねばならない」との認識をみせていた(8)。国際連盟からの脱退が正式に発効する一九三五年までの日本では、脱退後も南洋群島委任統治は継続可能なのか、をめぐり議論が高まっていた。そもそも日本の領土ではないこの地域を「領有せよ」との強硬な声もあがり、海軍を中心に政財界では、「陸の生命線」満洲に対して南洋群島を「海の生命線」と呼び、軍事的重要性を国民に喧伝し始めた。その声は、ロンドン条約、ワシントン条約が失効する「一九三五、三六年の危機」、「非常時」が叫ばれるなかで、一層強くなり、一九三六年には「国策の基準」において南方への進出が初めて国策に掲げられた。

矢内原があえて太平洋問題調査会の了承を得て、『南洋群島の研究』(一九三五年)を日本語版として、英語版(初版一九三九年)よりも先に刊行したのは、以上のように日本が太平洋において軍事的な緊張を高めていったことが背景にあった。研究と政論との間に厳しい緊張関係を持つべきとの姿勢をとっていた矢内原であったが、「事実関係の分析は問題の所在及性質を明瞭に指摘」するものであり、さらに歴史的な経緯を踏まえた政策分析の重要性、つまり「今日及将来の政策を決定するものは過去及今日に於て現はれたる事実及事実発展の方向」であり、その点での研究の意義を述べている（『帝国主義下の台湾』「序」、全集②）。『南洋群島の研究』は、国際連盟脱退後の日本の南洋群島及び太平洋政策について、矢内原が指し示した将来の「事実発展の方向」であった。これを裏づけるのは、矢内原が日本の南洋群島政策について『南洋群島の研究』以外にも、積極的に執筆し講演したことである。その一例として、政治学者蠟山政道《ろうやままさみち》との論争があり、矢内原は日本による南洋群島統治継続についでは蠟山と意見を一致させたものの、蠟山が主張した「太平洋唱覇—国際平和機構の利用—未開土人に対する善政」という「新南洋政策」を厳しく批判し、委任統治制度のもとでの日本の統治継続を主張した(9)。

三　植民史からみた委任統治制度の意義

矢内原が委任統治制度を肯定的に捉えたことを、植民地支配による「文明化」を肯定したとの文脈からのみ批判することについては、矢内原が第一次世界大戦後の国際関係をいかに分析したか、から検討する必要があろう。

矢内原は第一次世界大戦後の国際関係を、有史以来初めて「全地球が一の世界経済世界政治の体系中に包括連結せられたる事実」が示された、と捉えた。(10) そして戦後の特徴は次の三点にあるとした。第一は、植民地保有国からドイツが脱落し、アメリカの影響力が強化したこと、しかしなお複数の独占資本主義的帝国が競争的に並立し続けていること、第二は新興資本主義国としてアメリカと日本の国際的地位が向上し、世界政治、経済の主導権が大西洋からアメリカに移り、また日本、濠州、中国に囲まれた太平洋が世界経済、世界政治の「新進舞台」となりつつあること、そして第三が、帝国主義国同士の関係が「帝国的結合の維持を計りつつも植民地民族運動のためにその変質を余儀なくせられ、又帝国的独占経済政策を実行しつつも相互的排他闘争の苦痛のために自らその価値を疑問とせざるを得ざるに至」ったことであった。矢内原は特に第三の特徴を重視し、その具体的な表現として国際連盟、なかでも委任統治制度に着目した。同時に、太平洋という地域が国際関係における新たな権力政治の場になるとみた。

委任統治とは、第一次世界大戦の戦勝国が敗戦国の領土等の「近代世界ノ激甚ナル生存競争状態ノ下ニ未タ自立シ得サル人民」に対して、「文明ノ神聖ナル使命」を掲げ、当該地域住民の「福祉及発達」をはかるため、国際連盟に代わって自立までの後見人として統治を行うものである（国際連盟規約第二二条）。(11) つまり、従来のように戦勝国が敗戦国の支配地域を当然の権利として分割、領有することが否定され、帝国主義国側が民族自決を尊重する旨を標榜せざるをえなくなったのであった。それでも矢内原は、委任統治制度が戦勝国間の併合主義と非併合主義の妥協の産物であり、実質的には植民地獲得の新形態に他ならない、とみていた。それは、帝国主義時代の植民地政策が、交易に代わって投資による資源開発を必要としたために、現地住民人口の保存、生産力の発達を目指さざるをえなくなったにすぎず、資本家的植民政策の基調は今なお「白色資本と有色労働との結合」にあったからである。よって委任統治制度が掲げる現地住民保護は、資本の「非開明的搾取」に反対するものではあっても、「合理的搾取」を必ずしも否定するものではないとみた（「植民政策より見たる委任統治制度」、①④一八八）。そのうえで、委任統治制度が次のような内容をもつに至ったことを重視する。それは、①国際条約として義務づけたこと、②国際連盟の下に統治が監督されること、③陸海軍根拠地などの建設を禁止することで非侵略を掲げたこと、④通商の機会均等を保障することで帝国主義国の排他的独占支配に対抗していること、さらに⑤植民地統治を永続させるとせず自立を標榜したこと、である[12]。これらの取り決めは、植民政策の歴史を辿ればともかく一紀元を画したものだとされた。

したがって、第一次世界大戦後の国際連盟、委任統治制度が成立した事実は、「帝国主義国と雖もかくの如き主義制度を採用せずんば世界経済世界政治の合理的なる発展」が出来なくなったこと、つまり帝国主義諸国が「国際協調」に向かわざるをえなくなった変化を示すものであった。矢内原はここに世界政治、世界経済の発展の契機を見出そうとしたのである。また「委任統治精神（trusteeship）」については、太平洋問題調査会に関わったロバーツ（S. H. Roberts）の文章を引用し、ヨーロッパ人の「自己満足」というよりは「自己非難」であることを強調している。すなわち、ヨーロッパ人が過去数世紀にわたって現地住民を無視、蹂躪して加えた「過去の怠慢を贖」おうとするものにすぎず、それでも過去の蛮行は償うことは出来ないとした（「未開土人の人口衰退傾向について」、④二五六〜五七）。こうした「自己非難」は、帝国主義下の植民地政策に文化政策が採用されつつある現実にも見て取れるとし、現地住民保護がもはや「慈善」ではなく「償ひ」としての側面ももつ点からも評価しようとした（「植民政策における文化」、⑤三二四）。

四　現地住民の「近代化」に関する分析

南洋群島の研究の主眼にすえられた現地住民の「近代化過程」の分析には、矢内原が解明すべきとした現地住民の「社会的経済的」な特徴をいかに分析するかが鍵となる。矢内原は、南洋庁の説明に象徴されるような、現地住民の身体、性格、生活様式の「現状」から特徴づける方法はとらなかった。むしろ、これらの特徴をスペイン以来の植民地支配の歴史の中で形成されたものとして説明した。この説明には、文化的発達の差異を「歴史的環境の影響」から分析したとして、アメリカの文化人類学者ボアズ（F. Boaz）の論も参考にしていることは興味深い（「未開土人の人口衰退傾向について」、④二五七〜五九）。

南洋庁の説明[13]によると、南洋群島の「種族」は人類学上の総称として「ミクロネシア」族であるが同一の言語、風俗をもたず、「チャモロ」族と「カナカ」族[14]に大別される。チャモロは主にマリアナ諸島に集住し、「性温順勤勉」で「容貌風姿稍」カナカに勝り、スペイン時代からのキリスト教の教化により衣食住も「比較的進歩」していることにおいてカナカとは「殆ど其の趣を異に」し、上流者は洋風の住宅、洋装など「寛活なる文化的生活」を営むとされた。一方、カナカは、「性温順」で「快活」だが、「天恵の余沢に享楽し、極めて懶惰」、労働を嫌い、「事物への研究執着なき弊」があり、「文化の程度亦低く」、未だ原始的状態を脱していない者が多い、と説明された。カナカは現地住民人口の約九割を占めた（一九三二年時点）。

矢内原は現地住民について、人類学者長谷部言人《ことんど》による形質上の分析を引き、南洋群島の「一島に数型を包含すると共に、同一の体型は全島に亘り見られ」るとして、チャモロとカナカとは「元来人種的区別ではなく」、またチャモロ以外の人々が多いカロリン諸島、マーシャル諸島の人々をカナカという「一人種」に統括できないとした。つまり、チャモロとカナカの人口の増減や心理的傾向を「人種的原因」から説明することは不適当であるとした。しかし「社会的見地」からは、この区別を有用とみた。それは、ヨーロッパ人との接触による変化の現れ方の違いを示すという観点からである。すなわちチャモロは一六世紀以来の接触で固有の氏族的社会制度を全く喪失し、スペイン人などとの混血が進み、「近代化」されているのに対して、カナカは一九世紀からの遅い接触であり、ヨーロッパ人との混血も少なく、固有の氏族的社会制度が残存して、自然経済から脱していないとした。ヨーロッパ人との接触の度合いによる区分を有用としたうえで、矢内原はしかし、カナカが一般に「無気力懶惰」と非難されることについては、人種的自然的性質に基づくのではないとの別の分析を示した。それは、植民地化以前の彼らはカヌーでの遠洋航海、戦闘や祝祭舞踊にみるように活動的、精力的であったが、植民地化により社会が破壊され秩序を失ったからというものである。また生活資糧の獲得が容易いため労働が不要で、それが外来者から「懶惰」と観察されたからだとした。むしろ、カナカは「従順にして勤勉なる労働能力の所有者」であり、体力も日本人に勝るが、ただし一般的に「文化程度低く、智能に於て未開発」で栄養不良、疫病による健康障害があるため、労働力供給者としては人口、質的に期待出来ないとした（『南洋群島の研究』、③二七～三〇）。

人口減少問題　矢内原が現地住民の社会的経済的諸関係の「近代化」を研究するにあたり、氏族社会の変化と貨幣経済化に着目したことは既に指摘されている。[15] 本章ではさらに、矢内原が現地住民人口の減少と教育に焦点を合わせたことに着目し、その意味を考えたい。

この二分野は、矢内原が現地調査前に南洋群島に送付した「質問書」[16]の対象であり、それにはこれらが常設委任統治委員会にて日本の南洋群島統治をめぐる主要な議論の対象になっていたことも理由にあったと推測される。[17]

すなわち人口減少は特にヤップ島について、一九二七年から常設委任統治委員会で大きく取り上げられていた。日本政府は、南洋群島統治の柱として教育、医療・衛生、経済資源の開発の三分野をあげ、自らその実績を強くアピールしてきた経緯もあり、日本統治の影響ではないとの主張を続けていた。この主張には、アイヌなどを例に、優劣両民族が接触すると「適者生存ノ原則」から劣等人種が漸減することが「自然ノ勢トシテ免レ」ない、との前提があった。[18]

日本政府の説明に対し、矢内原は現地調査に赴く前に「未開土人の人口衰退傾向について」（全集④）を発表し、次のような批判を加えている。それは人口減少の原因を「種族的素質」に求めるのではなく、過去の歴史的影響の累積から分析すべきだというものである。よって人口減少は日本統治のみの責任ではないと主張することは差支えないが、しかし依然として減少している事実については、日本統治による社会的経済的理由を解明すべきだという考えであった。

よって、第二節で紹介した、南洋群島に送付（一九三二年八月）した「質問書」には、住居の構造や生活実態、食事、結婚や性交など風俗習慣に関する事項に加えて、次の質問事項が設けられていた。それは、「新文明」との接触による現地住民の精神的物質的生活の急変、及び、スペイン以来、統治国が頻繁に変更したことの影響、の二項目である。矢内原の取材ノートには、チャモロでは「上流」家庭と「下層」家庭、カナカでは各島嶼ごとに住居を訪ね、構造、家族構成、生活実態に関して、詳細な情報収集を行った記録がある（取材ノート「南洋群島旅行」、全集㉓）。

最終的には『南洋群島の研究』には次のような分析と提言が載せられた。それは、現地住民人口の減少は、欧米人の渡来以後の「近代化」から始まったことであり、よって現在に至っては近代化の阻止、復古に向かうのではなく、「近代化の過程の正当なる進捗」をはかることが好ましい、というものである（『南洋群島の研究』、③三九五）。

この意見は、現代世界を規定する帝国主義が人道主義ではなく、よって現地住民人口の保護は、支配国資本に有利である功利主義において行われる、という認識に基づく次のような見解に裏づけられる。それは、「現実国家の現実植民政策としては」現地住民人口の保護は徹底できず、個人の理想、人道的行動においてのみ保護の徹底は成立するというものである。よって国家が利害ぬきの保護政策をとるには、「国家そのものの飛躍」が必要となる。さらに現在「未開土人たる者」が「将来世界文化の担当者」となるとは考えられないことから、「文化が搾取でなきものとすれば」現地住民の保護は「世界文化の担当者たる民族の使命」だとする（「未開土人の人口衰退問題について」、全集④、以下同論文に依る）。

つまり矢内原は、帝国主義支配の現地住民に対する「破壊的影響」の過程、帝国主義の過酷な功利主義を指摘するほどに、「未開土人」に対する「文明」の側からの「近代化の過程の正当なる進捗」（強調は引用者）を強調する。よって委任統治は、帝国主義国の現地住民政策に関する「飛躍」の契機としてより肯定的に捉えられた。また、日本が南洋群島で同化による「文明化」を主張し、実施していたことに照らせば、南洋群島ではスペイン統治以来キリスト教による「文明化」が進められ、これを前提に日本の政策に再考を促そうとする意向もうかがわれる。

さらに特徴的だと考えられる分析は、矢内原が日本時代の人口保護政策をドイツ時代との関係性とその相違から検討したことにある。すなわちドイツは、スペインが統治の主眼をカトリックによる教化に置いたのとは異なり、経済開発にそれを置いた。そこで労働力として現地住民を賃金労働者にする必要が生じ、直接間接の強制を加えることが不可避となった。しかし同時に、移民を導入しない投資植民地では、現地住民の生産力や購買力を育成、発展させる必要もあり、人口保護政策を採用せざるをえなくなったのである。日本はドイツ時代の諸産業を継承しているが、矢内原によると、ドイツと決定的に異なるのは、日本人と日本商品の大量導入による経済開発が始まったことであった。つまり、ドイツのように現地住民の「近代化」に、国家権力を直接加える必然性がなくなったことが、日本統治の特徴だとする。これは、日本官吏が、現地住民に対して人種的偏見が少なく、「比較的親切」に対応しているとの評価にもつながった。この評価は現地住民からの証言に基づくが、そのほかに、フランスやドイツによるアフリカでの現地住民虐殺、ドイツのミクロネシア統治における労働の強制性と比較して与えた評価であった。以上のような理解が次の二つの提言となった。

その一つは、委任統治としての現地住民人口の保護である。それゆえにいま一つは、その方法として国家権力を用いての直接的な干渉をしないことである。矢内原は現地住民人口の減少の最大の原因として「人種的原因」ではなく、衛生の問題、それも貧困に起因する問題があることを指摘した。現地住民が自然条件のなかで選び取った裸体がむしろ理にかなっているとし、衣服を着用することのみが強制され、洗濯や買い替えを行わない、あるいは貧困のためにそれが出来ないことの問題を指摘した。よって「貧困」を解決する重要な分野として、教育の内容と方法が問われることになる。そして強制的な干渉政策を用いないためにも、社会群同士の接触に基づく「文明化」作用、すなわち第五節で論じる沖縄出身者の「文化程度」が問題にされるのである。

教育　教育について、常設委任統治委員会では、日本が設けた公学校での教育に関心が向けられ、就学率の高さが評価された一方、日本語及び修身に偏重することの適否が繰り返し議論されていた。日本政府は日本語教育の重視を、一つには行政を円滑に進めるため、二つには、島嶼ごとに異なる言語をもつ現地住民に「共通語」を与えるため、有用であると譲らなかった。矢内原は、南洋群島での教育が台湾、朝鮮と同様に「日本語」(『南洋群島の研究』では「国語」と表記)の教授に殆どの力を注いでいることを問題視した。そして調査の結果、公学校への高い就学率が「半強制的義務」の結果であることや、日本語が卒業後の現地社会で殆ど有用ではなくなっている実情があるとした[19]。さらに、現地住民が「放縦」にみえるのも、スペイン統治以来の現地社会の崩壊によって「固有の規律の力」がなくなったからであり、日本語よりもむしろ、委任統治が義務づけた知識や徳性の涵養に力を注ぎ、「近代化」への適応力を養うべきだと提案した。

また、次のような事例を紹介し、現地住民への日本語教育の強制が必ずしも政府が主張するようには日本への「衷心信頼」を生み出していないと批判した。それは、日本政府が住民の「懶惰」の一例としてしばしば言及していた貯蓄をしないことの現地住民側の言い分である。矢内原の聴き取りによれば、現地住民は施政がドイツから日本に替わった際に貯金を払い戻せなくなった経験から、いずれ統治者が替わることを前提に、貯金はすべきでないと考えていた(「南洋群島島民の教育に就いて」、⑤一九七〜九八)。

以上のように、矢内原は、南洋群島で統治国が頻繁に替わり、そのたびごとに、異なる制度や言語を強いられてきたことの社会的経済的分析として、現地社会「固有の規律の力」が奪われてきたことの問題を指摘した。そのうえで、日本の教育への評価は、「大体に於て」近代化への適応能力を与えるものと評価した。

この教育を含めた日本統治への「肯定的」評価には、次の二つの意図があったことも看過すべきではないだろう。その一つは、日本による委任統治継続を、第三節で指摘したような国際関係の平和的発展への寄与、南方への日本の軍事的進出に歯止めをかけるものとして捉えたことである。よって日本は連盟を脱退しても、委任統治の制度、精神のもとに統治する義務があり、これを「国策」とすべきだとした。そして第二には、南洋群島を帝国主義国の新たな取り引きの犠牲にし、統治国が頻繁に替わる事態を避けようとしたことである。

以上の主張は、『南洋群島の研究』の締めくくりに記されている。すなわち、日本が「文明の神聖なる使命遂行」の理想を如何なる程度深刻に意識しているかは別として、「少なくとも一通りの善意に於て」は実行しつつあるというものである。それは、統治を日本以外の国に交替しても、「現実国家である限り、恐らく純粋に原住者保護を唯一若しくは最主要の目的として植民地統治を実行し得るものは無い」からであった。よって矢内原は、日本が委任統治を継続したとしても、それは領土として併合することではないとし、委任統治条項が定める各分野について具体的な提言を行った。つまり、日本の統治を手放しで評価したというよりは、日本が委任統治として南洋群島統治を継続すべきことを重視し、より真摯にそれを履行すべきだという主張であった。

五　熱帯への日本人移民における「沖縄問題」の「発見」

矢内原が最初に訪れた一九三三年の南洋群島経済は、彼が「帝国主義時代の独占資本の典型的形態を備える」と評した南洋興発(株)により、サイパン島、テニアン島で製糖業が発展し、糖業モノカルチュア経済がますます進展する過程にあった。前年の一九三二年には、同社が南洋庁に納める税金により南洋庁財政は独立、南洋興発(株)は群島各地の漁業、林業などにも進出し、ニューギニアなどで海外事業を展開し始めていた。南洋群島には同社及び関連分野に移民が増加し続け、一九三三年(一〇月一日時点)の在住者人口[20]八万二二五二人のうち、現地住民が四万九九三五人(カナカ四万六二四八人、チャモロ三六八七人)、日本国籍保有者は三万二二一四人(内地人三万一九〇〇人、朝鮮人三一三人、台湾人一人)で在住者の約四割を占めていた。沖縄県に本籍を持つ人びとは一万八二一二人で、内地人人口の約五・七割を占め、これに続いて多かった東京府(八丈島、小笠原諸島出身者を主とする)の二八五一人に比べて群を抜いて多かった。[21]職業別人口をみると有職者の約三割が農業で、続いて工業が七・五パーセント、商業七パーセントと続き、農業人口は専ら製糖業の蔗作者あるいはこれに関連する農業従事者即ち南洋興発(株)のもとで働く移民たちであった。

既述のように、日本政府は自ら評価する統治分野の一つとして「現地資源の開発」を掲げており、それは製糖業を中心とする開発だと説明していた。しかし常設委任統治委員会では、製糖業従事者は殆ど日本人であり、しかも製糖業に南洋庁の保護が集中していること、そして日本人人口の急増とこれに伴う甘蔗栽培地の拡大に、むしろ委任統治がめざす現地住民の福祉が脅かされているのではないか、との疑問があがった。これに対して日本政府は、未開地の有効利用、製糖業発達による直接、間接の経済効果（地価の高騰、現地住民収入や購買力の増大など）をあげて反論し、議論は平行線となっていた[22]。

矢内原は南洋群島経済を、ドイツ資本による諸事業を日本が継承、発展させたものであるとし、ドイツ時代との相違として、南洋興発(株)なる有力な独占資本主義的企業を成立させたこと、同社の経営と南洋庁の統治が密接な相互依存関係にあることを指摘した。さらなる重要な特徴は、南洋興発(株)の事業が日本人移民により成立したこと、つまり「投資と移民の有機的結合関係」による成功によって、南洋群島が投資植民地と移住植民地の二つの性格を持つに至ったことにあるとみた。矢内原は、日本人が自然条件の悪い南洋群島で経済発展を実現させたことに、移民としての「能力」を大きく評価した。この評価は、第三節でみたように、矢内原が第一次世界大戦後の帝国主義諸国が委任統治制度（経済では門戸開放）を採用せざるを得なくなったことを重視する立場から、次のような分析をしたことに関連する。それは、太平洋での武力衝突を予防する最善の策は、欧米諸国がブロック経済で未開発熱帯地域を囲い込むのではなく、日本の資本、商品、労働を平和的に移入させるべく開放し、それが世界経済に貢献するようにすることだという主張であった。日本の軍事力による南方進出がさらに現実化する一九四〇年代には、日本人の熱帯開発能力の実績をより強調することで日本人の南方への平和的進出を説き、その根拠として日本の南洋群島委任統治が肯定的な文脈で引用されるここととなった。

　さて、南洋群島在住日本人の大部分が沖縄出身者であることについて矢内原は、「おはづかしいが私にとり一寸意外な発見」（「南洋群島視察談」、⑤一五六）であったとする。矢内原は、植民及植民政策の分析で最も重要なことは「移住社会群と原住社会群との接触に基く社会的諸関係の分析」だとしたが（『植民及植民政策の研究』、①二三～二四）、南洋群島では初めて「沖縄問題」が具体的に「発見」された。矢内原はどのように「沖縄問題」を捉えたのであろうか。

　そもそも矢内原は『南洋群島の研究』の中で、日本人移民に占める沖縄県出身者の割合の高さや、キリスト教の影響を阻む教化すべき存在として沖縄県人に言及したものの、「移民問題」すなわち南洋庁や南洋興発(株)の経営や移民政策に関しては議論の対象にしていない。「南洋群島視察談」（全集⑤）に、日本の移民政策上、「沖縄問題」を研究すべきだと述べてはいるが、踏み込んだ議論は次の論文が初めてであった。すなわち一九四二年、日本が東南アジア各地を次々と軍事占領してゆく時期に発表された「南方労働政策の基調」（全集⑤）においてである。同論文では「日本人の海外移民問題は沖縄問題である」と明言し、沖縄出身者を熱帯地方における開拓労働力として高く評価する一方で、南洋群島での事例を次のように紹介した。

　それは「沖縄人は一般内地人に比して生活程度低く、文化の発達遅れ、強烈なる酒精飲料を痛飲し、且つ郷里に於ける墓地の建造等不生産的消費の為にする送金額が著しく大」であること、「島民は沖縄人を目して『内地のカナカ』と称」していること、から「南方に於ける日本人の植民社会改善の為には、沖縄人の教育及び生活程度の改善」が急務だ、というものである。

沖縄出身者に対する以上の評価は、後述のように『南洋群島の研究』に具体的に指摘した事項に通じるものであるが、この評価と提言は、日本による南方占領地の現地住民への同化政策、すなわち日本人の生活様式や民族思想を強要することを厳しく批判することと不可分の内容であった。つまり、日本政府による現地住民文化への強制的な干渉、労働力の搾取を批判し、これに代わって日本人移民と現地住民との間での「平和なる社会的融合」を実現するために、沖縄出身者の「改善」が主張されるのである。(23) 特に、日本による熱帯地域の軍事占領に際しては、従来の熱帯植民地が欧米諸国によって投資植民地すなわち「搾取植民地」とされてきたことを批判し、日本占領下では「移住植民地」たるべきこと、しかし現地住民への強制的な同化政策をとるべきではないことを主張した。

「南方労働政策の基調」ではさらに、南方に移住すべき「日本人」として「沖縄人」、「台湾人」、「内地人」を個別に取り上げているが、ここにも矢内原の「沖縄人」認識が見て取れる。それは、台湾人は移住先の在住「支那人」と「日本内地人」との中間的存在として、社会的融合勢力になりうる、としたのとは対照的に、沖縄出身者にはむしろ「内地人」との対比によって、既述のような点について「改善」を求めるものであった。矢内原は沖縄（人）について、日本の一地方以上の社会、文化の独自性や固有の歴史的な経緯を追究していない。この点を、矢内原よりおよそ一〇年早く東京帝国大学を卒業した伊波普猷《いはふゆう》が、沖縄出身の知識人として「ヤマト・沖縄間の断絶の深さ、距離の遠さ」を追究し続け、両者の関係をイギリスとアイルランドとの関係になぞらえたことに比較すると、矢内原の対沖縄（人）認識の特徴は明確になる。(24) 矢内原にとってアイルランドは朝鮮と対照される存在であり、その理由の一つは、アイルランドが近世以前にはイギリスにとって「文明の先進国」で「『先生』」であったと捉えていたことにもあるように思われる（「附録　アイルランド問題の沿革」、③六五一〜五五）。

つぎに、矢内原が改善を求めた「沖縄問題」の具体的な内容を検討したい。『南洋群島の研究』で矢内原が「沖縄問題」に言及するのは、キリスト教が現地社会の「近代化」に果たした役割を肯定的に評価する分析に関連してである。つまり、その効果を阻害する存在としての「文化程度低き沖縄県人」の「教化」が「絶対的に必要」だと述べ、教化すべき内容は、「殊に男女関係及び飲酒」であった（『南洋群島の研究』、③三二四）。

まず「男女関係」についてであるが、論文中に明確な言及はないものの、現存する取材ノートに見る限りでは、料亭での売買春を指していたのではないかと推測される。日本人人口の増加に伴い、南洋群島の市街地には料亭街が拡大し、賑わいを見せていた。サイパン島ではガラパン市街地の特に南半分に料亭が多く立ち並び、経営者の多くが沖縄出身者であった。矢内原の取材ノート（「南洋群島旅行」、㉓七三〇）には、現地住民が近年は料亭に通うようになった事例が記されている。具体的には、料亭の側が現金払いを目当てに（当時料亭を利用する者の多くは役人や会社員で、ツケで払うことが一般的であった）現地住民を呼び込んだり、日本人が現地住民を伴って登楼し、お金を払わせたりしたとある。そこでサイパン支庁は、現地住民が料亭に入ることを禁じるに至ったという。それは、委任統治条項に規定された現地住民に対する禁酒への違反となること、また、現地住民が日本人の一般女性と売春婦を区別せず、「失礼」な挙動に出るようになったこと、が理由だと記された。

一方、飲酒に関して矢内原は、南洋庁の法令で現地住民には飲酒取締りを励行しているにも拘わらず、日本人が自由に飲酒できることを問題視した。飲酒については、常設委任統治委員会でも、アルコール度の高い酒精の消費量が多いことが問題となっていた。矢内原は、日本人の大多数を占める沖縄出身者が「強烈なる焼酎泡盛（酒精含有量三〇乃至四五％）の常用者」であるために、現地住民の飲酒欲を刺激していることを指摘した（『南洋群島の研究』、③四〇四）。ちなみに、沖縄出身者が多いサイパン、テニアン、パラオなどには沖縄出身者による泡盛製造場が作られ、安価な泡盛は他府県出身の移民たちにも飲まれるようになっていた。矢内原はさらに、日本人の増加に伴い現地住民の飲酒が増え、怠惰、病気、家庭争議が増えたとキリスト教宣教師が不満をもらしていることもノートに記している。

右記二点について矢内原は、社会の維持発展に必要とみなした文明化における「規律の力」という観点から、特に批判的に取り上げたように見受けられる。沖縄出身者を「日本のカナカ」と評したことも、他府県人からだけではなくチャモロからの評価との取材があり、チャモロによる日本人への視線、すなわちカトリックの教化によって厳格な道徳観念をもつとみなされた、チャモロからの視線を意識していた。

一方、南洋群島における他府県人と対比させた沖縄出身者の特徴として、矢内原の取材ノートには、稼いだ金銭の使い道についての記録があった。[25] それによれば、沖縄出身者は①故郷の家や墓の建築、故郷での政治活動支援のための送金（ペルー、ハワイ、フィリピンでも同様とのメモあり）、②無尽の掛金、であった。これに対して他府県人は、①保険に積立、②より高い職位に就くための会社への「積金」、③事業資金、であった。矢内原が日本人の「出稼ぎ根性」を批判し、移住社会群は新社会建設と発展のために定着すべきだと考えたことに照らせば、[26] 沖縄出身者がもっぱら故郷に送金し、自らの社会経済的地位の向上や安定に金銭を使わなかったとの情報は、批判の対象となった。但し、矢内原の指摘について、筆者の調査では、沖縄出身者は特に戦時期には保険に積極的に積立てをしていた。また無尽は、郵便貯金以外の金融機関を持たない日本人移民には、資金を融通する重要な手段であった。しかしステレオタイプ化された沖縄移民に関する情報に、矢内原はふみ込んだ分析を行わなかった。

矢内原が沖縄出身者に対して情報を持ちながら分析しなかったいま一つの事項は、彼らが南洋興発(株)に対しておこしたストライキについてであった。沖縄出身者はサイパン島の南洋興発(株)において、一九二〇年代よりストライキを繰り返していた。[27] その主張は小作料の低減や甘蔗計量の不正をただすものであったが、同時に沖縄出身ゆえの差別を指摘する声もあった。サイパン島の沖縄県人会は、ストライキによって組織化が進んだと言われるが、南洋興発(株)や南洋庁は、沖縄県人のこうした動きに対して新たな法律制定による取締り、運動の中心的人物の排除に努めた。さらには、沖縄県人会の幹部や沖縄出身者の甘蔗小作人の代表を会社や行政に取り込んでいった。一方、沖縄からは、南洋興発(株)とは契約をしない「自由移民」が増え続けていた。彼らの多くは沖縄の経済的な困窮のなかで、「南洋は儲かる」との情報だけを頼りに渡航し、雑役や日雇労働を転々として、南洋興発(株)下の契約移民よりも日銭を多く稼いだ。しかし彼らは、非製糖期に労働力がだぶつくと、社会問題をおこす要因だともみなされた。早い時期に渡航した沖縄出身の契約移民たちは、こうした自由移民を「新移民」と呼んで、問題視する傾向があった。残された資料に見る限り、矢内原が以上のような事情について調査した痕跡はない。

六　おわりに

第二次世界大戦後の国際関係について、矢内原は、第一次世界大戦後の世界に比べると、戦後処理についてはむしろ後退的だと述べている。その理由の一つとしてアジア諸地域の日本人移民に対する強制引揚げを指摘している。すなわち、生活の本拠を築き、現地住民と平和的関係をもち、私的に生活してきた者すら引揚げを余儀なくされたことは、「国際平和の原則から見て行きすぎた民族的憎悪のあらわれ」だと連合国側を批判した。矢内原にとって、進出先社会で生活基盤を築いた日本人移民は、日本の帝国主義的膨張が壊滅させられた現状では軍人とは区別されるべきであり、それは日本支配から解放された地域社会で「平和なる社会的融合」を実現すべき「実質的植民」の担い手と位置付けられた。国際連合についても評価は低く、国際連盟よりも国際平和の実現に本質的な進歩をもたないと評している。その理由は、安保理の五大国に拒否権が認められていること、委任統治制度を継承した信託統治制度では戦略的信託統治地域（旧南洋群島のみ）を認め、統治国アメリカに委任統治で禁止された統治地域の軍事的利用が認められたからであった（「民族の価値と平和の価値」、⑳一三～一五）。つまり、戦争の終了そのものの中から次の戦争的緊張が始まっているとの危機感をあらわにした。しかし、戦後国際関係に現れた重大な結果として、アジア・アフリカの民族主義の興起を取り上げ、この「第三勢力」が二大陣営の緊張を緩和する存在だと期待している。そして敗戦国日本が民主主義国として再生し、戦時期に占領した南方諸地域、さらにインドなど南アジア地域と新たにとりむすぶ国際関係に「特殊の世界史的意義」があるとした。一方、戦後の日本民族については、日本が周辺の領土と植民地を失ったにも拘わらず「日本民族の本国そのものは分離せられずして、まとまった一つの国として残された」ことは「大きな幸福」であったと述べている。この見解には矢内原の戦前の沖縄認識が継続しており、沖縄、奄美、小笠原各諸島の人びとについて、矢内原が言及したドイツ民族や朝鮮民族と対照させるような関心は見いだせない（「民族の独立について　一九五二年五月五日津山市講演」、⑳六八～六九）。矢内原の戦後と戦前の言論の関係について、本章で論じる余裕はないが、「沖縄問題」についてのみ言及して締めくくりとしたい。

矢内原は先に述べたように、戦後しばらくの論稿では沖縄に関心をもった形跡はみられなかった。しかし、一九五七年一月に沖縄を訪れたことをきっかけに、「沖縄問題」への関心が示されるようになった。(28) 矢内原は琉球大学と沖縄教職員会の招きで沖縄を訪れ、屋良朝苗《やらちょうびょう》沖縄教職員会会長と仲宗根《なかそね》政善《せいぜん》琉球大学副学長の同伴により、沖縄各地で講演と視察を行った。一九五七年一月とは、アメリカの軍用地政策に端を発した、アメリカによる支配に対する沖縄での最大規模の抵抗運動「島ぐるみ闘争」から半年後であり、また、三年後には沖縄県祖国復帰協議会の結成を控えた時期にあった。矢内原は沖縄の現状を「軍事植民地」と捉えてアメリカを批判し、軍用地問題に由来する困窮を解決する方法として、戦前自らが関心をもった沖縄移民への見解を紹介しながら、沖縄からの海外移民を提案した(「世界・沖縄・琉球大学」一九五七年一月一六日講演、㉓三八〇〜八一)。帰京後の論稿ではより具体的に、アメリカが戦略的信託統治として閉鎖している旧南洋群島を開放し、沖縄から移民を受け入れるべきだと述べている。当時の旧南洋群島は、ビキニ水爆実験(一九五四年)に象徴されるようなアメリカによる軍事基地化が進行中であり、国際連合による承認のもとでアメリカの核軍事力増強と、東アジアの民族解放をアメリカに有利に利用するための基地としての役割を強いられていた。また、一九五〇年代初頭の沖縄では、南洋群島からの帰還者たちによる組織「南洋群島帰還者会」(一九四八年結成)が、南洋群島への再渡航をアメリカに陳情しており、沖縄民衆にとって矢内原の提案は必ずしも非現実的なものではなかった(29)。そして矢内原の沖縄認識は、現地の視察と講演を重ねる過程で変化を見せていった。例えば沖縄の人々が、現在の意識としては、日本人としての共通意識をもっているとしながら、帰京前日の講演では、沖縄が過去数世紀にわたって独自の歴史や文化をはぐくんできた社会であり、薩摩の侵略から沖縄戦まで外からの侵入を「受け身の状態」で被ってきた「悲劇の島」である、と初めて表現するに至った。帰京後まもなく矢内原は、新聞への執筆や学生との懇談会などを通じて軍事植民地としての「沖縄問題」を論じ、日本国民の関心を促したが、継続した追究は行われなかったようである。

戦後矢内原は、植民地問題の解決に関して『植民及植民政策』の結論では、世界平和の理想の実現を「科学的」にどう保証するか、の問題提起をしたにも拘わらず、読者がその結論について「信仰的であることに気をとられて、私の推理の科学的であることに注意しな」い、と不満をもらしている（「私の人生遍歴」、㉖二三九～四二）。つまり科学的研究の結論としては人類平和の理想が必ず実現するとは言い切れないが、信仰の世界では言い切ることができる、と述べた。また、学問と政治との関係については、世の中の権力におもねらない学問の場を作るうえで、「全然同じ形で歴史が繰りかえすということはないと思うが、たえず古い問題が新しい形でおこってくるんじゃないか」という認識を示した（「私の歩んできた道」、㉖七五～七六）。

矢内原にとって、戦前の植民政策の講座を、戦後は「国際関係論」や「国際経済論」などとして再編し、新たに設置することは、占領当局の指示があったにせよ、発想においては当然であったと思われる。(30) それは、人類が植民という行為を通じて世界を一体化させてきた過程のなかで国際関係を捉えたからであり、また世界の諸矛盾が鋭く反映される場として植民地を捉える視座をもって国際関係の展開と変容を分析した立場から、敗戦し植民地を失った日本国民が初めて「国際関係」を自らの問題に引き寄せて考えるための講座が必要だと考えたからである。矢内原は戦後日本とアジア地域との関係構築を重視したが、ミクロネシアとの関係構築に視点は及ばなかった。冷戦体制のもとでアメリカの新たな「植民地」、つまり「軍事植民地」とされたミクロネシアと沖縄の「脱植民地化」に日本がどう責任を果たすのか、の追究は今なお、あるいは今こそ「特殊の世界史的意義」をもつ。戦前の矢内原の研究に関する従来の評価のなかで必ずしも重視されてこなかった「国際関係」、および南洋群島に関する諸問題をめぐる分析の視点と方法は、その限界性も含めて、矢内原自身では展開しえなかった「国際関係学」の視点と方法に関わる重要なテーマであり続けている。

注

(1) 米領グアム島を除く赤道以北のミクロネシアで、第一次世界大戦に日本が参戦してまもなく占領して以来約三〇年にわたって統治した島じま。「南洋群島」は日本で一般的に用いられた呼称である。戦後同地域はアメリカの「信託統治地域太平洋諸島」(Trust Territory of Pacific Islands)で「戦略地区」(stragegic area)とされ、同地域は一体となって独立を構想する過程で「ミクロネシア」を用いた。最終的には一地域と三独立国となって信託統治から脱した。本章では、戦前期を対象とするうえで、日本で一般的に用いられた「南洋群島」を用いる。

(2) 大内兵衛、浅田喬二による批判については村上勝彦「矢内原忠雄における植民論と植民政策」大江志乃夫他編『岩波講座　近代日本と植民地4　統合と支配の論理』(岩波書店、一九九三年)を参照。

(3) 冨山一郎『増補　戦場の記憶』(日本経済評論社、二〇〇六年)九九〜一〇九頁。

(4) 村上前掲論文、二二七〜三一頁。加えて、矢内原による日本の同化主義批判の根底には、伝統文化への強い関心と深い理解があり、これが南洋群島研究に最も鮮明に表れているとした。タウンゼントも矢内原が資本主義による近代化を肯定的に捉えているとしたが、南洋群島統治に関する分析は、自身が受けた教育、プロテスタントのキリスト者としての意識と関連するとし、道徳的、人道的な発想から説明する

(Suzan C. Tawnsend, *Yanaihara Tadao and Japanese Colonial Policy: Redeeming Empire*, Curzon Press, Richmond, 2000, p. 204)。ただし、タウンゼントが依拠した英訳版『南洋群島の研究』(*Pacific Islands under Japanese Mandate: A Report in the International Research Series of the Institute of the Pacific Relations*, Oxford University Press, London and New York, 1940)は日本語版と比べると内容が簡略化されており、また英訳が必ずしも日本語版の原意を伝えていないと思われる部分もあるため、分析には日本語版との対照が必要である。また坂野徹は、日本の人類学研究において南洋群島研究は「『怠惰』なる他者」を「発見」したとし、植民政策学者としての矢内原の研究を次のように分析する。すなわち彼は「敬虔なクリスチャンとして『島民』の保護を本気で考え」ており、「委任統治制度が掲げる『文明化』の理念は疑問の余地のない信念」であったこと、よって「日本語教育の強制といった植民地支配の暴力に無自覚だった」(坂野徹『帝国日本と人類学者 一八八四―一九五二年』勁草書房、三七八~八〇頁)。しかし矢内原は、『南洋群島の研究』ほか関連論文で、現地住民への日本語教育を強く批判する立場にあり、本論で述べるように矢内原が委任統治をいかなる点から評価したのかとあわせて、彼の「文明化」の特徴を分析する必要があろう。

(5) 以下、特別な断りがない限り、矢内原忠雄『南洋群島の研究』「序文」(初出一九三五年、全集③)による。日本の太平洋問題調査会(IPR)に対する矢内原の関与については、片桐庸夫『太平洋問題調査会の研究』(慶應大学出版会、二〇〇八年)を参照。同書によれば、IPRは一九三三年八月に開催される第五回会議にて「太平洋に於ける経済上の利害の衝突並にそれの統制」を主題に選定した。日本IPRは、満洲事変や日本による国際連盟脱退通告を背景に、政治、条約関係についても準備することとし、矢内原忠雄もこれに関わった(片桐、同右書、二三五~五六頁)。

(6) 矢内原忠雄「私の歩んできた道」(㉖三六~三七)。若林正丈編『矢内原忠雄「帝国主義下の台湾」精読』(岩波書店、二〇〇一)三六〇~六九頁。

(7) 矢内原が特に関心を持ったヤップ島での二回目の調査では、チーフや巡警(南洋庁が現地住民から任命し、日本人警察官の補助をさせた）とドイツ語で質疑が行われた。

（8）「序にかへて　南洋庁統治十年展望」南洋庁『南洋庁施政十年史』（南洋庁、一九三二年）。

（9）今泉裕美子「戦前期日本の国際関係研究にみる『地域』——矢内原忠雄の南洋群島委任統治研究を事例として」『国際政治経済学研究』第七号（二〇〇一年三月）。なお太平洋問題調査会の日本組織における矢内原、蠟山の活動については片桐前掲書参照。

（10）以下、特別な断りがない限り、矢内原忠雄「世界経済発展過程としての植民史」（初出一九二九年四月、全集④）による。

（11）委任統治には「人民発達ノ程度」、「領土ノ地理的地位」、「経済状態其ノ他類似ノ事情」から、A、B、Cの三様式が設けられ、南洋群島に適用されたC式は「受任国領土ノ構成部分」としてその国法の下に施政を行うことが認められたため、「仮装された植民地」との批判をうけていた。

（12）C式には通商の機会均等は保障されなかった。

（13）南洋庁『南洋群島要覧』（昭和八年度版）（南洋庁、一九三三年）四九〜五一頁。

（14）以下、チャモロ、カナカと表記する。カナカは現在ではカロリニアン（Carolinian）と自称する。彼らは日本統治時代まで統治者から総称されてきた「カナカ」に侮蔑的な意味合いがあるとし、第二次世界大戦後はこの名称を拒否した（U. S. Navy, Office of the Chief of Naval Operations, *Handbook of the Trust Territory of the Pacific Islands*, Washington D. C. 1948, p. 38）。よって、カロリニアンや島ごとにMarshallese、Ponapeanなど、あるいはRefalawaschを名乗っている。本章では戦前の資料を分析するうえでそこで使用された「カナカ」を用いる。

（15）村上前掲論文、二二八頁。

（16）「南洋群島島民の出生率低き事、死亡率殊に乳児死亡率高き事の原因に関し次の各項に御解答下さい」、「南洋群島々民教育に関する質問書」と書かれた各質問書（琉球大学附属図書館「矢内原忠雄文庫」所蔵）。

（17）本章で論じる日本が作成した行政年報の内容、審査をめぐる日本政府および常設委任統治委員会の議論については、今泉「国際連盟での審査にみる南洋群島現地住民政策」『歴史学研究』第六六五号（一九九四年一一月）及び今泉「南洋群島委任統治における『島民ノ福祉』」『日本植民地研究』一三（二〇〇一年）による。

（18）管理局第一課「南洋群島ヤップ島ニ於ケル人口減少問題」（一九三二年一月）琉球大学附属図書館「矢内原忠雄文庫」所蔵。

（19）矢内原が収集した資料に基づいて現地住民の教育政策とその実態を分析したものに、今泉「南洋庁の公学校教育方針と教育の実態――一九三〇年代初頭を中心に」『沖縄文化研究』二二（一九九六年）がある。

（20）南洋庁『第三回 南洋庁統計年鑑』（一九三五年）。

（21）日本人人口は三五年には現地住民のそれを超え、戦前のものとして統計が確認できる一九四三年で九万六六七〇人、現地住民の約二倍となった（アジア局第五課「日本統治の治績を示す南洋群島に関する統計」一九五四年）。沖縄に本籍を持つ人びとは一九四二年で五万四八五四人であり、日本人の五八・八パーセント、現地住民を超えた（南洋庁『南洋庁公報』五三七号、一九四三年一月一一日）。

（22）今泉前掲論文（一九九四年）、三〇〜三二頁。

（23）冨山一郎は同論文の矢内原の「沖縄人」をめぐる議論を、彼の植民政策に関する議論と関連づけるよりはむしろ、戦前日本における「日本的オリエンタリズム」の問題として、すなわち「南洋」という場の「沖縄人」を素材として「日本人」が組み立て直されていったとの観点から分析する。具体的に述べれば、植民者、指導者としての「日本人」たるべき「沖縄人」と、指導される「島民」の設定である（冨山前掲書、一〇〇〜〇二頁）。

（24）のちに「沖縄学の父」と呼ばれるようになった伊波は、文芸に言よせて、沖縄の人びとが「個性を表現すべき自分自身の言語」をもっていないこと、よって「言語という七島灘」を超えたときに、イェイツのような小説家を中央に送り出すことが出来ると述べた。鹿野政直『沖縄の淵――伊波普猷とその時代』（岩波書店、一九九三年）一六八頁。

(25) サイパン島の南洋興発(株)製糖工場での取材によるもの(取材ノート「南洋群島旅行」、全集㉓)。

(26) 矢内原が米国カリフォルニア州サクラメントの日本人居住地を視察した際、日本人墓地がヨーロッパ人墓地に比べてみすぼらしい状態にあったことを例に、移民は移住地を家郷、墳墓となす「人間的精神の涵養」が必要であるとし、「日本人移民の出稼根性」を批判した。矢内原忠雄「大陸経営と移植民教育」(⑤一一一〜一一二)。

(27) 今泉「サイパン島における南洋興発株式会社と社会団体」波形昭一編『近代アジアの日本人経済団体』(同文館出版、一九九七年)。

(28) 以下特別の断りがないかぎり、今泉「仲宗根政善先生と矢内原忠雄先生の出会い」『沖縄文化研究』二二(一九九六年)、及び今泉「矢内原忠雄の遺した課題——戦後日本にとっての『国際関係研究』と『沖縄問題』」『UP』四三九(二〇〇九年五月)による。なお、矢内原の戦後沖縄訪問時と帰京後の言論を論じた櫻澤は、戦前からの一貫した沖縄認識の欠如を指摘し、矢内原の「感傷的な提言」が受け入れられてしまったのは、沖縄情勢が切迫し、将来の見通しがつかない危機的な状況にあったからだとする(櫻澤誠「矢内原忠雄の沖縄訪問——講演における論理構造とその受容について」『立命館大学人文科学研究所紀要』八五号、二〇〇五年三月)。

(29) 沖縄の南洋群島帰還者による引揚げ後から一九五〇年前後の組織的活動については、今泉「南洋群島引揚げ者の団体形成とその活動——日本の敗戦直後を中心として」『史料編集室紀要』三〇(二〇〇五年三月)参照。

(30) 矢内原の植民政策研究と国際関係研究との関係、および戦後の国際関係研究については、本書木畑論文、および今泉「矢内原忠雄の国際関係研究と植民政策研究——講義ノートを読む」『国際関係学研究』二三号(一九九七年三月)参照。

植民地研究と〈植民〉概念

塩出　浩之

一　はじめに

矢内原忠雄の植民地研究を基礎づけていたのは、社会的・経済的現象としての植民と、政治的な支配―従属関係という二つの観点を区別して捉える見方だった。それは矢内原の生きた時代においても必ずしも広く共有された見方ではなかったが、柔軟な現状分析と日本の統治政策への鋭い批判とを兼ね備えた矢内原の研究を支える枠組みとなった。ここでは、その論理の構造と同時代における意味、特に日本の膨張への批判と日本人の移住活動に関する考察との関係について論じ、分析の枠組みとしての可能性についても考えたい。

二 〈植民〉とはなにか

植民地という概念をめぐる今日的理解は、どのようなものだろうか。多くの場合、ただちに連想される言葉は「植民地支配」ではないだろうか。しかし例えば、アメリカとインドがどちらもイギリスの植民地だったという歴史は、植民地という言葉と支配―従属関係とを直結させることの難しさを考えさせてくれる。

実は近年の歴史学や社会科学でも、植民地とはなにか、という問いに自明の答えはないが、やはり支配―従属関係を基本とする見解が主流である。ユルゲン・オースタハメルは、「植民地化」(Kolonisation, Colonization)・「植民地」(Kolonie, Colony)・「植民地主義」(Kolonialismus, Colonialism)のどれもが、「ひとつの社会が、もとの生活圏をこえて膨張するという意味」を含むと指摘した上で、「集団間の支配・被支配の関係」としての「植民地主義」を自らの考察の中心に据えている。(1) オースタハメルがこのような定義を用いるのは、一方でアメリカ・カナダ・オーストラリアなど、先住民がわずかな〈植民地主義なき植民地〉としての移住植民地が存在したこと、他方ではイギリス内部のケルト人居住地域など、本国と植民地という関係をとらない〈植民地なき植民地主義〉が存在しうることによる。つまり、歴史的に「植民地」概念が本国からの別の地域への移住を伴うものとして出発した経緯を踏まえながら、それと区別して、支配―従属関係を必ず含む概念として「植民地主義」を選ぶのである。

矢内原忠雄の概念規定は、一見するとこれと対照的である。矢内原は植民政策学の理論的整理を行った『植民及植民政策』(一九二六年、全集①)で、まず植民・植民地・植民政策の三つの概念を列挙し、そのうち「最も基礎的」なのは植民で、植民地は植民の行われる土地、植民政策とは植民に関する政策だとした。そして植民の「本質」は、ある「社会群」が新たな地域に移住し、社会的・経済的に活動する現象だと規定した。さらに植民の研究において最も重要なのは、「社会的諸関係」を分析することだと主張したのである。これは、「移住社会群」と「原住社会群」との接触に基づく「社会的諸関係」を分析することだと主張したのである。これは、支配—従属関係を意識的に除外した定義であった。このように定義することで、矢内原は日本本国における北海道への「内国植民」や、満洲・シベリアに在住する朝鮮人も植民現象として把握した。

矢内原は、「学者の通説」では「移民」と「植民」とが「政治的従属関係」の有無によって区別されるとしながら、「私は所謂植民と移民との本質的区別を否定する」(傍点は原文)との立場をとった。「政治的従属関係」は「属領たるの要件ではあるが、植民地たるの要件ではない」、植民現象の「環境」「条件」に関する区別ではあっても、「本質」ではないとしたのである。その理由は、第一に「自国の主権」を持たないユダヤ人のパレスチナ移住のような事例を説明できねばならないこと。第二に、例えば日本の支配下にある朝鮮、日本が特殊権益を有する満洲、アメリカの領土であるハワイは、日本との「政治的従属関係」の有無やありようはそれぞれ異なるが、[2] それぞれの地域に対して行われている「日本人の移住活動」には全く「社会的実質上の区別」が認められないことであった。支配—従属関係を指す言葉として、前述のように矢内原は属領(dependency)を挙げているが、一般の用法を考慮してか、自らは次のように、「植民地」概念を二つに区別してこれを説明した。

形式的植民地：属領（政治的従属関係・統治権）[3]
実質的植民地：植民活動（移住・投資）が存在する地域

二つの「植民地」概念は、定義としては互いに独立である一方、その当てはまる範囲は互いに排他的ではなく、重なる部分と重ならない部分があることが重要だった。矢内原は、「実質的植民地にして同時に形式的植民地」である地域が「最も多く植民研究の範囲に入るであろう」としながら、それは「その地域の政治的支配」が「本国植民地、植民者及び原住者等関係社会群に対する影響が特に顕著」だからでしかないとして、「実質的植民の社会的諸関係」と支配―従属関係とをあくまで区別し、前者が研究の主な対象だとした（『植民及植民政策』、①一三～三四）。

なお矢内原は、植民活動の「本質」としての「社会群」の移動について、移住（労働人口の移動）と投資（資本輸出）との二つの要素から成ると規定している。資本主義経済は労働人口・資本双方の過剰をもたらし、どちらも「より生産的使用」ができる「新たな地域」への移動を求めるというのがその根拠であり、もちろん矢内原はマルクス主義経済学の資本主義・帝国主義分析を踏まえていた。ただし矢内原はこのような労働人口・資本の移動を「国際的分業」とみなし、「社会主義的統制」のもとでも不可避だと予測した（『植民及植民政策』、①六八～七五）。

三 〈植民〉と〈支配〉を区別する意味

矢内原が植民を支配―従属関係と区別される社会的・経済的現象と規定したことには、どのような意味があったか。

矢内原は支配―従属関係を批判的に捉える一方で、植民という現象については肯定的に評価した(『植民及植民政策』、①一九六~二〇七)。矢内原は、「実質的植民」の価値は「人類の増殖」をもたらす上に、労働力・資本の「より生産的なる分布」、言い換えれば「国際的分業」を進展させ、「世界経済の成立」へと向かわせることにあると捉えていた。「植民政策の方法若《も》しくは植民地領有の価値に関しては之を攻撃し批評すべきものがある。併乍《しかしなが》らその為めに実質的植民の価値そのものを忘却してはならない」と、政治権力が植民現象をどう扱うかについて、また植民現象が支配―従属関係と結びつくことについては批判すべき点を認めた上で、植民という現象自体は望ましい「進歩」「発展」と捉えたのである。(4)

このような矢内原の植民概念が、政治的境界を越えた労働力・資本の国際的移動、及びそれに伴う相互作用の問題を視野に捉えた、今日的にいえばトランスナショナルな分析枠組みを有していたことは、近年しばしば指摘されるようになった。(5) しかし同時代や戦後において、矢内原は日本の植民地統治に対する批判者としては評価されながら、その植民という概念の妥当性については疑問が呈せられてきた。

同時代の経済学者・大内兵衛（東大経済学部の同僚）は、「現代の植民問題」は「植民国と被植民国との権力関係」において「把握」されねばならないとの見地から、『植民及植民政策』について、「今までの植民政策の『類書』の如く、被治者たる植民地人に見てもらってはこまる」ものではなく、「時代の意識を反映する一個の『当代の自己批判』の声」だと共感を示しながら、「通説」と異なる矢内原の定義には疑問を呈した。「国家的でない植民」は「近代的な吾々が問題としている植民とは多少性質が異る」のであり、「権力関係」と「人口及び資本の移動」とを「結びつけてその全体を植民現象と云うのが、事実に合した説明」なのであった。(6) 矢内原の研究態度については、〃統治者のための学問〃からの脱却として評価したが、植民と支配―従属関係とを区別する定義は、両者の結合という「現代の植民問題」における「事実」を捉えるのにふさわしくないと批判したのである。戦後の植民地経済史研究者・浅田喬二はこの延長上に、矢内原が「自由主義植民政策学者の最高峰」であるにもかかわらず「植民地問題の本質である民族問題の本格的分析を放棄するという重大な理論的欠陥」があったと評した。(7) なお近年では移民史研究の分野で、国外移住だけでなく帝国日本内部での移住活動も移民として扱う観点から、矢内原の所説が改めて評価されているが、その場合にも日本の支配・権力が及ぶ地域とそうでない地域とはやはり区別すべきだという批判や留保が加えられている。(8)

しかし（実質的）植民と支配―従属関係とを区別する矢内原の定義は、植民という現象に支配―従属関係の有無は関係がないという意味ではなかった。矢内原が価値を認めた「実質的植民」のあり方とはいわば現象の理念型であり、現実にはあくまで「植民者」「植民国」の利益が前提となっているという留保を置いていたからである。ある地域への「植民者」の「侵入」による「原住者」との「接触」は「摩擦と抵抗と」を生み、「植民者が独立的存在の地盤を占めんとするの努力は、原住者に対しては通常その独立性、特殊性の圧迫侵害となりて現はる」。そのため、「実質的植民が権力による征服を伴ふ」事例が多くなるというのであった（『植民及植民政策』、①一四六〜四七、二二一〜二八）。

つまり矢内原は、形式的植民地に行われる実質的植民について、政治的な支配—従属関係の存在と切り離して分析可能だという立場を取っていたわけではない。矢内原はむしろ、植民者の行う移住・投資活動、およびそれと原住者との相互作用に対し、政治的な支配—従属関係が及ぼす作用を明確化するためにこそ、両者を弁別し、植民現象そのものには支配—従属関係に還元できない要素を認めた(9)。植民という社会現象に支配—従属関係が密接に関わっていると認めた上で、だからこそ互いに独立の概念として規定したのである。

四　移植民論と人口問題

ここまで述べてきたように、帝国日本内部の支配—従属関係への批判が矢内原の主眼であったとしても、それと区別して植民現象の価値を認めることに、具体的にはどのような含意があったのだろうか。そこで考えたいのは、当時の矢内原に対する社会的な要請とはどのようなものだったかである。

矢内原が植民政策学者としての道を歩み始めた一九二〇年代は、朝鮮・台湾における民族主義的政治運動の勃興期と一致しており、それを受け止めて、いかに日本の植民地統治に対する〝改造〟を働きかけていくかという課題に、彼の学問的情熱が傾注されたことはいうまでもない。(10) しかし他方で同時代において、植民政策学者・矢内原に対する日本（本国）での社会的な関心・要請のかなりの部分は、講演での題目などからみて、「人口問題」や「移植民問題」について解説を行うことにあったと思われる。(11)

日本は人口過剰であるとの認識に基づいて、外国・属領（形式的植民地）を問わず日本（本国）からの人口移出が必要だと主張する移植民論は、一九〇〇年前後から民間では根強いものとなっていた。(12) 実際にも、この時期は北海道・朝鮮・ハワイ・北米への日本人の移住が急増した時期だった。そして第一次世界大戦の終結前後からは、近衛文麿の「英米本位の平和主義」(13)（一九一八年）に代表されるように、移植民論が国際秩序の現状打破論、日本の対米英協調外交への批判と結びついた。とりわけ一九二四年にアメリカが日本人移民の入国を全面的に禁止すると、アメリカの「人種差別」に対する感情的反発が高まる一方で、南米諸国を新たな移民先とするだけでなく、中国東北部（「満蒙」）への勢力拡張によって過剰人口問題を解決すべきだという議論が高揚したのである。(14) 一九二〇年代末の拓殖（拓務）省構想に、台湾・朝鮮統治に加えて「海外移植民」の指導奨励をも任とする案があったこと(15)は、植民政策に対する社会的要請の所在をよく示している。

矢内原はヨーロッパ留学中、イギリスのタイムズ紙がオーストラリアの白豪主義に基づく日本人移民禁止論に賛意を示したのに対し、「White civilization は national egoism の発揚に過ぎざるや」と

「憤慨」の意を日記に記したこともある(一九二二年一月二七日、㉘五五三)。しかし一九二〇年代後半から「人口問題」についてしばしば発言するようになった矢内原は、移植民論の高揚に対しては距離をとり、特にそれが国際秩序の現状打破という主張に向かうことには明確に反対した。

矢内原は、そもそも「人口問題」を数字上の人口増加だけから捉えるべきではないと主張した。矢内原は、「現実の生活難」をもたらしているのは「食糧の欠乏」ではなく「就職難失業等」であり、その原因は「人口の側に存せずして事業の側に存する」と説いた。要するに人口問題とはマルクスが明らかにした、資本主義化が生む労働力の「相対的人口過剰」であり、「社会問題」なのだとして、根本的解決には「社会制度」の「改革」が必要だと主張したのである(『人口問題』一九二八年、②一三一〜六二)。米谷匡史は、矢内原が帝国日本全体の社会主義的な「改造」によって本国・朝鮮・台湾の関係を再編する構想を提起していたと指摘しているが[16]、それは日本(本国)の人口問題の解決をも包含する処方箋だったといえるだろう。「人口問題」を人口移出によって解決可能とする発想を、矢内原は相対化したのである。

ただし矢内原は「我国移植民」の「不振」を認め、その一因は「人口の国際的移動が不自由なる現状」にあるとも認めた(「時論としての人口問題」一九二七年七月、④五一二〜一三、五二〇)。そして「人口及物資の国際的移動」に価値を見出す観点から、「人口問題」の「国際的解決」としての移民について、効果の大小は別として一定の意義を認め、「白色人種の地球独占政策」「現状維持」は「平和と正義の敵」だと批判したのである(『人口問題』、②一七一〜七二)。これは明らかに、人口過剰解決を理由とする国際秩序の現状打破という主張を念頭に置いた議論であった。しかし、矢内原がそのような主張に同調したわけではなかった。

矢内原は、「人口問題の解決を戦争にまでつき進めんとする」論者に対し、「戦勝国も戦敗国も一様に戦争の被害者」となった第一次世界大戦の「歴史の体験を記憶」すべきだと警告した（「時論としての人口問題」、④五一三〜一四）。第一次世界大戦が「戦敗国戦勝国中立国を通じての世界的なる人口問題の深刻化」を生んだことに明らかなように、「国際経済の世界的なる今日」において、「労働者数の減少」以上に「生産及び市場の破壊」をもたらす戦争は、「人口問題を解決せずして却って悪化」するのであった（『人口問題』、②一六九〜七〇）。つまり矢内原は「人口問題」を解決する必要を認めた上で、戦争はその手段たりえないと論じたのである。矢内原は『植民及植民政策』においても、「若《も》し人口及び貨財が凡《すべ》ての有利なる地域に対して自由に移動することを得るならば、特に或《ある》地域に対して政治的領有を主張するの必要を生じないであらう」（①二一三）と主張していた。それは〝植民のための支配〟という論理に対し、目的を肯定しながら手段を批判する論理だったのである。

以上のように植民現象と支配―従属関係とを弁別し、前者の価値を肯定しながら、後者をその実現の手段とすることを批判するという矢内原の論理が、日本の政治情勢と国内世論に対して最も密接な関係を持つに至ったのは、満洲事変の勃発（一九三一年九月）以後における「人口問題」と満洲問題との関連においてである。矢内原は「当時の大衆の問題関心に沿った言い方」（村上勝彦）で、満洲移民や日満経済ブロックについて、実現可能性に疑問符を付けつつ意義は認め、しかし戦争の危機を招く方法で実現すべきではないと訴えた(17)。結果として、これは矢内原の日中戦争批判(一九三七年)へとつながる主張になったといえる。

五　北米・南米移民と朝鮮・満洲移民

植民現象について、支配―従属関係の有無による違いを踏まえつつ比較可能とみなす矢内原の視点は、実際の移住活動に対する見方にも貫かれていた。矢内原は、北米・南米への移民と朝鮮・「満洲国」への移民とをともに植民現象とみなし、比較考察を行っていたのである。

一九二六年、矢内原は「私は嘗て北米加州〔カリフォルニア〕の某市共同墓地において、諸国移民の墓の壮麗なるに引きかへ、日本人墓地は草叢に埋れて碑石もなき有様を目撃し、甚だ情けなく思つた」と述べた。矢内原はこれを「国土中心主義のわが国民教育の余弊」と批判し、「永住定着の生活を期」して「家を建て墓を営」み、「移住地の強固なる社会を建設」せねば「移民排斥」を「予防」できないとして、「ブラジルへの移民の将来」にも警鐘を鳴らした。これ自体は、南北米への国外移民が日本への帰還願望を持ち移住先に定着しないことへの批判であり、必ずしも珍しい議論ではなかった。しかし注意すべきなのは、矢内原が続けて「朝鮮在住の内地人が、朝鮮に墓を営むの意気ある者少き」ことを指摘し、「彼等は朝鮮の人とならない。いかに共存共栄を口にするとも、朝鮮及び朝鮮人の搾取を目的として渡鮮するものと見られても、仕方ないであらう」と評したことである。矢内原は、「朝鮮は朝鮮人の社会であり、台湾は台湾人の社会である」という現実が変わらない以上、「植民地議会」を設置し「植民地人の参政権」を認めない限り「搾取」は解消できないと説いた[18]（「日本の移植民政策」一九二六年四月、⑤七九〜八二）。

南北米の日本人が受け入れ国から「排斥」されることと、朝鮮の日本人が朝鮮人から「搾取」の主体として敵視されることとは、支配―従属の側面だけから見れば逆向きの関係だったといえる。しかし矢内原は、どちらの問題にも日本人に現地への定着・永住志向が乏しいという共通の要因があると主張した。この議論が、植民者と原住者という「社会群」の相互関係としての分析から導かれていることは明らかだろう。ただしそれは、現実の南北米の日本人・朝鮮の日本人の活動をそのまま正当化することにはつながらなかった。矢内原は、植民が支配―従属関係に還元できない現象だからこそ、日本人移住者と「原住社会群」とが異なる支配―従属関係のもとで異なる形での対立を生んでいると見たのである。

さらに「満洲国」成立以後、矢内原は満洲問題について、日本・「満洲国」の支配―従属関係の観点と、植民現象の観点とを重ねながら分析した。

矢内原は政治的な支配―従属の観点からみて、そもそも満洲における日本の「特殊権益」は「支那国民運動」の反対を受けていたのであり、「新満洲国」にも「民族自決の原則」は適用できないと主張した（「満洲新国家論」一九三二年四月、②六〇三〜一八）。「満洲国」が国家だとしても、それは満洲における「支那国民主義的民意」を日本軍が「駆逐」して「反支那国民主義的民意」に置き換えることで成立しており、「厳然たる『独立国家』たると同時に日本と特別密接なる『親善関係』に立つ」という「二重関係」に立脚している。もしこの「二重関係」をあくまで両立させるなら、結局は『満洲国』に対する満洲人の積極的関心」「満洲国人自身の国民主義」を育てるほかなく、そのためには「日満両国人の相対的地位」を対等化していくしかないというのであった（『満洲問題』一九三四年、②五三九〜五七、五九九〜六〇〇）。矢内原は、「満洲国」が対外的に独立国の体裁をとる点で従来の日本の属領（形式的植民地）とは異なると認めながらも、やはり台湾・朝鮮統治策をめぐる議論の延長上に「満洲国」の「改造」を模索していたといえよう。

そして矢内原は植民現象の観点から、満洲移民を他地域への移民との比較のなかで論じた。まず満洲移民の成否について矢内原は、満洲への移民のほとんどが中国人（漢民族、一九三〇年に二七八万人）であり、それに次ぐ「在満朝鮮人」（一九二七年に八〇万人）も日本人（一九三〇年に二二・八万人）をはるかに上回っていたという数字を踏まえ、「満洲国」成立後も大勢は変わらないと予測した。なぜなら、これまで「政治的障害」が日本人の移住を妨げていたという推論は、台湾・朝鮮への日本人移民がわずかであることから成り立たず、問題は「社会的経済的条件」、つまり「満洲国産業開発の必要からいえば「生活程度のより高き日本人を入るるが為めに、より低き支那人の入国を制限する」ことは不可能であり、「財政的補助」にも限界があるからだった。かくして矢内原は、「満洲国」も朝鮮・台湾と同じく「投資植民地」だと位置づけ、「日本の移民問題の見地」からは「広く移住地を世界に求め」るべきなのに、「政治的軍事的思想」によって満洲移民を「国策移民」と目し、「ブラジルへの移民」などと別格に扱うことに疑問を呈した（『満洲問題』、②五五八〜七一）。

他方、ブラジルでも一九三四年の憲法改正以降、移民の制限が始まっていたが、矢内原は日本人移民が「排斥」されるのは「その国民の仲間にならうといふ精神」「国際的な精神」が欠けているからであり、また「日本の領土にする下心」も疑われているためだと「反省」を促した上で、満洲移民との軽重を論じた。「日本の国策」として推進される満洲移民の「成功」は希望するが、「従来日本人の移住地の一番大きかったものは、何といってもブラジル」であり、また他にも「南洋」をはじめ「日本人の移住をもって開発すべき土地」は世界中にあるとして、「一箇所〔満洲〕を守って其の為に他を失ふのは、国家百年の計ではない」と矢内原は批判した。矢内原は、日本人移民が「世界各地の開墾」により「人類の文明の進歩を助け」ること（＝植民）は認めながら、植民を支配と結びつけ満洲に固執することは国際的孤立を招き、むしろ他地域への植民を妨げると訴えたのである(19)（「人口問題と移植民」一九三七年三月、④六二三〜二八）。

このように満洲移民を植民現象として分析しながら、日中開戦間近に中国大陸における日本の政治的地位に関する考察を織り込んで展開された興味深い議論が、「大陸経営と移植民教育」（一九三七年一月、全集⑤）である。ここで矢内原は「満蒙北支の経営」について、ブラジルなど「外国に対する単純なる移民」と異なり「国家的要素」があると同時に、「朝鮮台湾等の属領経営」と異なり「国際的性質」があるとしながら、どれも「日本人の海外移住」としては「すべて同様なる経済的社会的範疇に属する」と指摘した。そして「大陸経営の移民」は「自己の移住地を子々孫々永住すべき郷土と為」す「精神」がなければ成功しないとして、矢内原は改めて「加州サクラメント」の「邦人墓地」に象徴される「日本人移民の出稼根性」に言及したのである。ここでも朝鮮の場合と同様に、国外移民との比較可能性を通じて、かえって政治的条件の相違が明確にされているといえよう。

さらに矢内原はこの論説で、「移住者」「原住民」の関係についてこのような移住先の政治的条件の違いによる比較考察を行い、あるべき「移植民教育」を論じた。第一に、外国への移民では「移住国の政策の許容する範囲」で「本国語」「本国文化」を教育するほかなく、移住国への「同化に適順」するほかない。第二に、「植民地」では「本国語」「本国文化」の維持は容易であり、むしろ「植民地人」を「同化」することで彼らの言語・文化を「破壊する嫌」がある。そして第三に「両者の中間」である「大陸経営」では、一方で「移住者」が「本国語」「本国文化」を維持するのは容易だが、他方で「原住者」の言語・文化を「尊重維持」する必要は「植民地統治の場合よりも一層大」であり、「移住者の急速なる大陸化」も「原住者の急速なる日本化」も「共に不可」だと矢内原は説いた。

つまり矢内原は、日本が「満洲国」や華北を事実上の支配下に置きながら、対外的には別の国家として処遇していることを逆手にとって、植民現象の観点からみた際の「移住者」＝日本人と「原住民」＝中国人との関係も、南米・北米のような外国と異なるだけでなく、「植民地統治」とも異なる条件に基づいて考えねばならないと論じ、「大陸経営」において日本への同化政策を行うべきではないと牽制したのである。あるべき「大陸経営」とは、「相互的尊重」の上に成立する「社会的融和」だった。

六　おわりに

戦後の矢内原は、「日本はもはや植民地を領有する帝国主義的勢力ではなくなった。しかし国際経済に依存する必要は一層大になった。(中略) 植民地を喪失したことを嘆くべきでなく、平和を愛する自由国民となることに努力すべきであろう」(『国際経済論』一九五五年、⑤八〜九) との認識に基づき、自らの植民政策学を国際関係論として再生させた。元来、植民地の問題を支配―従属関係だけに還元せず、植民現象というトランスナショナルな労働力・資本の移動として「国際的分業」の観点から考察していた矢内原の分析枠組みは、脱植民地化以後の世界における国際政治経済現象をも捉えうるものだった。(20)

矢内原はかつて植民現象として捉えた事象を、戦後の国際関係論においては「国際移民」「国際貿易」「国際投資」と分節化した。そして日本に即していえば、「国際移民」としてはブラジルへの労働力移動が活発に行われる可能性を示唆し、(21)「国際貿易」「国際投資」に関しては東南アジア諸国への賠償について言及した (『国際経済論』、⑤四四〜四五、五三〜五四)。人口移動と開発をめぐる戦前・戦後日本の断絶と連続の両面が、矢内原の視点からは明瞭に観察しえたのである。

しかし戦後日本の歴史学・社会科学では植民地研究が地域間の支配―従属関係をもっぱら扱う一方、移民研究は「海外移民」のみを対象とするという棲み分けが成立し、植民地研究と移民研究との接点をなす領域、端的にいえば人口の移動と国境の移動とのずれを捉えるという視点はいったん忘却された。東西冷戦が終結した一九九〇年代以後、このような問題関心が〝解凍〟したことによって、矢内原が改めて注目されているのではないだろうか。

注

（1）ユルゲン・オースタハメル（石井良訳）『植民地主義とは何か』（論創社、二〇〇五年）。

（2）当時、朝鮮は一九一〇年の日韓併合により日本領。中国東北部（満洲）では日露戦争後に日本がロシアから南満洲鉄道を獲得するとともに関東州を租借していた。ハワイは一八九八年、アメリカに併合されている。

（3）新領土（狭義の属領）・保護国・租借地・委任統治領を含む。

（4）米谷匡史「矢内原忠雄の〈植民・社会政策〉論——植民地帝国日本における『社会』統治の問題」『思想』九四五（二〇〇三年一月）。

（5）村上勝彦「矢内原忠雄における植民論と植民政策」『岩波講座　近代日本と植民地4　統合と支配の論理』（岩波書店、一九九三年）、今泉裕美子「矢内原忠雄の国際関係研究と植民政策研究」『国際関係学研究』二三（一九九六年）、米谷前掲論文、酒井哲哉『近代日本の国際秩序論』（岩波書店、二〇〇七年）。

（6）大内兵衛「矢内原教授の『植民及植民政策』」（一九二六年七月）同『大内兵衛著作集』（岩波書店、一九七五年）。村上前掲論文二一一頁参照。

（7）浅田喬二『日本植民地研究史論』（未来社、一九九〇年）。

（8）木村健二「近代日本の移植民研究における諸論点」『歴史評論』五一三（一九九三年一月）、岡部牧夫『海を渡った日本人』（山川出版社、二〇〇二年）。

（9）『帝国主義下の台湾』はこのような観点からの実証分析の白眉といえる。若林正丈「解説」同編『矢内原忠雄「帝国主義下の台湾」精読』（岩波書店、二〇〇一年）参照。

（10）米谷前掲論文、若林前掲論文。
（11）「人口問題と移民」（一九二七年三月、厚生省社会局職業課）、「人口問題」（一九二八年八月、樺太・知取第一小学校および大泊本願寺別館）、「移植民問題」（一九二九年八月、福山中学校）、「各国の移民政策」（一九三一年八月、国士舘高等拓殖学校）、「我国の移民問題」（一九三三年六月、東洋協会海外事情講習会）など（「年譜」、全集㉙）。
（12）吉田秀夫『日本人口論の史的研究』（河出書房、一九四四年）、小野一一郎「日本帝国主義と移民論」小野ほか編『世界経済と帝国主義』（有斐閣、一九七三年）。
（13）近衛文麿「英米本位の平和主義」（一九一八年一二月）同『清談録』（千倉書房、一九三六年）。
（14）長谷川雄一「一九二〇年代・日本の移民論」（一～三）『外交時報』一二六五（一九九〇年二月）、同一二七二（一九九〇年一〇月）、同一二七九（一九九一年六月）。
（15）加藤聖文「政党内閣確立期における植民地支配体制の模索」『東アジア近代史』一（一九九八年）。
（16）米谷前掲論文、一四一～四四頁。
（17）村上前掲論文、二一五～一七頁。
（18）矢内原がカリフォルニアを訪れたのは一九二三年一月、ヨーロッパ留学からの帰途である（「年譜」、全集㉙）。
（19）一九三五年の講演。ここでうかがえる矢内原の南洋群島観がはらむ問題については、米谷前掲論文一四五～四六頁、今泉裕美子「戦前期日本の国際関係研究にみる『地域』」『国際政治経済学研究』七（二〇〇一年三月）、参照。
（20）今泉前掲「矢内原忠雄の国際関係研究と植民政策研究」、酒井前掲書。
（21）戦後、国交回復に伴い一九五三年に再開し、一九七三年まで続いた。

矢内原忠雄の言葉 II ――戦前戦中の文章から

「日本精神の懐古的と前進的」から（⑱七三）

『理想』一九三三年（昭和八年）一月。この論文について矢内原は次のように語っている（「思い出」四『葡萄』第七号、一九三九年一月号）。「之は是非とも私が一言せねばならぬ問題であると思つて、よく考を錬り、腹をきめて書いたものである。問題は基督教と国体との根本的関係である。この論文は『民族と平和』の中に収められたが、右の書物が司法処分に廻されたとき、一番問題にせられたのはこの一文であった。私自身この論文を最も重んじてゐる」。抜粋は、文部省内思想問題研究会の日本主義学者四人の論文を吟味した直後の部分。文中、A～D氏とあるは、それぞれ、A吉田熊次『国民理想の確立』、B紀平正美『国体の真意義』、C田中義能『日本文化の特色』、D安岡正篤『日本の国体』。そのうち抜粋中には三人の説が示唆されている。吉田（A説）は、国家の道徳化を目指し、その秩序を樹立する原理の表現を天皇に見る。田中（C説）は、日本文化の特色は国家本位であるとし、その国民精神の表現者として天皇は純粋な善であると説く。安岡（D説）は、人間が万物の霊長として何にも代えがたい至尊を持つように、国家もまた至尊を持つとし、日本国家において、個人が胸奥に抱く神（天）に相当するものは、天皇であると述べる。また道の根源として天皇の力が国家の危機を打開するがゆえに、日本は道義的国家であると説く。

日本精神の懐古的と前進的

（中略）

今以上の四説を通観するに、何れも我民族文化、日本精神の根柢は国家本位であり、国家の中心は天皇であり、而して天皇は或は国民の真自我としての至善、或は実行力の根源としての人格、或は国家の至尊であると為すのである。従つて我日本精神の中心は、天皇に統率せられ天皇に帰一する国家至上主義であると解せらるるのである。故に吾人にとりて日本精神研究の中心を為すものは国体観念であり、国体研究の中心は国家至上価値と天皇神性の研究でなければならない。

（小見出し番号省略）

国家は社会秩序の政治的組織である。この意味に於ける国家は人類文化の貴重なる所産である。それは人類社会の諸文化財の保護者としてのみならず、又人類社会生活の内面的要求である。故に国家は人類に取つて便宜の問題に非ずして必然の問題である。吾人の生を享くる地理的環境と歴史的伝統の集積、民族的意識と民族的感情の体化、これに基く祖国意識は人類生活の重要なる一基調であつて、自己の国家を保護し、自己の国家を価値あらしめ、自己の国家を栄えしめんとするところの愛国心は、決して理論上の仮説ではなくて、国民としての生活の内面的要求である。何れの国民か愛国心無きものがあらうか。中にも日本国民はその地理的環境の孤立性と、歴史的伝統の長き継続と、民族的組成の比較的単純なる事とによつて、恐らく世界に特別なる愛国心を持つものと言ひ得るであらう。故に今日の世界的なる思想混乱と生活動揺に際して、我国民が単に受動的に外部の影響により右に押され左に押し返さるる事なく、己れの立つ処を確立し、己れ自身を取り戻す為めに、愛国心に訴へ国民的自覚を覚醒することは極めて当然であり又必要である。

併しながら私は前述C博士と共に、人生に於て一番貴重なるものは何かといふ問題を提起して見よう。C博士は答へて言ふ、それは国家である。吾人の財産、名誉、権力、生命の源泉は国家にあると。財産、名誉、権力、生命が国家によつて保護せられるといふのか又は国家によつて賦与せられるといふのか、この説に於ては十分明瞭ではないが、少なくとも、財産、名誉、生命等は国家を以て初めて存在するものではない。国家は之を保護するが、又同時に国家自身が之を侵害することもある。国家が人間の生命を創造する等のことは、如何なる法律学者も倫理学者も言はないところであらう。国家は貴重である。併し人類の精神生活に於て絶対無上の地位を要求し得るものではない。国家は道義の政治的表現でありとすれば、既に道義は国家以上の価値を持つ。現実の国家が真に道義の政治的表現たる実を具備するや否やは、その国家自身によつては判断せられない。道義に照し、道義の名に於て、初めて現実国家の道義性が批判せらるるのである。国家至上主義に於ては、国家の欲するところ、国家の利益とするところ、之れ即ち道義であるとの主張を産み出す。かかる国家主義は理想の国家と現実の国家とを混同し、現実国家の道義性を判断する権威をば其の現実国家以外に認めないものであるから、結局現実国家の利益が即ち道義であるといふ主張になる。欺くの如きは極めて浅薄なる道義観又国家観であつて、独りよがりの我儘者の人生観に類するものである。真の愛国心は国家以上に宇宙の公理としての道義を認め、その道義によつて自己の現実国家を批判し、道義に反したる点は之を指摘匡正して以て道義国家の理想に近づけ、道義の光をその中より放たしめんとするものでなければならない。故に真の愛国心は国家の利益を考へずして、国家の道義を考へる。ここに於て素朴なる国家至上主義に比し、宇宙の道義として至尊の観念を高調するD説の方が遥に深遠であると言はねばならない。

D説はいふ、天皇は国家に於てこの宇宙の公理たる道義即ち至尊を表現する位体であると。D説を吟味するに、その中心思想は左の四点に存する。

一、宇宙に道義がある。

二、天皇は国家に於て道義を表現する位体である。

三、天皇は宇宙の道義即ち至尊に従はなければならぬ。

四、天皇は至尊そのものである。

先づ第一の点と第二の点との関連を見るに、宇宙には至尊の道義があつて、天皇は国家に於て之を表現する位体であるから、天皇の位体によりて表現せられざる道義も亦宇宙に存在する。換言すれば天皇は国家以外の人類生活の領域に於て、国家生活以外の人生に於て、宇宙の道義を表現する位体ではない。吾人の霊魂の尊厳、吾人の精神生活の自由は天皇に淵源するのではなくて、宇宙の道義の他の方面に於ける表現に、否宇宙の道義そのものに直接淵源するものである。人生の価値の全領域に於て宇宙の公義を表現する位体を天皇に認むることは、此のD説に於ては存在し得ないのである。

次にD説に於ける第三第四の両点を対照するに、天皇は至尊に従はねばならないとの思想と、天皇は至尊そのものであるとの思想の間には如何なる調和が有り得るか。既に天皇は玄徳無為でなければならぬといふ思想に於ては、天皇以上、天皇の基礎たる、天皇も亦之に適順せざるべからざる宇宙の道義の存在することが、反面に於て前提し予想せられて居る。このD説に現はるる易姓革命思想の源泉たる王陽明哲学の天子観が、如何にして天皇は至尊そのもの、道義そのもの、神聖そのものであるとの日本国民思想に迄転換し得るのであるか。天皇は至尊たるべしといふのは、天皇の理想であるのか、現実であるのか。天皇の守るべき格率であるのか、天皇が格率そのものであるのか。D説が天皇は至尊に従はねばならぬといふ時、それは現実の天皇が理想の天皇に従はねばならぬとの主張であり、天皇は至尊そのものであるといふのは、現実の天皇が即ち理想の天皇である、現人神であるといふのである。而して第一の主張は宇宙道義の原理より演繹せる理想であり、第二の主張は日本国民の歴史的体験によって証明せらるる帰納的結論であるとなすものの如くである。されば問題は要するに天皇の神性及人性の認識如何といふことに帰する。天皇観念の不明確は、この天皇神性と人性との関係の把握の不明確なることより起るのである。

天皇を現人神なりと為す信念には二つの考慮が加へられねばならない。それの妥当する範囲は国家であつて、国家生活以外の宇宙人生に関するものでないこと、その一である。それの妥当する本質は国家の中心たる位体に於てであつて、現実の天皇の生活及人格に関するものでなきこと、その二である。天皇神性の基礎は人格よりも位体に於て存し、天皇人性の基礎は位体よりも人格に於て存する。現実の天皇は国家的位体に於て神性であるので、人格的に至聖至愛全智全能の神性をもつとの謂では無い。生活及人格に於ては凡ての人間と同様、造物主に相対して人性を有つものである。それは、天皇も亦至尊に適順せざるべからずと言ひ、又現実の天皇が拳々服膺してこの適順の為めに努力せらるるによつても明かである。

勿論天皇の国家に於ける位体は重い。現実の天皇が位体の理想に適順合一する程度如何に拘らず、位体そのものは尊重せられねばならないし、又位体を満す現実の天皇が位体として尊敬せられねばならない。王陽明哲学に謂ふところの易姓革命は、我国体観念の容認せざるところである。而して天皇をその位体に於て国家の至尊とし、その人格に於て至尊の道への適順を輔弼することが、即ち国民の忠誠でなければならない。この輔弼は、宇宙の至尊たる公義を人格に於て表現する位体に拠るにあらざれば、何人も為し能ふ処でない。国家以上に宇宙的秩序の至尊ある如く、宇宙的人格の至尊、換言すれば人格的至尊が存在しなければならない。この宇宙的至尊たる人格によつて、始めて天皇を輔弼することが意味を持つのである。

我国民一般誰か天皇を尊崇しない者があらうか。前述A説は我国に於ける国民思想の不徹底を歎じて居るが、忠君愛国の思想が我国民に浸潤してゐることは、A説自らの挙ぐるドイツ国民の Kultur,

イギリス国民の Gentlemanship, 米国民の Democracy 等に勝るとも劣ることはない。我国民は一般的に天皇に対して、例へば英国民がその皇室に対して抱く親愛の態度に比して甚だしく異る処の敬虔なる感情、即ち宗教的性質を持つところの尊敬を抱いて居る。日本国民思想の特殊性の一は天皇に対するこの宗教的敬虔にありと考へられる。

日本国民は国家を重んずる点に於て道義秩序を尊重する道徳性を表明し、天皇を尊敬する点に於て神性を尊崇する宗教性を表明する。大体に於て日本歴史を一貫し、我国民思想の歴史的伝統を作り上げたものは、此の道徳性と宗教性とであると認められる。故に日本精神の復興はこの道徳性と宗教性を再確認し、更に之に展開進歩を与ふるものでなければならない。即ち之に一層広大なる道徳性と、一層深刻なる宗教性を与ふるものでなければならない。

如何にして我国民思想を一層道徳的たらしめ得べきか。第一に、国家は宇宙の道義の一方面であって、国家以上に、国家の基礎に、国家自ら守るべきところの宇宙的道義が存在する事を認識すべきである。而して第二に、国民はこの宇宙道義を体得することによって、現実の国家をば理想国家たらしむる為めに努力すべきである。国家の尊重が狭隘なる国家主義に止まることは、道義国家の発展を自ら窒息せしむるものに外ならない。国家は貴重であるが、国家至上主義は反動である。国家以上に世界の公義を尊重することによって、始めて真に国家を生かす。前に述べたるC説が、我国家建設の中心が民族神であって世界神でなきことを以て我国家の特別優秀の論拠と為したるは、我国が世界交通の圏内に入らざりし過去の歴史に就ては兎も角、既に久しき歴史的伝統の集積したる民族国家として世界的なる政治経済文化及思想の交流内に入り込める今日に於ては、時代の要求に適合せざる懐古的保守的反動的思想であつて、我国民思想の発展に貢献するものとは考へられない。却つて反対に、我国家の道義的基礎を世界神世界的公義に拡張することが、真に我国民思想の発展であり、日本精神の進歩でなければならない。

次に我国民思想の宗教性をより一層宗教的ならしむる道は何であらうか。我国民は神ながらといひ、神々しさといひ、神社の前又は宮城の前に於て表明する森厳敬虔なる感情といひ、何ものか人間以上現実以上の神霊を拝する念の一般的なることが認められる。我国民思想の進歩はこの宗教心を破壊することにあらずして、寧ろこれを進歩せしむる点になければならない。問題は、我国民が尊崇する神霊即ち宗教的尊崇の対象如何である。例へば神社に就てその祭神の主体如何に拘らず、苟くも神社の形式を備ふれば、我一般国民は之に対して宗教的感情を表明する。極端なことを言へば狐狸蛇精の祠にもぬかづくのである。かくの如き宗教心を純粋明確ならしむる途は、その礼拝する祭神が宇宙公義の人格的体現、全智全愛、宇宙最高唯一の至尊たるに至つて極まる。宇宙の公義は一あつて他あるべからざるものである。一にして純なる宇宙の公義、一にして純なる宇宙の愛、宇宙の唯一最高神を認知し、これを礼拝するに至つて宗教心は最も純化せらるるものである。故に吾人が天皇に対して懐抱する敬虔感はこれを更に発展せしめて、至高の神の礼拝に迄至らなければ、我国民宗教心の極致であるといふを得ないのである。

要するに古来の我国民思想の伝統的価値を認識すると共に時代に適応したる将来の発展を期するは、

以上論じたる如く国民の道義観と神観の拡大深化による外はない。而して二千五百年の歴史を背景として世界の舞台に入り来れる現代日本は、過去の蓄積たる民族的文化民族的道徳民族的宗教を基礎とし、更にその内容をば世界的文化世界的道徳世界的宗教によつて拡張且つ純化すべき段階に置かれて居ることが明瞭である。

III

信仰

「宗教改革論」と東大聖書研究会

川中子義勝

一　はじめに

駒場博物館展示「矢内原忠雄と教養学部」を契機に三回のシンポジウムが行われた。筆者は第三回「矢内原忠雄とキリスト教」の司会として、発表者全体を見渡して、専ら矢内原の信仰と東京大学の関わりを扱った。具体的には「東大聖書研究会」の育成のさまをとおして矢内原の歩みを辿ろうとした。その際に「宗教改革論」にも言及したが、「研究会」解散後に執筆されたこの論考と「東大聖書研究会」とが関わるのかどうか。当日は暗示するだけであったことに、今回はふれてみたいと思う。

「宗教改革論」（一九四〇年）は、矢内原のこの時期の重要な著作であるだけではなく、矢内原の著作全体の中でも代表作の一つと言ってよいと思われる。矢内原の文章の中で直接に「宗教改革」を表題に含むものは、実はあまり多くない。しかしそれは、むしろ「宗教改革」の主題を含まない文章は少ない、と言い換えるべきであろう。内村鑑三論、また無教会論（もちろん教会論も）は、内容それ自体において「宗教改革論」である。矢内原の思想の核心をなす「宗教改革」に「東大聖書研究会」はどのように関わるのか。そういう問題設定の中で、まずは会の歩みを辿ることから始めよう。

矢内原は晩年、会の来歴を総括する際に「東大聖書研究会」と呼んだが、その設立時、また戦前の名称は（東京帝大の聖書研究会との謂で）「帝大聖書研究会」が一般であった。以降、歴史的文脈が問題とされる箇所ではこちらの名称を用いる。

二　矢内原の東大辞職までの歩みと東大聖書研究会

帝大聖書研究会が設立されたのは、矢内原が海外留学から帰国した後、一九二五年（大正一四年）の六月。植民政策学の講義を始めて一年余り、主著『植民及植民政策』を著す一年前のことである。帰国後、妻の死を契機に「死の陰の谷」を歩んだ矢内原は、「何か福音のために積極的な態度をとりたいという気持」を内に抱いたという。当時の東京帝大には内村鑑三門下の人が多く職を得ていたので、聖書の学び会をしようと矢内原が呼びかけ、皆の賛同を得たので、矢内原が代表で師の内村鑑三に相談にいった。ところが内村からは、あまり奨励はされず、しかし、やるなら少なくとも一年は続けるようにと言われたという。別な機会に矢内原は内村に、来校して会で話をしてくれるよう依頼もしているが、「うん東京帝大か、往かないよ」と吐き捨てるように言われた（⑲二五二）。一高嘱託教諭時代の教育勅語不敬事件の際に、内村を非難攻撃したのは井上哲次郎を先鋒とする東大文学部の教授たちであったし、有島武郎ほか内村に信頼された門下の東大出身文学士たちが次々と信仰を離れてしまっていた。そのため当時の内村は東大に期待をしていなかったのである（㉖一九〇）。

後に矢内原は会設立当時をふりかえり、会の目的についてこう語っている。以下に要約する（「知ると語る」一九五七年東大聖書研究会主催クリスマス講演会）。

1　若い学生、研究者たちにとって、学問だけでは長い人生の依り頼みを見出すのに不足である。矢内原が自身を顧みても、人間として生きる意味という点から考えると、学校生活を通じて与えられた学問の総てよりも、聖書によって教えられた信仰の方が重い。学生が聖書を知らずに社会に出ることは一生の損失だから、学内にこのような会を開いておく。そこで学生が切磋琢磨して信仰を学ぶと共に、信仰の友を得られるように。

2　聖書は信仰の本であるが、その中には幾千年にわたる人類の思索と生活の歴史が含まれる。これを学ぶには各方面の知識が必要だが、大学に学ぶ者は様々な学問を習っているので、その専門で照らしつつ聖書を勉強しあえば有益である。

3　学問には、客観的な精神と厳密な科学的方法をもってする地道な研究が求められるが、模倣ではない独創的な研究には何よりも良い着想が不可欠である。聖書を学ぶことによって、信仰だけではなく、学問への興味、着想、遂行の力が与えられる。

4　信仰は学問に目的を与える。学問研究を何の為にするかを腹に据えておかなければ、それが技術によって生活に応用された結果、人類に幸不幸いずれを与えるか分からない。学問は人類を益する為という目的を自覚するために聖書の信仰は必要である。
5　どの社会においてもキリスト者の数は少ないが、東京大学においても少数者であるのは当然。しかしその少数者の存在と祈りが、地の塩として社会を腐敗と滅亡から救う。大学を腐敗と堕落から護る為に東大聖書研究会の存在と祈りは必要である（⑮四五七）。

会をいざ始めてみると、初めの賛同者はそれぞれの事情で出席せぬこととなり、やがて教授としては矢内原一人が残ることとなった。ともあれ月に一回、当番を決めて聖書の当該箇所について報告、感想を述べあうという形で学びは続けられた。聖書研究の他に、各自が専門に学んでいる学問について信仰の立場から報告したり、読書会の形を採ったこともある。学籍とともに会員は移り変わったが、会そのものは一〇人前後の謂わば内輪の会で、外に向けて宣伝することはなかった。ただ一度だけこの会が公開されたことがある。満洲視察の際に匪賊の襲撃から不思議な仕方で護られたことを信仰において深く受け止め、矢内原は『通信』を刊行していた。その二二号（一九三五年〔昭和一〇年〕三月）に帝大聖書研究会公開の案内が載せられている。「三月二十二日（金）午後七時／本郷東京帝大山上御殿にて／講演『宗教は個人的か社会的か――イザヤ書に就て』（矢内原忠雄）／右の会は（中略）内村先生の教を受けた帝大の教師学生及び少壮学士の有志で始めたもので、其後毎月一回会合して今日に至つて居ます。之れ迄一度も公開したことはありませんが、今回に限り会員以外の方も御出で差支なし」（㉖五二二）。この案内の前には三月三一日の「内村先生〔召天〕五周年記念基督教大講演会」（講演者は畔上、黒崎、鈴木、塚本）の案内が載り、後には三月三〇日の「柏木聖書講堂告別式」の案内が続く（内村鑑三が聖書講義を行ったこの講堂は、隣の内村住居とともに新道路工事のため取払われんとしていた）。前後の案内に挟まれた形で見るとき、会の公開を告げる矢内原の心中を窺うことが出来る。師の精神を継ぐ闘いに、矢内原もまた自らの場で加わろうとしたのであろう。

講演の内容は『通信』二三号（五月刊）に収録されている（⑱二三三）。イザヤの国家批判、宗教批判の言葉を受けて、矢内原はまず、真の宗教と偽の宗教の区別について語る。――宗教が堕落すると、邪教と化す。そこでは一見、宗教が栄えているように見えるが、その精神は堕落している。どんな宗教も必ずそういう魔性を持つ。それに対し、宗教を救うものとは何か。それは、信仰をもってその社会、国を神の心に適うものとしようとする精神であって、信徒が増えて社会的勢力として教団が発言力を増すことではない。一九世紀までに、宗教と個人の思想の自由が勝ち取られた。しかし、その一方で、宗教が信徒の私的な領域に閉じこもることが生じた。信仰が内心の慰めを与えても、それが社会への無関心の代償となるならば、いくら信徒数が増えてもそれは衰退なのだ。たしかに宗教は個人を救い、その困難な時に助け、慰めを与える。しかしそれだけではない。信仰は、時代の問題そのものを洞察し、これに答えていくことが出来る、と。――その内容は、すでに「宗教改革論」に関係しているので、次節でまたふれることとしたい。

聖書研究会はその後も内輪の会として一年近く続けられるが、一九三六年（昭和一一年）三月、二・二六事件を受けて矢内原は会を一度解散し、翌月新たに開始した。解散の意図を『通信』三二号にこう語っている。「少数の静かな会合ではあつたが、十字架の福音によつて帝大の学問を支へ、之によって日本国の支柱たらんことを期する熱意を以て、学内の山上集会所に讃美歌をひゞかせ、祈禱し、研究し、談論したのである。／併し今や我国は異常の時局に突入しつゝあり、基督教にも一層の緊張を必要とする事となつた。依つて我等は過去の堕勢を一切精算する為め、三月二十日の例会を最後としてこの歴史ある帝大聖書研究会の解散を断行した」と(26)五二二)。続く『通信』三三号(四月刊)には「帝大聖書研究会の更生」と題して、次のような案内が載った。「今回左記の要領により新規の出発を為すこととした。会名は便宜上前と同じくする。毎月一回(原則として第四木曜日午後三時から五時迄)本郷帝大山上集会所に座談会を開き、私が基督教講演を為し、その後にて質問討論飛入演説随意のこと。会は公開する。(帝大に関係なき人でも差支ない。)／(中略)第一回は四月二十三日(木)(中略)。私の演題は『科学と宗教』」(26)五二二)。初めはこのように、広いテーマで講演が行われた。『通信』三四号(五月刊)には再び、公開講演会として帝大聖書研究会「宗教改革と社会改革」の案内が載っている。

『通信』三五号(六月刊)に、矢内原は自著『民族と平和』の新刊案内を載せた。矢内原の数年来の論文・感想を集めたもので、その印刷進行中に二・二六事件が突発し、一時公刊を見合わせていたものである。所収の「民族主義の復興」「日本精神の懐古的と前進的」などによって、日本国体の狭隘な民族主義や軍国化を批判した矢内原は、極右の評者たちからいよいよ敵視されていく。さらに『通信』三七号(一〇月刊)には、「朝日講堂以後」(一一月三日)また「民族と平和のために」(一一月一四日)の講演予定が挙げられている。内村鑑三召天後三周年記念講演会(於朝日講堂)で、矢内原は

「悲哀の人」と題し初めて公に語ったが、その後も国は内外に神を畏れぬ不義を重ね非道を尽くしているとし、エレミヤの時代に準《なぞら》え、国が政治経済的また精神的に滅亡の荒地となる危惧を語った。「朝日講堂以後」は『通信』三九号に掲載されるが、ここには「覚悟」と題して、この演説には決意の時を要したことが告白されている。そのような節目の時、帝大聖書研究会では「ロマ書五講」が開始される。翌一九三七年（昭和一二年）三月には、家庭集会が駿河台基督教女子青年会講堂へと移され、矢内原の語る言葉はますます公的なものとなっていく。そして、帝大聖書研究会で「イザヤ書講義」が開始されると、『通信』は「ロマ書五講」を掲載し、両者が並行して進んでいく。帝大聖研における「ロマ書五講」また「イザヤ書講義」のいずれも公開講演として、繰り返し『通信』に「来聴随意」と告げられる。その間の『通信』主要記事と「帝大聖書研究会」の案内を以下に並べてその関連を示す（太字強調は筆者）。

号	主要記事（講演記録・聖書講義）	案内（集会・出版）
一九三六年（昭和一一年）		
通信38（11月）	エレミヤ記研究　三	**帝大聖書研究会（ロマ書五講其一）** 11／26
通信39（12月）	朝日講堂以後	**帝大聖書研究会（ロマ書五講其二）** 12／24
一九三七年（昭和一二年）		
通信40（1月）	エレミヤの戦闘　研究四 民族と平和のために	**帝大聖書研究会（ロマ書五講其四）** 2／18
通信41（2月）	エレミヤの希望　研究五	家庭集会の拡大（神田女子基督教青年会内へ）

エレミヤと時局　研究六	内村鑑三〔召天〕第七周年記念講演会（司会　矢内原）
通信42（3月）エレミヤの晩年　研究七	
エレミヤと異邦　研究八（終）	
通信43（4月）復活の教義について	**帝大聖書研究会（イザヤ書講義第一回）**5／4
一人の力と多数の力（津田英学塾講演3／23）	
或る朝鮮人女学生との会話	
通信44（5月）**ロマ書五講其一**	**帝大聖書研究会（イザヤ書講義第二回）**6／3
再臨の教義について	
通信45（6月）**ロマ書五講其二**	**帝大聖書研究会（イザヤ書講義第三回）**7／1
通信46（9月）**ロマ書五講**（一月二一日　帝大聖書研究会にて）	
此夏記	藤井武〔召天〕満七年記念講演会　10／1
通信47（10月）詩篇第二三編	**帝大聖書研究会（イザヤ書講義第五回）**「理想の王国」10／28
神の国（藤井武〔召天〕第七周年記念講演速記）	戦時基督教講演会「神の国の預言に就て」11／14
通信48（11月）結核病に就て	自著「民族と国家」長野講演　非売品
詩篇第六三編／詩篇第一六編	**帝大聖書研究会予定**11／18　12／16
通信49（12月）挨拶一〜四	藤井武全集再刊の企に就て
大学卒業から大学辞職まで	『通信』の廃刊と『嘉信』の創刊
一学生からの手紙／終講の辞／『通信』を憐む	

一九三七年、『通信』四三号（四月）に「イザヤ書講義第一回」が案内されて以降、五月四日に第一回、六月三日に第二回、七月一日に第三回と連続的に講義がなされた。そのとき七月七日、大陸で盧溝橋事件が勃発。これをうけて矢内原は八月中に論文「国家の理想」を『中央公論』九月号のために執筆したが、その内容はイザヤの預言を引いて現実を批判するものであった。八月の講演旅行中に、矢内原は当該記事全文削除を知る（「此夏記」）。矢内原を批判する声のいよいよ激しくなる中、彼は藤井武召天第七周年記念講演会を発起し、そこで「日本の理想を生かす為めに、一先づ此の国を葬って下さい」と語る。期すところあって矢内原は講演速記を『通信』四七号に掲載したが、これが矢内原の東大教授辞職を決定的にした。四七号には帝大聖書研究会（イザヤ書講義）第五回（一〇月二八日）の案内も載っているが、削除論文の表題を反転させた「理想の王国」という表題は、語られた内容を髣髴させる。東大辞職を機に、『通信』は廃刊され、『嘉信』の創刊が告げられる。帝大聖書研究会の方は、辞職後もしばらく続けられていたが、大学に籍を置かぬ立場では自身の責任で会を維持できないとの理由で、イザヤ書第三四章・三五章の講義で閉じられた（一九三八年二月一七日）。矢内原は、イザヤの預言を纏めた編輯者の仕事に注目し、やがて卒業する学生たち、またその後の世代が、神の言葉を次代に受け継ぐ希望を語っている(26)五二–二六)。この「帝大聖書研究会終講の辞」は、『嘉信』第一巻第三号（一九三八年三月）に載せられた。

以上を見てくると、時勢に対する矢内原の発言の背後には、帝大聖書研究会における聖書の学びと指導が控えていたことがよく分かる。とりわけ一九三六年末から辞表提出に至る一年間、矢内原の公的発言の舞台として『通信』と帝大聖書研究会は車の両輪の働きをなした。その併走は、この時代の矢内原と東大の関わりにおいて、一つの積極的な局面を語り出している。戦後、『通信／嘉信』再刊に際して、当時の会員、松田智夫はこう語っている。「いま、『通信』が、形を更めて出版されるについて、わたしは、あの十数名の会員をもつにすぎなかった東京帝国大学聖書研究会が、この『通信』と連なるところが大きいことを思い出した」（『嘉信』月報七）。

三 「宗教改革論」

辞職後の矢内原は、自宅での集会また「土曜学校」の他に駿河台基督教女子青年会で公開聖書講義、それらを載せる『嘉信』の刊行と、在野にあっても信仰と学問に仕える道を精力的に邁進した。それらは（内に緊張を湛えつつ）福音の真理を地道に伝える歩みであったが、講演等で各地に赴く起伏もあった。そのなかでも一九四〇年の朝鮮伝道旅行は矢内原自身も特別の思いで敢行したものであったろう。その頂点は九月九日から一三日まで、京城での五回にわたるロマ書講義であった。顧みて矢内原は「昨年は一連の宗教改革講演とこのロマ書講義とが、私の公の活動の経糸《たて》緯糸《よこ》を為したものであつた」と語っている。さらに、「過去の宗教改革はすべてロマ書から始まつた。現代の宗教改革も亦ロマ書を以て始めることによつてのみ、行はれ得るものと私は信ずるのである」とも言う（『嘉信』第四巻第一号、一九四一年一月）（⑧一二）。後に「宗教改革論」としてまとめられた一連の講演を、矢内原はその年、内地、朝鮮の各地で行った。またロマ書講義は、国内での久しい準備の時を経て行われたものである。それゆえに、この二つを携えて海を渡った矢内原には、両者の関わりこそが、福音の活きた真理として、民族の壁を打ち破るとの確信があったはずである。以下ではこの点から、本論の主題を見直してみたい。

すでに『通信』四三号(一九三六年四月)に、津田英学塾を卒業して故国に帰る朝鮮女学生に語った言葉が載っている。矢内原の講演を聞いて虚心に問いかける学生に矢内原は衷心をもって応えている。翌月の『通信』からロマ書五講が掲載されるのも不思議な繋がりを感じさせるが、京城でのロマ書の講義には、この帝大聖書研究会での「ロマ書五講」がその最初の下敷きとなった。これは、ロマ書の精神を矢内原が再構成した論考だが(第一講「救の原理」、第二講「個人の救」、第三講「民族の救」、第四講「救の力学」、第五講「救の生活」)、京城においての講義ではロマ書の章を順に追っていく講解の形が取られた。その準備のために山中湖での夏の聖書集会が用いられた(この時は八章までで、九章以下は帰国後の秋以降に駿河台で講義されている)。京城での速記録を中心にまとめられた著作集所収の「ロマ書講義」は、前後の「序論」「結語」の間に二章から六章まで、「罪の問題」「義の問題」「潔の問題」「選の問題」「徳の問題」と、ロマ書本文の順を追って章立てされているが、これが京城での五回の講義の表題に相当しよう。

書物(『ロマ書』一九四八年)として刊行される際の「序文」には、成立の事情が記され、想いの吐露された箇所がある。「私は『異邦人の使途』と自ら称したパウロのロマ書を携へて、朝鮮海峡を渡つたのであり、五日間にわたつてこれを講じた時、私の血管の中の一ドランマの血液もキリストの熱心に燃えざるものはなかつたのである」(⑧四)。本文中には、わずかに第四章「潔の問題」の結尾に、決意の渡航であったことを窺わせる一言が含まれる。「私は今度朝鮮に聖書の講義をする為めに出かけて参りますときに自分の集りの青年たちに言ひ遺して来ました、『私の告別式にはロマ書八章の三十一節以下を読んでくれ』と。唯今お話したところであります」(⑧一六九)。

講義の全体は、矢内原を突き動かしていた情熱と会場の雰囲気を直接には伝えていない。聖書講義の記述としては当然のことであろう。しかし、言葉静かにではあっても、矢内原が伝えたかった思いは明らかである。「既刊の諸著述に対して、私の講義は何等新しき寄与を付加し得るものではないであらう。ただ之は私が自分で京城まで出向いて、内地人と朝鮮人との混合したる会員に向ひ、精魂を傾けて為した福音の証であることに於いて、意味があればあるであらう」(⑧一二)。その意味で、矢内原は、(個人の魂の義化、聖化、栄化についても十分に言葉を尽くしているが、)とりわけ第五章「選の問題」に特別の意味を認めていたであろう。その末尾に彼は言う。「如何なる悲境に沈淪して居る民族も、神に対して従順なる信仰的態度を学びさへすれば、救の希望のないものはありません」(⑧二一二)。これは、すでに「ロマ書五講」其三「民族の救」において、明確に語られていた。救いがイスラエルを離れて異邦人に及び、総ての民族が神に用いられて福音を次の民族に伝えていくとして、日本民族が「日本民族でなければ果すことの出来ない使命」をもっているように、朝鮮民族にも「彼等特殊の素質と使命とがあり、他の如何なる民族を以ても果すことの出来ない存在の意味を有たされて居るに違ひない」と（⑧二八四）。矢内原のロマ書講義は、福音を民族の問題として世界的規模で考察するところに独自の位置と意義を得ている。「選の問題」はこう閉じられる。――「彼〔パウロ〕は己が民族の救を他民族の救との関連に於いて考へました。即ち人類諸民族の救をば全体的に考へたのです。ここに彼の民族主義は傲慢なる排他的精神から救はれたのである。而して他民族の価値に対する正当なる認識と、世界的正義及び平和の精神によりて立つところの、建設的信仰たり得たのです。之が彼のいはゆる民族哲学の『奥義』（一一の二五）でありました。而して之は現代の複雑にして困難なる民族問題を処理するに当つて、今なほそのままに妥当する根本原則たるものと私は信ずるのであります」（⑧二一三）。

伝道旅行に先立って矢内原は、旅上に生じうる困難を憂慮し、またそれを避けるべく予め十分の配慮を加えている（七月三〇日、村山道雄宛書簡、㉙一九二）。それでも途中には緊張する場面がなかったわけではないが（藤井立「叔父の想い出」、『矢内原忠雄全集』月報二七）、無事に伝道旅行を終えて帰国することができた。京城でのロマ書講義は「警察当局のきびしい監視下で行われた」（矢内原伊作『若き日の日記――われ山にむかひて』「朝鮮旅行記」）が、総督府官吏の宿舎に居住するなど、植民地政府の懐深く入り込んでしまうことによってかえって難無きを得た。その事情は宿舎を提供し、旅程の手配をした村山道雄の手記から分かる（「昭和十五年京城聖書講習会の思い出」、『矢内原忠雄全集』月報六）。このようなことが可能であったことは、実は矢内原の「宗教改革論」の内容自体にも深く関わってくることと思う。しかし、その意味は後に述べることとして、まずは、ロマ書講義と宗教改革論を二つながら携えていった矢内原の意図を押さえておきたい。

一九四〇年、矢内原は、ロマ書講義の前後に朝鮮京城で「基督教の論理と倫理」「学生と基督教」と題した講演を行ったほか、旅上各地で小講演を行い、また朝鮮旅行を挟んだ前後に、京都、仙台、西宮、大阪で講演を行っている。これらの講演では、「植民政策」「全体主義」「学生」また「新体制」などが、キリスト教との関連で扱われているが、表題は違っても、矢内原は「同一主題に関する一連の講演」と呼んでいる。「宗教改革論」は、それらを纏めてひとつの論考として成り立った経緯がある（⑮一二九）。

「宗教改革論」との表題を眺め、本文に向かおうとすると、いきなり第一節冒頭「全体主義」という節名に出くわして驚かされる。少なくとも、異様な印象を受ける。それは一六、一七世紀の宗教改革の思想史的理解から想定される概念とおよそ正反対の表題と思われるからである。しかし、叙述を辿っていくと、疑念は解け、問題設定の正しいことを了解する。「個人主義の時代が過ぎ去つて、いはゆる全体主義の波が押し寄せてをる」（⑮一二九）。そうした時代の勢いや、その動きの中に生きて悩んでいる人類の悩みに真正面から取り組む力のない思想は、時代から落伍するほかはない。基督教とてそうだと矢内原は言う。各時代が、その同時代における宗教改革とは何かを問わねばならないのである。

矢内原はまず「全体主義とは如何なるもの」かを問い、その特徴は「全体・統制・指導者原理の三点」にあるという。それぞれ「個人主義・自由主義・デモクラシーに相対する」と述べる（⑮一三〇）。

個人主義・自由主義・衆民政は過去一世紀にわたって世界を導いた時代思潮だったが、今はその弊害が認識されるようになった。すなわち時の経過とともに退廃的傾向を示し、個人主義は利己主義に、自由主義は放恣放埒な秩序無視に、民主主義は衆愚政治に転換した。そこで「世界は自ら新なる指導原理を造り上げげつつある。之れが全体主義である」(⑮一三一)。これは、矢内原の時代の国体擁護学者や文部省『国体の本義』の唱える通俗的な西欧批判をなぞるかに見えるが、矢内原は、そうした論法に対する評価は別として、客観的、冷静に対立の図式を示そうと努める。そしてこれに経済学的分析を加えるとき、その叙述は俄然正鵠を射たものに変わる。すなわち自由主義同様、「全体主義も亦一の時代の歴史的所産」であって、その「社会的背景は独占資本主義である」ことが指摘される。独占資本主義は広域経済を要求するが、「世界の諸強国間に於ける領土の分割」が既定の事実として成り立っているために、旧関係の維持者(民主主義国)とその改変を要求する者(全体主義国)との間に争覇戦が生じる。全体主義とは、実は「国際政治上の闘争の必要が新興国家群に課したる国内政治の改編」であり、そこでは、広域経済達成のための「自国支配権拡張の要求」と「既存の世界支配者に対する挑戦」としての「国民主義」、すなわち軍国主義と民族主義が形成されるという(⑮一三二)。

そこで矢内原は、全体主義は、「全体、統制、指導者政を高調する」が、それは自由主義以前の封建的専制政治と決して同一ではないという。新しい全体主義は「個人主義・自由主義を廃棄すべきでなく、寧ろその成果を基礎とし、之を包摂するものでなければならない」。そのような全体主義が、「始めて人類の思想史に於ける進歩的一段階」を画しうるという(⑮一三三)。受け止め方によっては時代状況への対応としての「方便」とも取り得るであろう。個人、自由という近代的価値の排斥ではなくむしろ、その確立こそが本来的な全体主義を導くという論の展開は、すでに全体主義を換骨奪胎して、例えばルターの述べたような、奉仕をも包摂する自由の本義にたちもどったと言えるかもしれない。しかし彼はあくまでも時代状況とその言葉遣いに寄り添っていき、その直中での道を示そうとする。矢内原にとって、時代思潮の中での社会の改革は、宗教改革に基づくものである。ヴェーバーに則りつつ矢内原は、一六、一七世紀の近代宗教改革は「個人」を確立し、責任ある職業意識を導き、新興資本主義に貢献したことを確認する（⑮一三六）。これに対して、現代の社会状況における宗教改革は、「全体」を確立するという。そしてそれは聖書的信仰への復帰をもって始めるべきである（⑮一三七）と。そのとき、自覚した個人の自由と責任が再認識され、人格的信念と責任感が指導者原理（統制）の基礎となり、また自由な個人の主体的服従を導くとされる。そこにこそ、天地万物を統べる神の権威が確立され神への真の服従に基づく義の社会が生まれるという（⑮一三八）。さらには近代宗教改革が中世勢力からの国民的解放を導いたのに対し、広域経済に基づく現代の宗教改革は、帝国主義を廃し、他国民との共存ないし協調を基礎づけるとされる（⑮一三九）。こうして辿ってくると、矢内原の論述は、前節で言及した帝大聖書研究会における講演「宗教は個人的か社会的か」で説かれた、個の魂の救いのみに安住せず、社会正義のために力を尽くす信仰者への要請と重なってくる。さらには、ロマ書九章で説かれた、排他的精神から救われた、世界的正義と平和の精神に拠って立つ民族哲学も見据えられているだろう。そこには来たらんとする「神の国」を待ち望みつつ、地上を旅してゆくエクレシア（神に召された群れ・共同体）のあり方が見定められている。「聖書のエクレシア観は典型的なる全体主義社会であり、基督教の全体主義の理想はその中にあるのである」（⑮一四一）。「現代に於いてはエクレシアに於いて『全体』の再発見が行われねばならない」。そのようなエクレシアの精神が世俗の国家を満たしていく。世俗の国家はエクレシアの命によって生かされる。そのとき支配の道義的基礎は「民族の血とか民族生存の必要とかいふ自然的・唯物的見地」に基づくものではなく、「普遍的道義の社会的表現」に拠らねばならない。「全体主義の道徳的性格は『愛』でなければならない。従って全体主義国家の理想は権力国家にあらずして、道義国家たるべきである」。全体主義は、個人に服従を求めるだけではない。「国家に対しても亦宇宙の普遍的道義への協力的服従をその道徳的義務として要求する」（⑮一四一）。ここには、イザヤの預言を引いて国の内外における正義の確立を説いた「国家の理想」（一九三七）の精神が再び語り出している。さらに言えば、戦争という危機の状況を等しくして、内村鑑三が取り組んだ宗教改革の問題を受け継ぐものである。内村鑑三は、第一次世界大戦下、キリスト教国が揃って参戦した状況を受け、地上の国がキリストの福音の担い手たり得ぬ事を深く思い知らされ、望みをおくべきは地上の国ではないとし、再臨を唱えた。しかし、その再臨運動は性急な叫びではなく、深い考察と確信から出たもので、実際の運動は最初の確信から一年ほど経た後に開始される。それまでの間、内村はルターを深く学び、執筆された「ルーテルの遺せし害毒」には「信仰の上に愛を加ふる改革」が唱えられる（『内村鑑三全集』二三、四二五頁）。矢内原はその精神を継いでいる。帝国主義の時代に、その経済的条件を分析しつつ、支配を強める世俗の全体主義との対決において、自覚的に深めた「宗教改革論」を展開する。「十六、七世紀の宗教改革の主たる任務が『個人』の道義的価値の自覚にありしに対し、現代の宗教改革は『全体』の道義的意義を把握するものでなければならない」と(⑮一四一)。

それでは現代の宗教改革の担い手とは如何なる存在か。「宗教改革は、その主たる担当者として特定の社会的階級若しくは社会的勢力を持つ」。「ここに於いて注目すべきはいはゆる『新中産階級』と呼ばれるところの使用人階級である。之は官庁会社等の俸給生活者階級であつて、その大部分は学校卒業生より成る知識階級である」(⑮一四四)。内村が、ニューイングランドで身につけた独立自営商工業者の信仰を基盤としたのに対して、矢内原は、右記の新中間層、官吏・給与生活者という社会層に改革の担い手を見定めた。それは、彼のもとに集う学生たちの、卒業後の姿に重なってくる。例えば、矢内原の朝鮮伝道を支えた一人の朝鮮総督府の官吏の姿が、まさに来たるべき共同体を構成する者の姿として浮かび上がってくる。村山道雄は故郷神戸一中の後輩として、矢内原に親近感を抱いたが、「何よりも若い私の血をわかせたのは、あの弱きもの虐げられたるものに対する深い愛情にもとづく義憤の言葉であった。／(中略)／大正十四年春、東京大学を卒業した私は、朝鮮総督府官吏に採用されて朝鮮に渡った(中略)〈私は信ずる、平和の保障は『強き神の子不朽の愛』に存することを。〉このテニソンの『インメモリアル』を引用された先生の『植民及植民政策』の結語を心に強く刻みつけられて」と告白する(『嘉信』月報七)。帝大聖書研究会に集い、やがて巣立った学生たちも、等しい思いで社会の隅々へと入っていったことであろう。先に引いた文章で松田智雄は満洲事変後、『通信』発刊の頃の帝大聖書研究会の雰囲気を次のように伝えている。「もともと、聖書研究会は、純粋に信仰のための集まりであり、東京大学の卒業生、教員や学生が会員であったが、その専門はそれぞれ違い、文化系、理科系がだいたい相半ばしていた。だから、この聖書研究会に、社会科学的な関心が強い筈はなかった」。しかし、「満洲事変こそは、先生の専門、植民政策学にとっても、重大極まる現実の対象であるとともに、国家と国家の間に存立すべき平和と正義を蹂躙したものであり、信仰の立場、ことに預言者の精神に立って、警告され、審判さるべき現実であった。そのような先生の精神が――それこそは学生にたいして、講壇から常に諭されていた批判的精神であるが――わたしたちの愚鈍な理解力にも、次第に滲み透ってゆくにつれて、会員たちも覚醒することになった」(『嘉信』月報七)。まさに現代の宗教改革を志向する群れとして帝大聖書研究会は育まれていったと言えよう。

四　無教会主義(エクレシア)論

「宗教改革論」において、矢内原は無教会主義の歴史的役割についても語っている(⑮一四六)。彼にとって無教会主義とは、内村鑑三にとってと同様に、教会を否定するものではなく、むしろ地上のエクレシア(召された信徒の群れ)のあるべき姿そのものであった。近代に獲得された政教分離(それはそれで大切ではあるが)の名の下に、世俗の権威とは別な権威をもってこれに対抗し、あるいは立てこもる地上の相対的な教権が問題ではないのである。むしろ、虐げられるものとともにあって、世俗の直中深く浸透していくところの愛の力こそがエクレシアの真実の姿である。矢内原は、「自由が丘集会」という「集会（狭義のエクレシア）」を持っていた。「私自身の家庭の集会は、東大聖書研究会を足場にしたものではなく、それとは全然無関係に発生したものである」（㉖一九二）。ある意味でこの集会こそが、「彼の」集会であった。戦前の「帝大聖書研究会」について、彼はこれを「手塩にかけた」（㉖一九一）と語るが、そこに集う人々には、学問と信仰という真理の二つの焦点を示唆したという点で、自らの手の及ばぬ部分を神の導きと各自の主体性に委ねたということであろう。矢内原が総長を退く折に会員の纏めた文集『信仰と生活の中から』（東大聖書研究会編）を繙くとき、内容の多様多彩に触れて、その感を強くする。「東大聖書研究会が終始私の門下生の団体たる色彩を持たなかつたことは、この会のためにも、私自身のためにも、大変善いことであつたと思ふ」と矢内原は述べた（㉖一九二）。

今日の世俗化した社会において、キリスト教の教会（にかぎらず宗教を標榜する共同体）は、社会のある位置に安泰の位置を占めるとともに、その境をなかなか超えられない状況にある。これに鑑みるとき、矢内原が東大聖書研究会を核とする群れにおいて目指したような、制度上の拘束力を持たず、なおかつ関わる者の生を深く結ぶ共同体の志向は、矢内原の「宗教改革論」（当然その社会的基盤の分析は新たにせねばならないが）とともに、語るべきものを保ち続けている。全体主義が過去の述語となった今も、その形を変えた支配は跋扈している。そうした現実の持つ困難は大きいが、信仰とは理想と希望への関わりである。聖書の福音の与える確信は、人の設定した枠を越えて総てのものを豊かに結びつける。その問題設定は、官と民、支配と被支配、政治と宗教、宗教間の境を越え、エクレシアによって裏打ちされた社会を指し示し、さらにはその境をも超える（真に無教会的な）交流を導く。グローバル化したといわれる世界状況の中、一方で民族主義が尖鋭化、孤立を深めていく。矢内原が問いかけた「現代の宗教改革」は、変わらぬ問題でありつづける。矢内原は「宗教改革論」をこう結んでいる。「社会の伝統と利害関係の膠着するところ少く、鋭敏なる真理の探求心と新鮮なる直感力を持つ青年学生諸君の任務は殊に重大である。諸君、乞う勉強せよ」。

＊敗戦後再興された帝大聖書研究会（東大聖書研究会と名称を改める）については、紙幅がつきたので、前掲『信仰と生活の中から』、また原島圭二「矢内原忠雄と東京大学」（『無教会研究』第五号、二〇〇二）を参照されたし。

信仰と学問——一九三〇年代を中心に

三浦　永光

矢内原は植民地研究を専攻する学者であり、またキリスト者であった。学問と信仰は彼の活動の軸を成している。さらに、一九三〇年代は植民地争奪と戦争をめぐる国際政治および日本の国内政治の激動期であった。矢内原にとって、政治の動向は彼の学問研究の対象であると同時に、信仰者としての態度決定を迫る問題でもあった。この章では、彼が学問・信仰・政治をどのように理解していたかを考察したい。

一　学　問

矢内原は学問一般をどう理解していただろうか。矢内原によれば、学問、とくに社会科学は社会における現象を観察・分析し、そこに法則的真実を発見しようと努める行為だという。学問は外的な諸現象の中にその真実な意味と動向を把握する。学問は「人類社会の発展を社会と自然の関係、社会内部の構成要素間の関係において把握し、そこに社会発展の動力を見、社会的不幸の原因を求める」(⑯一六六)。すなわち、学問は社会の集団間の協力、競争、対立などの関係から社会の変化と発展が生ずるさいの原因と結果を明らかにし、社会的不幸(貧困、支配抑圧、紛争、戦争など)の原因を探究するものだという。

矢内原はまた、学問が社会的変化発展の深い真実を認識するがゆえに、国家の政策を批判的に見ることができ、また批判する責務をもつと言う。彼は言う。「地上の権力(政府、教会)が政策的目的をもって宣伝することに対して最も必要なるは学問的批判の精神である」(⑯一九九)。もし学者の仕事が政府の政策に無批判に同調し、学問的お墨付きを与えるだけだとすれば、その学問は「支配的勢力の要求に仕える学問」であり、権力の侍女にすぎない(⑱二二八)。学問は学問の権威をもって「警世指導の任務」を果たさなければならない(⑮一〇一)。

矢内原はさらに、学問が学問としての使命を果たすためには、学問の自由が保障されなければならないという。学問の研究の自由と研究成果の発表の自由は、人々が社会の真実を知るために必要不可欠であり、「学問を圧迫するは、社会より眼を奪うがごとくである」(⑮一〇〇)。人々は社会と世界の深い真実を批判的学問を通して知ることができるのである。彼はこのように、学問が国家の統制から自由な立場で社会を研究すること、また国家の政策に対してたえず冷静で批判的な態度をとることの重要性を説いた。

二　学問と信仰の関係

矢内原は、学問が認識する社会的不幸の原因のほかに、キリスト教は社会的不幸の原因として人類と神の均衡関係の存在、すなわち、罪の存在を教えるという(⑯一六八)。キリスト教は、社会的抑圧や戦争による人々の苦しみが、根底においては、人間の神からの離反による罪への傾向と利己的欲望から引き起こされたものと見るのである。矢内原によれば、学問は目に見える現象を研究するのに対して、信仰は罪、死、神など、目に見えないが人生にとって避けることのできない重要な問題を啓示と直感を通して把握するという(⑯一七三、一九九)。そして学問と信仰は決して相互に矛盾せず、結局一つの真理を異なった角度から見つつあるにすぎないという(⑱二六八)。

矢内原によれば、信仰者は世界と歴史を導く神を信ずるがゆえに、神の意思としての平和と正義という理想を把握するという(⑮九六八)。信仰者にとって、この理想は人類の歴史の究極の目標であり、また人類をこの目標に向かって推進する精神的力である(⑮九六八)。人は宗教的精神によって人生と社会を革新する目標と原動力を涵養することができる。科学(学問)はそれが法則を探究し、社会的正義を探究する限り、宗教によって強められ奨励される(⑯一六八)。たしかに宗教はその迷信的独断性や感傷的耽溺性に陥る危険を避けるために、科学的精神からの批判を受け入れ、信仰を着実なものにしなければならない。しかし他方、学問は宗教的精神から研究の目標と着想、研究の霊感と熱意を与えられるのである（⑯二〇〇）。

矢内原は、科学的社会主義を標榜するマルクス主義が唯物論の立場から宗教を非科学的迷妄として否定することに対して次のように反論する。すなわち、科学は現象界の内部で世界と人間を探究するが、宗教は人間の魂が強い関心を抱く不可視の領域の事柄（罪、義、愛、死と永遠、真の幸福、歴史の目標など）を認識する。宗教の領域は科学の領域の外にあり、科学は宗教の領域の存在については、自己の領域外のことであるから、その存在を確証も否定もできない。マルクス主義が一元的唯物論と無神論を主張するのは科学的根拠にもとづくものではなく、科学の領域外での哲学的主張である（『マルクス主義とキリスト教』、⑯三一～一〇九）。

しかし矢内原は哲学思想としてのマルクス主義を論駁しつつも、社会の構造と変化の動因、歴史の発展の諸段階を捉えるマルクス主義の社会科学的方法、虐げられる者への同情と資本主義の変革への志向には多くの真理を認めた。それゆえ彼は植民地研究ではマルクスのほか、レーニン、ローザ・ルクセンブルク、ヒルファーディングなどのマルクス主義者の認識を積極的に多く取り入れている。

三　学問と信仰からの政治批判

1　国際政治に対する批判

矢内原は以上のような学問と信仰の理解に立って、社会科学者として、また信仰者として当時の国際政治の動向を観察・分析し、これに批判を加えた。矢内原によれば、第一次大戦後、国際主義（諸国民の国際的連結）の気運が高まり、国際連盟が設立された。しかし一九三〇年頃から、ドイツ、イタリア、日本など新興植民国は軍国主義によって国際主義に対抗し、民族主義を主張してきた。矢内原はナチス・ドイツの特色を①社会民主主義と共産主義に反対、②反ユダヤ主義（金融資本と社会主義に対する反感）、③ベルサイユ条約破棄の立場と捉えている。またナチス政府は独裁的権力主義を主張し、言論思想の自由を抑圧する。自民族が最高の価値をもつと公言し、平等博愛の思想としてのキリスト教的人間観を否定する（⑱六〇〇〜〇六）。イタリアはエチオピアを侵略・併合した。矢内原によれば、これは列強のアフリカ分割運動へのイタリアの参加である。日本は満洲事変によって中国での権益を拡大しつつある。このように、日独伊三国は植民地の分割・再分割を要求している。植民地分割をめぐる旧植民国（英仏蘭）と新興植民国（日独伊）の間の平和策が議論されているが、矢内原によれば、それは強国間の平和策であって、強国と弱国・植民地との間の平和ではない。国際主義も植民地支配を基礎とする平和であって、その基礎は薄弱である（⑱一五六）。というのは、第一次大戦後、エジプトがイギリスの支配から独立し、インドはイギリス支配の下で自治獲得運動を展開していることから明らかなように、各地で植民地の自治と独立の運動が起きているからである。矢内原は、「植民地に対する帝国的支配関係の永続は不可能である」と断言する（⑱三一八）。

矢内原は一九三九年に始まった第二次世界大戦について、これは世界に対する神の裁きであると言う（⑱六九二）。なぜなら、矢内原によれば、欧州諸国はキリスト教と称しながら、為すところが非キリスト教的であり、偽善的であった。連合国は第一次大戦の責任をすべてドイツに帰し、連合国自身の責任を否定した（⑱六九三）。また連合国はベルサイユ会議で人種平等の原則（日本が提案）を否決した。連合国は世界各地の植民地と米国で奴隷制に近い制度と人種差別を続けている。今度の第二次大戦において、イギリス、フランス、オランダの貪りと偽善は審《さば》かれざるをえないという（⑱六九六）。

さらに矢内原によれば、欧州文明は科学の発達によってキリスト教を否定したと言う。科学主義と唯物思想が結び付き、欧州諸国は正義よりも利益を重視するようになった。これが欧州戦争の背景にある（⑱六九二）。このように、矢内原は日独伊三国の軍国主義ばかりか、旧植民国であるイギリス、フランス、オランダと米国に対しても国際的正義に反する帝国主義国として根底的な批判を加え、両次の世界大戦を帝国主義国同士の国益追求の争いと断じている。

2 日本の政治に対する批判

中国侵略と軍国化に対する批判 矢内原は満洲事変における日本軍の支配拡大、満洲国建国、リットン調査団の報告と国際連盟による日本軍満洲撤退勧告（四二対一で票決。反対は日本のみ）、日本の国際連盟脱退という事態の進展を観察し、「我が国は神の正義を蹂躙した」とのべる（⑱五三一）。彼は日本の行動を中国に対する侵略と捉え、そこに「国家的利欲および国家的虚偽」を見た（⑱五四〇）。しかし日本はさらに華北五省分離工作を謀って、一層の領土拡大を狙っている。矢内原はこれに対して最近の中国の民族主義の急速な発展に注意を促す。矢内原によれば、満洲事変後、中国民衆の国民統一意識が急速に高まった（⑱三五一〜五三、五八五、五九七）。中国の現在の民族主義は明治維新における日本統一への動きに相当するもので、正当である。矢内原は「満洲における国民主義運動は中国および満洲の経済的政治的発達の歴史的必然にして、何者の妨害をもってもこれを阻止するをえず（後略）」とのべる（②五三八）。これに対して、日本の現在の民族主義は他国の領土を侵害・支配しようとするもので、帝国主義、すなわち偽りの民族主義である（⑱二四）。矢内原は言う。「日本の対支政策の根底は支那の近代統一国家化の助成に存しなければならない。（中略）親隣のみ真に合理的永久的意義ある対支政策である」（②六一七〜一八）。これは事実上、石橋湛山の意見と同じく、満洲に対する権益放棄の主張であろう。(1)

矢内原は国内政治にも批判の目を向ける。彼は日本の政治が、莫大な軍事予算から明らかなように、「軍事優越の政治」となっており、一方では「軍需成金戦争成金の簇生」を助長し、他方では庶民を増税の負担で苦しめていると指摘する（⑱五九一、六三一）。しかも政府は国民の不満を抑えるために、思想言論の自由を封じている。矢内原は議会の権限を拡大すべきこと、また軍部（「天皇と議会の間に介入して国政を左右する」勢力）の権力増大を抑えるべきことを論じている（⑱六二二）。彼は国を興す根本の力は軍隊、外交、経済の何れでもなく、国家の道徳であると主張する（⑱二〇五）。

国家至上主義に対する原理的批判　矢内原は、天皇が神聖な存在であること、日本国がこの天皇によって統治され、また道徳的にも指導されるべきこと（明治憲法と教育勅語）を根拠として言論界で主張されている「国家至上主義」を批判する。矢内原によれば、国家至上主義は国家を最高の価値と宣言し、いかなる価値（人民の福祉、自由、財産など）も国家の上位に立つことを認めない思想である。国家至上主義は国家の理想と現実国家を区別せず、現実国家の軍事的・政治的・経済的利益を道義と同一視する（⑱七九）。国家の理想と目的が自国の物質的利益の維持発展（領土の拡大、資源獲得、人民の増加など）であるならば、他国の主権を侵害することが国家の正義とされ、国策の目標となる（⑱六二九）。これに対して矢内原は、国家の真の理想は正義であり、これは国家の現実と原理的に異なるという（⑱六二六）。正義とは、他者の尊厳を侵害しない限度において自己の尊厳を主張することであり、弱者の権利を強者の侵害圧迫から防衛することである（⑱六二六）。国家は国内においては社会的正義を、国と国の間においては国際的正義を維持することを目的としなければならない。したがって、国家が正義を指定するのではなく、正義が国家を指導するという関係にあるべきである（⑱六二七）。現実国家の政府はその政策において自己の無謬を主張することはできない（⑱六三四）。政府は政策に関する議会および人民の自由な議論と批判を許容しなければならない（⑱六三二）。

矢内原によれば、真の愛国心は国家の現実の政策よりも高い道義、すなわち宇宙の公理としての道義を認めることにある（⑱八二）。天皇は「国家的位体においては神性である」が、「生活および人格においては人性」である（⑱八一）。国家的位体とは、国家機構における資格または地位を意味する。矢内原は明治憲法において「天皇は神聖にして侵すべからず」と規定されていることを踏まえて、天皇の神性を認めたのである。しかしそれは国家における地位に関してのみであって、天皇の人格は他の人間と同じく人性だというのである。矢内原によれば、現在の日本にとって必要なことは、天皇に対する敬虔感を神の礼拝へと転換・発展せしめること、礼拝の対象を民族神から世界神、宇宙神へと高めることである（⑱八四、八六）。真に国を愛する者は自民族中心的道義を世界大の普遍的道義へと拡大、深化、純化すべきである（⑱八四〜八七）。ここで矢内原は明治憲法の枠内で可能な最大限度の天皇批判、現人神《あらひとがみ》としての天皇に対する批判を表明しようとしたことがうかがわれる。矢内原は神性天皇を自民族中心的神にすぎないと指摘し、日本がこれに代わる普遍的正義の神を信ずるにいたるべきことを主張しているのである。

矢内原の国家至上主義批判は日本の排外的な国家主義に対して普遍的正義にもとづく対外政治を主張する政治批判であるばかりでなく、神聖天皇の支配にもとづく神権政治から普遍的道義の神を基礎とする政治への転換を求める宗教論争の性格を帯びている点に特色がある。これは当時の政治的状況の特異性を考慮してはじめて理解できるものであろう。

キリスト者と国家　以上から明らかなように、矢内原は政治の理念を神の意思の中に見ている。そして政治と歴史に関する神の意思は正義、非戦平和、歴史の完成の三点に要約できるという（⑮九六〜九七、⑱六三一）。

矢内原は、加藤弘之が『我国体とキリスト教』（一九〇七年）において、キリスト教が日本の国体と相容れないと論じていることを受けて、はたしてキリスト者は国家に不忠であるかと問う。この問いに対して彼は、否、われわれは国を愛し、天皇を尊敬する。そしてキリスト教の示す途が真正の愛国尊皇であることを確信する、と答える（⑱二一八）。矢内原によれば、今日我が国が最も必要とするものは、洞察、責任観念、正義の観念をもつ人間である。洞察は物事の真相を見抜いて、歴史の赴くところを見通す目である。現代は個々の国々の神々が互いに戦っているべき時代ではない。今日は経済においても政治においても世界的な連帯関係の上に歴史が営まれており、一国だけで孤立して生きることはできないことを洞察しなければならない。今は世界の神が歴史を一つに握って経綸を行っている時である（⑱六八八）。またこの時代において、責任観念は国の指導者に求められるばかりでなく、指導者に従う人々にも必要である。指導者への服従は、服従する各個人自身の責任において行わなければならない（⑱六八九）。さらに、正義の観念をもつとは、個人としても国としても、利益よりも正義を重んじ、これを大胆に発言することである。だが今日の軍国的空気の非常時において、このような人間は人々から排斥され、官憲の追及を受けるだろう。しかしキリスト者は神による歴史の導きを信ずるがゆえに、この苦難を甘受するのである（⑱二一九）。矢内原はこのように、真のキリスト者が自己の信仰と良心にもとづく正義のゆえに国家の政策に反対し、抵抗することをも辞さないことを明確にのべている。

一九三七年七月、中国で盧溝橋事件が起こり、これを機に日本軍が日中全面戦争に突入するや、矢内原は「国家の理想」と題する論文を雑誌『中央公論』に発表した。彼は言う。

「国際間にありて強国が自国生存上の必要と称して弱国の権利利益を侵害することもまた正義原則に反するものであり、国家の国家たるゆえんの本質に悖り、国家の理想を裏切り、国家の品位を害するものと言わねばならない」。

「現実政策の是非を判断する標準は現実の事情にのみあるのではなく、国家の理想、すなわち国家の国家たる品位こそ、現実の正邪を判断すべき根本的標準である」。

「国家の理想が政府当局者の政策によるよりも、かえって国民中の少数者によりて維持せられ発揮せられし事実は歴史上乏しくない」(⑱六二八、六四四、六三四)。

この論文が東京大学の同僚によって不穏当として批判され、矢内原は辞任を迫られた。さらに同年一〇月、彼は親友・藤井武(独立伝道者)の没後七周年記念講演会において「今日は虚偽の世において、われわれのかくも愛したる日本の国の理想、あるいは理想を失ったる日本の葬りの席であります。……どうぞ皆さん、もし私の申したことがお分かりになったならば、日本の理想を生かすために、ひとまずこの国を葬って下さい」と語った(⑱六五三〜五四)。文部当局がこの事実を知り、東大総長に矢内原の解職を求めた。同年一二月、矢内原は辞表を提出して大学を去った。彼の著書『満洲問題』と『帝国主義下の台湾』は当局の圧力により休版のやむなきにいたった。

行政当局による知識人・大学教授に対する思想統制はすでに治安維持法制定(一九二五年)以来、激しさを増していた。一九二八年に大森義太郎、河上肇、向坂逸郎らが大学辞職に追い込まれた。満洲事変以後の戦争の激化とともに、弾圧も強化され、三三年には京都大学の滝川幸辰が著書の発行禁止処分の上、末川博ら五教授とともに辞職に追い込まれた（滝川事件）。三五年には美濃部達吉東大教授が著書を発禁処分とされ、貴族院議員を辞職した。矢内原の辞職の後、四〇年に東大教授・河合栄治郎も辞職に追い込まれ、また早大教授・津田左右吉が著書四著を発禁とされた。矢内原の言論活動はこのような厳しい時代状況の中で行われていたのである。

四　矢内原の思想の特色

矢内原の学問研究の特色は何か。それは第一に、矢内原が『植民及植民政策』において植民地統治体制の枠内に身をおきながら植民政策への批判的認識を展開し、ついにはその枠を突破し、植民地支配自体の批判に至るという論述方法をとっていることである。彼は世界の植民国の植民政策が従属主義・同化主義のため行き詰まりつつあること、植民地民衆の独立・自治運動の高揚が現代の歴史的趨勢であることを学問的研究において認識した。この認識が、彼においては、植民地の解放と独立国相互の自主的結合および平和友好関係の実現への聖書的希望と結びついている（①四八二）。

第二に、矢内原は、現代においては各国が政治的・経済的に深く結合し、相互に依存し合っており、どの国も他国の意思と権利を尊重しなければ自国自身も生きていけないことを強調し、日本国民がその精神を民族的道義（自国の軍事的・経済的強大化）から世界的公義へ、民族神の宗教（天皇崇拝）から世界神の宗教へ発展・拡大すべきことを主張した。また彼の理解するキリスト教が国際的正義と平和・博愛を説く世界宗教であり、現代世界において重要な意義をもつことを示した。彼の国家至上主義批判は吉野作造の民本主義や美濃部達吉の天皇機関説と共通する面をもちながら、しかも両者のいずれとも違って国家の倫理的な理念と価値規範を強く打ち出している点に特色がある。

第三に、矢内原は欧米や日本のキリスト教界が功利主義（唯物主義）に染まり、帝国主義に同調することによって歪められていることを批判し、平和と正義のキリスト教信仰に徹すべきことを主張した。

第四に、矢内原にとって、平和と正義（各人・各国の生存の要求の相互尊重）は学問的真理であると同時に、信仰的真理でもある。この意味での正義は「法の支配」として西欧の政治思想の伝統に属していると同時に（⑲三一二）、彼が国家に関する神の意思と信じたものでもあった（⑮九八）。矢内原が当時の国家を批判したさいの根拠は、学問的真理と信仰的真理がここで一体となると彼が信じた立場、すなわち平和と正義のそれであった（㉖四六〜四七）。

第五に、矢内原は、信仰がたんに個人の内面の平安や信念にとどまらず、社会の中で発言し行動する精神的な力を生み出すと捉えていた。矢内原は権力からの圧迫をも恐れない信念と勇気を、歴史を経綸する神への信仰から与えられると信じ、自ら行動したのである。

第六に、矢内原における平和と正義の神は旧約および新約の神であるが、このうち、彼が語る旧約の神（預言者たちの神）は旧約聖書の神の複雑な性格の中から選びとられたものである。右に見たように、矢内原はキリスト教が世界宗教であり、世界平和を説く宗教であるという。矢内原がキリスト教の平和思想の典拠として挙げる聖書の箇所は新約のエペソ書の次の言葉である。「彼〔キリスト・イエス〕は我らの平和にして己が肉により、様々の誡命の規より成る律法を廃して二つのものを一つとなし、怨なる隔の中籬を毀ち給へり。これは二つのものを己に於て一つの新しき人に造りて平和をなし、十字架によりて怨を滅ぼし、また之によりて二つのものを一つの身体となして神と和《やわら》がしめん為なり。且つ来たりて、遠かりし汝等にも平和を宣べ、近きものにも平和を宣べ給へり。そはキリストによりて我ら二つのもの一つ御霊にありて父に近づくことを得たればなり」（エペソ 2:13–18）（⑱二五九）。また旧約のイザヤ書の次の箇所である。「かくて彼らはその剣を打ちかえて鎌となし、国は国に向いて剣を上げず、戦闘の事を再び学ばざるべし」（イザヤ 2:4）。「その日イスラエルはエジプトとアッスリヤと共に三者相並び地の上にて福祉を受くる者となるべし。万軍のエホバ之を祝して言ひたまはく、わが民なるエジプト、わが手の工なるアッスリヤ、わが産業なるイスラエルは福なるかなと」（イザヤ 19:24–25）（⑱二五七～五八）。エペソ書の言葉はパウロがキリストの福音をユダヤ人だけでなく異邦人にも広げ、万人がキリストによる救いを通して民族間の偏見や敵意を除いて和解と平和にいたることをのべている。イザヤ書の言葉は、人々がもはや互いに戦争をしなくなり、イスラエル、エジプト、アッスリヤが互いに和して神の恵みを得る日が来ることの希望をのべている。矢内原の言うとおり、これらの言葉の中に強い平和思想が見られることは疑いない。しかし右の引用の中の「万軍のエホバ」という言葉から示唆されるように、旧約の神はイスラエル民族が出エジプトの後、カナンの地に侵入・定着する過程で先住諸民族と頻繁に戦争を繰り返し、またダビデの時代に周辺諸民族を征服して王国を建設する中で、戦争を命令・指導し鼓舞する神としての性格を著しく帯びた（ヨシュア記 6:2–5, 8:18–19, 10:40–42、士師記 4:6–7, 4:23、サムエル記下 7:8–9, 8:13–14 など）。矢内原もイスラエル民族が神の命令に従って他民族を征服した事実に言及し、「カナンに侵入したるイスラエルは原則として原住者絶滅政策をとった」とのべ、ヨシュア記一一章二一節以下の記述を挙げている（①二九六）。このように異民族を容赦なく侵略し滅ぼすことを命ずる「万軍の神」ヤハウェと、矢内原が好んで言及するイザヤ、エレミヤなどの預言者が語る平和と正義を教える神との間には著しい対照が見られる。矢内原がキリスト教の神を平和と正義の神として語るのは、彼がこのようなイスラエルとその神の歴史的変遷と思想的多様性を含む聖書の中から預言者の思想を選び取った結果であり、旧約の神の一面にすぎないことに注意したい。矢内原のいう「世界神」の高い理念性（「基督教理想主義」が示す普遍的正義と世界平和）は特定の民族イスラエルの歴史的神の特殊な、荒々しい性格を超えることによって到達されたものと言える。彼における神の「純化」は、欧米のキリスト教が歴史の中でしばしば旧約の戦争の神を掲げて異民族征服を正当化した歴史的事実と比べるならば、注目すべきことであろう。(2)

五　問題点

矢内原の思想における問題点として、第一に彼の天皇制に対する見方が挙げられる。右に見たように、矢内原は天皇の神性を国家における位体として肯定しつつも、その人格としての神性を否定し、その人性を主張した。彼は天皇が人間である以上、判断と行動に関して無謬ではないと暗に指摘しているのである。彼はまた天皇崇拝をキリスト教の世界神への信仰に転換する必要を説いた。しかし他方で、彼は一九四一年にこう言う。「私は真に日本人の心によってキリスト教が把握されて、本当の歪められないキリスト教が日本に成立つ、日本に普及する、その時の光景を考えてみますと、上に一天万乗の皇室がありまして、下には万民協和の臣民があって、何の掠め取る者もなく、正義と公道が清き川の如くに流れる。そういう国を私は幻に見るんです」(⑱七〇一)。矢内原が日本国の理想とするのは、国内に正義と公道が行われ、すべての人民が互いに協力し和しているとともに、人民の上に天皇が存在して人民を見守っているという関係が成立している状態である。矢内原のこの天皇観は戦後も変わっていない。彼は専制的権力の頂点として天皇を立てる制度も、天皇を現人神とする宗教的信仰も否定されねばならないが、国民生活の中心としての天皇に対して尊敬を払うことは善き国民的伝統として維持されるべきであるという(⑲二四七)。しかし天皇が明治憲法、教育勅語、治安維持法の体制の中で専制的権力の頂点にあり、統帥権を握って日本軍の中国への支配拡大を承認していた事実、つまり天皇が正義と平和に反する政策を推進した権力の頂点に立っていたという事実を彼が認識しているとすれば、権力を握る神聖天皇から「国民生活の中心としての天皇」だけを切り離して、これを正義と平和の理念と調和させることができるかどうか。わが国の天皇崇拝の歴史的伝統の根強さを考えるならば、疑問が残る。

第二に、キリスト教と他宗教の関係の問題がある。矢内原は、現代はすべての国々が政治的・経済的に深く結合し相互に依存し合っている時代であり、世界の神が歴史を一つに握って経綸を行っている時代であるという。そしてどの国も（日本も）民族神の崇拝から世界神、宇宙神の信仰へと転換すべきことを主張する。彼がここで言う世界神はキリスト教の神である。彼は「基督教の真理は世界的であって、古今を問わず東西を論ぜず、すべての人類に対し絶対的なものである」と言う（⑮四九）。しかし既存の世界宗教としては、キリスト教のほかに仏教、イスラム教がある。彼がキリスト教だけを取り上げるのは、彼個人がキリスト者だからという個人的理由を超えて何らかの普遍的な根拠があるのだろうか。矢内原はこれに対して、キリスト教が最も強く正義と平和と博愛を説く宗教であると言うかもしれない。しかしこれに対してはイスラム教、仏教の側から反論が起こると思われる。いわゆるキリスト教国である欧米諸国の政治的・経済的・軍事的優勢という当時の国際関係の下では、なおさらそうである。また、世界各地の民衆宗教は世界宗教ではないが、必ずしも外国に対して排他的な民族主義的性格をもつとはいえず、諸民族の平和共存の思想と矛盾しない。自民族中心的で排他的な宗教は克服されねばならないが、キリスト教を含めた世界の諸宗教の間の相互理解と尊重の思想が必要となるのではないだろうか。矢内原はキリスト教以外の宗教・文化に対して排他的で冷淡であったのか。そうではない。矢内原は文化相対主義の思想をもっていた。彼は諸民族の多様な文化に共通な普遍的原理が存在し、これによって諸民族の相互理解が可能であること、また諸民族が相互の文化の性格の相違を理解・尊重し、「文化的帝国主義」を避けるべきことを論じている（⑤三二〇〜二一)。これは現代の多文化主義、異文化間の交流とコミュニケーションの重要性の高まりに通じるものであろう。それにもかかわらず彼がキリスト教の絶対性を主張したとすれば、彼の思想の整合性が問われよう。

第三に、植民政策とキリスト教伝道の関係についてである。矢内原は諸民族の文化と倫理の根本は共通で普遍的であり、異民族の相互理解は可能であるとともに、諸民族の文化把握の性格・表現形式は異なるから、その相違を相互に尊重しなければならないという。また植民国は植民地民衆に自国文化を伝播するさいに文化的帝国主義、民族的優越感の強要を慎まねばならないが、自国文化の伝播は現地民衆の文化の向上と進歩に不可欠の要素であるという(⑤三二〇〜二二)。矢内原は、キリスト教伝道の重要性について「宗教的信仰は自ら伝道的たらざるをえない。その信仰を真理と確信する者はこれを他人に伝えずしては止まない」とのべ、「汝ら往きてもろもろの国人を弟子となし(後略)」というイエスの言葉(マタイ 28:19–20)を引用している。そして「宗教伝道は植民の積極的動因の一として認めらるべきである」と言う(①七六)。またパウロの言葉(ロマ書 10:12)を引用しつつ、「宗教的信念の伝達は真に内心における融和をもたらす。(中略)人種的区別、植民者原住者の区別を超越したる同胞的愛の関係に入らしむ」(①三二七)とのべ、植民におけるキリスト教伝道の重要性を指摘している。しかし彼は同時に植民地民衆の政治的支配のために宗教を利用することは害悪をもたらすとして反対し、こう言う。「政治的目的のために利用せらるる宗教または教育は往々『人民の阿片』であり、そはあらゆる社会的害毒の中の最大害毒となるゆえに、植民者と原住者との宗教的接触に関しては何らの政治的強制利用もしくは妨害あらざるべきである」(①三一七)。しかし、植民国と現地民衆の間の政治的・経済的力の差の下では、植民国によるキリスト教伝道じたいが宗教の政治的利用の性格を帯びざるをえないのではなかろうか。

では矢内原は植民地民衆の伝統的宗教をどう見ているだろうか。彼は『南洋群島の研究』において、ミクロネシア島民の固有宗教の特色として、神々は自然物の精霊と死者の霊、氏族的地方神であること、宗教儀式と祈禱は主に氏族生活、現世日常生活に関するもので、来世の観念が希薄であることを指摘している(③三一七〜一八)。また彼らの宗教儀式と祭事は迷信にもとづく巫術と性的放縦をともなう舞踏などから成るという(③三二一)。そこで矢内原は言う。「従って彼ら固有の社会制度の変革には宗教の破壊を必要とし、また固有宗教の破壊のためには社会制度の変化を必要としたのである」(③三一八)。つまり矢内原は、植民者が民衆の伝統的宗教を、それが迷信的・反道徳的だからという理由で消滅させるべきだと言うのである。はたして、このような現地民衆の伝統的宗教に対する一方的で否定的な態度は妥当であろうか。それはヨーロッパ的・キリスト教的文化からの、また近代主義的偏見にもとづく、異文化の破壊であるように思われる。

矢内原は、ミクロネシアでこれまで行われたキリスト教布教によって伝統的祭事儀式が禁止された結果、固有の宗教と巫術が消滅したことを積極的に評価し、さらにキリスト教が島民に与えた影響として迷信の打破、一夫多妻制の排斥、禁酒禁煙、島民の心性の平和化と部落間の争闘の終止、品性の向上などを挙げている(③三二一〜二四)。矢内原のこの評価にはたしかに一定の正当な根拠を認めることができようが、しかし伝統的宗教の徹底的破壊は現地民衆の歴史的・文化的アイデンティティ（矢内原が重視する現地民衆の「集団的人格」）の破壊に通ずるのではないかという疑問が残る。

矢内原はこのように植民における宗教伝道の積極的意義を認めると同時に、歴史的に見ても、植民地支配の下でキリスト教伝道が現地住民の精神生活に良い影響を与えたと見ている。しかしキリスト教伝道が歴史の中で植民地民衆の反感を招くことはなかったのだろうか。矢内原は一七世紀にスペインのジェスイット宣教師がマリアナ諸島民に宗教と生活様式の近代化を急激かつ粗野な方法で行ったため、島民の反乱を惹起した事実を挙げて批判している（⑤三一四）。しかし他方で彼は一九世紀後半にミクロネシアのポナペ島でボストン・ミッションの宣教師が島民の布教反対に遭った事実に触れ、その理由は宣教師が禁酒禁煙、安息日の厳守など厳格な生活規律を要求し、旧来の社会制度・生活様式の変革をもたらしたからだとのべており（③三九〜四〇）、島民の反対運動の事実によってキリスト教伝道自体の重要性・正当性が揺るがされるとは考えず、むしろ伝道の意義がいっそう確認されると考えたようである。矢内原は近代文明以前の生活にとどまっている民族の文化・宗教に対しては概して否定的態度をとっている。このことが彼の言う「土着文化の尊重」「彼等〔植民地原住者〕の文化の把握及び表現の特殊性を尊重」するという立場（⑤三二〇）とどう関係しているかが問われるであろう。

矢内原はミクロネシア以外の植民地におけるキリスト教伝道の歴史についてはどこにも言及していない。ここで筆者は一七世紀のアメリカでイギリス植民者が先住民に対してとった土着宗教の禁止とキリスト教冒瀆禁止の政策を指摘しておきたい。一六四六年、マサチューセッツ植民地議会は先住民に対してキリスト教の神の否認・冒瀆を死刑の罰則をもって禁止し、先住民固有の宗教儀式を罰金をもって禁じた。この法律は言う。「この植民地内のいかなる人も（中略）真の神または神の創造または神による世界統治を否認してはならず、また神を呪い、神の神聖な宗教を非難してはならないことを、永遠なる神の名誉のために、この議会によって命令し、宣言する。（中略）もしだれかがこの法律を破るならば、その人は死刑に処せられる」。「いかなるインディアンも、いかなる時にもインディアン固有の宗教儀式を行ってはならず、彼らの偽りの神々または悪魔に対する公然たる礼拝を行ってはならない(3)」。この法律の制定の背景には一六三七年の植民者とピクォート族の間の戦争の経験があり、先住民のイギリス植民地政府に対する精神的従順を確保しようとする狙いがあったと思われる。この法律は、植民者の政治権力によってキリスト教が先住民に強制されたことを示している。これは植民者による宗教の政治的利用であり、まさに矢内原が強く非難した政策に該当する。矢内原は西欧諸国が植民政策において略奪、暴力、不正、欺瞞を現地民衆に加えた多くの事実を鋭く指摘しているにもかかわらず、そのような政策がキリスト教の強制・伝道と結びついて進められ、キリスト教伝道が従属主義的・同化主義的植民政策に加担してきた事実に対する認識と批判がきわめて少ないように思われる。

六　あとがき

右にのべたようないくつかの問題点があるとはいえ、矢内原が一九三〇年代の国内政治の軍国化に抗しつつ展開した国家至上主義に対する原理的批判と軍部主導の政治に対する批判の意義はまことに大きいものがある。敗戦を境に日本は大きく転換したが、日本が残した戦争と植民地支配の体制と思考体質は二一世紀に入った今日もなお影を落としている。(4) また矢内原がその克服に取り組んだ欧米諸国による植民地支配は過ぎ去ったが、代わって先進工業国による発展途上国の経済的支配や各地での絶え間なき戦争、核兵器の拡散などが現代世界の人々の生存と平和を脅かしている。矢内原が説いてやまなかった国内的および国際的正義と非戦平和の主張は、今日色あせるどころか、一層の重みをもって私たちに訴えかけていると思われる。矢内原の学問の精神と信仰の質を現代の状況の中でどのように生かし発展させていくべきかを考えることが、私たちに託された課題であろう。

注

（1）石橋湛山は一九二一年、「一切を捨つるの覚悟」と題する文の中で「しかり、何もかも棄てて掛るのだ。これが一番の、而して唯一の道である」、「例えば満州を棄てる、山東を棄てる、その他支那が我が国から受けつつありと考うる一切の圧迫を棄てる、その結果はどうなるか、また例えば朝鮮に、台湾に自由を許す、その結果はどうなるか。（中略）その時には、支那を始め、世界の小弱国は一斉に我が国に向って信頼の頭を下ぐるであろう」とのべ、東北部を含む中国全土、朝鮮、台湾からの日本の撤退と権益の放棄を

提唱した（『石橋湛山評論集』、岩波文庫、九七〜九九頁）。

（2）たとえば、一七世紀のアメリカのイギリス人は先住民征服のさいに旧約の出エジプト記、士師記、サムエル記を引用して自己を正当化した。三浦永光『ジョン・ロックとアメリカ先住民――自由主義と植民地支配』（御茶の水書房、二〇〇六年）一一三〜一一四頁参照。

（3）Charles Segal & David Stineback, *Puritans, Indians, and Manifest Destiny*, New York, 1977, pp. 156–57.

（4）三浦『増補・戦争犠牲者と日本の戦争責任』（明石書店、一九九五年）および三浦『戦争と植民地支配を記憶する』（明石書店、二〇一〇年）参照。

伝道者・牧会者・聖書研究者

柴田真希都

一　矢内原の行った聖書講義

　矢内原忠雄は戦前はおもに自宅で、戦後は目黒にある今井館を拠点に聖書講義を行っていた。彼は第一高等学校入学時より内村鑑三に信仰上の教えを受けていたが、大学を卒業後、新居浜の住友別子鉱業所に就職してからは先輩の黒崎幸吉の集会に連なりながら、キリスト教の信仰について自ら周囲に話をする機会が増えていった。彼が新居浜時代に看護師伝道を行ったこと、さらには職場の人間や身内・親戚などを想定したキリスト教紹介用の文章を認め、信仰への証としたことなどが、後の彼の公的伝道活動の濫觴となった(1)。

　一九二〇年に東京帝国大学経済学部に勤務するようになってからは、一九二五年より始められた帝大聖書研究会の発起者・主宰者としての活動以外にはしばらく目立った伝道的動きはなかった。一九二九年、台湾民族解放運動家の蔡培火（一八八九〜一九八三年）に請われ、一人の台湾人青年の非キリスト者を相手に聖書の個人授業を開始したのが、自宅での聖書講義の発端となった。矢内原が内地日本に留学していた台湾人を相手に聖書講義をし始めた、ということは彼の人生における一つの画期となったに違いない。というのも、彼は学生の頃より異邦人伝道に多大な関心を寄せており、とくに日本と統治・被統治の関係にある地域の人々と、キリストの福音を介して交わり、軍事的または経済的圧力によるのではない、純粋な友誼的関係を結びたいと願っていたからである。

自由が丘の自宅集会は讃美歌、聖書朗読、祈禱、聖句暗誦、講義の順で進められた。初めは矢内原一人が執り行ったが、後には集会の参加者からその日その場で司会の役を指名して受け持たせていたという(2)。聖句暗誦は非常に真剣な雰囲気の中で行われて、各自の信仰告白として機能したものだが、各自の暗誦箇所は紙に書き写され、所感などを加えて矢内原に提出された。矢内原はそれに赤インクで丁寧に評を加え、指針を与えるなど、各自の信仰の進歩に資するように配慮していたという(3)。

戦時中、矢内原が聖書について語ったのは、自宅の聖書講義においてだけではない。そのほかにも定期または非定期の聖書講義が各所でもたれていた。月一回の帝大聖書研究会は大学辞職を機に一九三八年で辞めることを選択したが、その後お茶の水の公開聖書講義が第四日曜日の午後にもたれるようになり、それは会場が確保できなくなる終戦直前まで続けられた。一九三一年の満洲事変の前後より、矢内原は国家と民族の問題に焦点を合わせた学問的・信仰的著作の執筆に力を注いで多忙を極めたが、定期の集会に加えて一九三三年の鎌倉講演（大学の元同僚で、当時病臥していた江原万里の代講）や一九四〇年の京城（現ソウル）におけるロマ書講演など、各所で臨時の公開聖書講義も折々に行っていた。

夏期（七月から九月のある期間）はそれらの講義を休みにして、主に山中湖畔で保養するのが彼の習慣であったが、そこでも合宿形式の「山中湖畔聖書講習会」を開催していた。参加者は全国から七、八〇人前後集まり、数日間矢内原と起居を共にした。早朝には自然の中で祈禱会をもち、午前と午後の数時間を聖書とキリスト教に関する講義に集中して、闇の時代に生きる信仰的英気や知恵を養ったのである。(4)

二　矢内原の聖書講義の特質

矢内原の聖書講義はいくつかの観点からその価値や特色を見出すことができる。彼は近代聖書学における編集史的研究や、聖書地理学・考古学などの学問的見地を有用と認めて、それらを取り入れた英独の註解書を参考にしていた。これは聖書の記述の実証的検討という作業に結び付くが、矢内原が聖書と向き合い、聴衆に語りかけたことは、そのような基礎学問的成果の伝達にとどまらない。彼は自身の専門である社会科学の視座や見識を大いに導入して大胆な読み説きを行っているし、(5)聖書の人物や預言書を並べてそれらの比較研究をも試みている。(6)また、登場人物の境遇に深く共感し、言葉の間隙を埋めていくかのように想像力を働かせて物語を豊かにする、といった聖書の味わい方を披露してもいる。(7)

白眉は、旧約の預言者を取り巻く国家的状況やイエスの十字架への道に、矢内原の生きる時代の政治や社会の状況を重ねながら、ときに明示的に、ときに暗示的に痛烈な時局批判を展開するところであろう。それは信徒との関わりという点でいえば、矢内原自らが聖書という書物への多様な接近の仕方の可能性を見せたということである。彼は読者の主体的状況や彼を取り巻く社会・民族・国家の危機において、聖書の言葉が、歴史を貫いて今も有効な指針や警告であることを示すことを試みていた。

このように、時代の空気に制約されつつも、自由な批判的視点と創造的態度をもって臨まれた矢内原の聖書研究であるが、それを盤石にささえたのが彼のキリスト教信仰であり、そこから生まれた聖書という書物への唯一的な信頼と希望である。彼は戦時中に出版した『イザヤ書』(一九三六年)の序文において、聖書を日本国民の一般的な愛読書にしたいとの志を掲げているが(⑫三～四)、その理由は、聖書が真理を告げる書であること、それが個人ひいては世界を救う根本的な力だと信じるからであるという。矢内原が聖書を研究して、その解説書を自費出版してでも世に出していくのは、彼が人間の「救い」という実際的な効果を期待したからであった。

矢内原は聖書の一字一句の解釈をめぐる学問的な論争には加担せず、「信仰に資するように」という目的意識の下で聖書の言葉を読みだしていた。彼の重んじた学問的な批判精神を用いた読みというのも、実は信仰に資する読みを助けるものであったと位置付けられる。

例えば彼はこう述べている。「併し、併しだ、仮にここに述べられてゐる『一人の人によつて罪は世に入り』といふことが、パウロ時代の旧式な認識であつて、今日或は今後に於いて、それが成立しない陳腐な説になったと仮定して、それでどうなるか。そこまで考へ詰めておくことは、我々にとって信仰上有益であると思ふんです」(「ロマ書」、⑧八九)。

つまり、近代的批判精神を駆使しつつ、一方で信仰に資する目的を掲げながら、行けるところまで行く道を彼は肯定する。そしていよいよ互いの折り合いが行き詰まったら、そこから先が信仰問題の本領であると指さすのである。

こういった読みと語りの試みは、矢内原個人においては幾分経験済みである生きた神との交わりということを、未だその経験もなく確信もない人々へいかにして理解してもらうかという教育的、伝道的配慮からなされていることであった。そこで信仰をもってなされた彼の聖書研究、聖書講義には、具体的に顔の見える何人かの、もしくは多くの想定された読者聴衆がいたという事実に再び注意が向けられることになる。

矢内原は自分と同じ信仰をもって結ばれた各地域の仲間たちの存在を強く意識しており、自分も含めた彼らが、このような困難な時代にあって神の義を守りぬく「遺《のこ》りの者」として世界の中心、または日本国の柱として堅く立っている、そのような理解を聖書の言葉から受け取っていた。「遺りの者」というのは、矢内原においては、個人の救いと民族の救いを接続する役目を担うある一群のことを指している。(8)

では、「遺りの者」たちはいかにして、個人の救いを民族の救いの段階にまで導いていくのか。それは迫害による自分たちの死との交換条件ということに収斂される。これは明確にイエスの十字架上の出来事に重ね合わされた思想である。矢内原らにおいては、継続する日本の国家（民族）的罪悪を贖うために、正義を知る自分たちが犠牲の命をささげる必要があるのではないか、といった極限の覚悟を伴っていたのである。

彼のこのような全人的な聖書講義の成果は、口頭発表の後に、言葉や表現の問題を考慮されながら『通信』（一九三二～三七年）や『嘉信』（一九三八～六一年）といった個人発行の雑誌に随時掲載された。

三　土曜学校における真理探究

矢内原は一九三九年から四七年まで「土曜学校」という週一回の講義を自宅で開いていた[9]。それは一部と二部に分かれ、一部ではキリスト教的西洋古典が、二部では彼の専門の経済学関係の書物が選ばれた。すなわち一部ではアウグスチヌス『告白』『神の国』『三位一体論』『ペラギウス論争』、ダンテ『神曲』、ミルトン『パラダイス・ロスト』（以上、講義順）が講読され、二部ではスミスの『国富論』や矢内原の『植民及植民政策』が講義された。これは、おしなべて時局に同調するかのような学問言説が林立する時代において、静かに着実に真理への探究にいそしむことを旨とするものであった。さらに、キリスト教の信仰の立場から、言論において時代思潮へ立ち向かい、現実を越える希望を失わなかった先達たちの姿勢に学ぶことが意図されていた。参加者の一人はこう述べている。

静かに、一字一句をもゆるがせにせず、第一行から最後の行まで丁寧に講義された。ときには何分もじっと考えこまれたのち、やおら口を開かれることもあった。我々はこうしてつむぎ出された真理の糸に息をひそめ、知らないうちに体をのり出して聴きいった。そして本を読むとはこうするものなのだといううことを手をとるようにして教えられた。また古典とは現代に生きる人間の現実との闘いの中で読まるべきものなのだということを学んだ。思えば最も高度の教育を惜しむところなく与えられたものであった。[10]

この講義には、研究対象が「○○学」と称されて狭い範囲に孤立することをよしとせず、真理に対する愛という一なる内的希求の下に、諸学の成果が統合されるような知のあり方を目指す矢内原の学問観、学校観が反映していた。すなわち「ダンテを学ぶ」とともに「ダンテによって真理を学ぶ」ことがより重んじられたのである。その「真理」は聖書集会における「真理」と響きあうものであったため、参加者は各古典の講読を通じて、偉大な先人らの姿勢より学問または信仰の何たるかを学びながら、聖書を読解するにあたり参考とすべき事柄も随所で聴くことになったのである。[11]

四　矢内原共同体の成り立ちと展開

以下では矢内原自身の言葉に加え、彼の周りに集まった人々の書いたものも適宜引用しながら、矢内原を中心とした共同体が戦時下、どのような基調の下に運営されていたのか、その実態をいくつかの観点から整理していきたい。[12]

会員の選抜　矢内原の最も核となる集会は自由が丘の自宅の二階で行われており、その集会には誰もが入れたわけではない。矢内原が自分の周りに若者ばかりを集めるのを不審がって、彼は年寄りが嫌いなのだ、といった風評もたったそうだが、実際はそうではなく、彼が非常に明確な教育的意図をもって、戦後の新しい日本を創造していくだろう青年たちをあえて選んでいたのである。入会の面接では年齢や経歴だけでなく、家族の了解が得られているかどうかや、当人が社会的な不利益を被る覚悟があるかどうかも問われていた。

彼は個人的に特に遇して面倒を見ないと宣言していたが、それはたとえ自宅で講義が行われているのであれ、自分は公の立場で聖書を講じているのだ、という強い自覚があったからである。困難な時代において、参加者一人一人が個人的な悩みや不幸を抱えて集まってきたとしても、聖書の言葉を、私事にのみ受け取ってもらうのは絶対に違うのだ、ということを明確に心得させていたのである。

誠実さの要求　「誠実」というのは矢内原の特愛の言葉であり、共同体の内外に拘わらず、人間関係の「いろは」として誰にでも厳しく要求されていたものである。しかしながら、矢内原にあっては「誠実」とは神と人との最も基本的な信頼関係から引き出される概念であり、神の国へと日本の民族を導く使命をもつ「遺りの者」たちの共同体においては、よりいっそう要求されていることであった。信仰における誠実さは純粋、真実、正義、真理などの概念と深い関わりをもつものであるが、矢内原が集会の霊性の清冽さを保つために、夏休み前の七月に集会を一旦解散し、その後九月に再開するさい、継続希望の者には新たに書面での申し込みを求めたという事実は、その覚悟のほどを共有させるに有効な事件であったろう(13)。

信仰同人誌『葡萄』の発行　矢内原を中心に発行された同人誌に『葡萄』(一九三八〜四七年)というものがある。これは当初は月刊で、後には不定期に出されたものであるが、執筆は矢内原だけでなく、集会の会員の誰でもが投稿でき、さらに内容はどんな私的なことでも構わない、という門戸の広さであった。『嘉信』とは違って、手書きの謄写刷りで、謄写の労は速記者の籾山《もみやま》民子氏に一任されていた。『葡萄』誌上では、矢内原が会の参加者に強く誠実さを求めるとともに、いかに細やかに参加者の精神の状態に配慮していたのかを知ることができる。

東大を辞めると同時期に創刊されて、濃厚に時代精神との対決の決意を漂わせた雑誌『嘉信』と違い、『葡萄』ではどんなに私的なことでも、それが会員相互の信仰的友誼に資するものならば積極的に投稿が望まれた。その両雑誌の区別と並立において、矢内原がいかに公の立場で発言していくことにこだわったのかが確認される一方で、『通信』時代のような家庭的な友誼の交換や、各地方で孤独の中、信仰を守る多くの子弟らへの顧慮も豊かに観取されるのである。誌面の最後には会員らの消息が整理されて告げられると共に、「レプタ会」という形で、金銭的援助の必要な人々への寄付が募られたりした。

他民族との友誼　矢内原の言葉が届く共同体には、当時の国情を反映して日本人、すなわち内地人だけでなく、朝鮮の人々や台湾の人々なども含まれていた。矢内原の大学生の時の立志は、朝鮮の人たちのために働きたいということだったが、その志が大きな迂回路をとって一九四〇年、京城での五日間にわたる「ロマ書講義」に結実した。

私は朝鮮に来まして、皆さんに聖書を講義することの出来る日を本当に待つてをりました。その日の与へられる事を実に長く待つてゐたのでありましたが、パウロではありませんが、多くの事に邪魔されてそれが出来ませんでした。（中略）私は御承知の通りもと大学の教授をしてをりまして、そして十数年の間、朝鮮などに関する専門の学問をしてをりました。それで今から三年ほど前に大学を辞めましたが、そのとき或る人々は私を憎みました。又或る人々は私を誤解して、蔭で悪口を言ひました。併し或る人々は私が大学を辞めた事を悲しんでくれました。その悲しんでくれた中に、最もひどく悲しんでくれたものは朝鮮の学生であつた。その朝鮮の学生が私が大学を辞めたのを悲しんでくれたのを聞いて、私が悲しんだ。私は自分の為めに悲しまなかつた。ただその人々の為めに、私は悲しんだのでありました。（⑧二五一）

この引用はその講義の最高潮において語られた言葉であるが、矢内原が、いかに当時虐げられていた朝鮮の人々を愛していたかということが窺われる。そもそも矢内原の自宅での聖書集会の始まりが、日本の植民地・台湾からやってきた青年に対する異邦人伝道的な意味をもっていたことは既に述べたとおりである。

周縁的位置　矢内原を中心とした共同体は時代精神に同調する感性を持つ人々には望ましくない存在であった。それは矢内原の直面した次のような事態にも顕れている。

余談でありますけれども、東京で私の家の隣人が往来で私を見ると、文字通り「避けてのがる」のでありまして、私の姿を見るとほっと横丁に入ってしまう。入る横丁がなく、擦れ違う時には横を向いて通ってしまう。これは私を誘っているわけではないけれども何となく気まずいんでしょう。自分を敵として自分を誘るものがそういう態度をとるとすれば、随分気持が悪い、辛いことです。(14)

矢内原は帝国大学を円満に退職したわけではなく、またその後も政策批判、社会批判を辞さなかったため、近所においても関わりたくはない存在として目されていたようである。ここに書かれているように、身近な小さな出来事ですらも、彼の内心に傷を負わせるような、そのような身の上であったことの一面が窺える。

また彼の雑誌『嘉信』はその厳しい批判精神により、常に治安当局に目をつけられ、度々削除や発禁の命令が出されていた。よってその『嘉信』を読む読者たちも各地で白い目で見られたり、軍隊だと上官に取り上げられて処分されたりしたのである。そのような意味で矢内原の共同体は、文字通り迫害を身にまとって生きた共同体であったといえよう。

祈りの専門職である病者との交友　矢内原は戦前戦後を問わず、何度か、知人訪問も兼ねて各地へ伝道旅行をくんだ。地方にいるかつての集会の教え子や、初めから地方に在住しつつ矢内原の雑誌を熱心に購読し私淑していた人たちと連絡を取り合い、彼は小さな公民館や民家の中で、時には突然の求めにも応じて聖書講義や講演を行った。そのような伝道旅行の中で、彼が自ら積極的に日程に組み込んだのが、『嘉信』の読者であり病気を患っている人たちへの訪問であった。慢性的に病を負い臥床する人々は、戦時中、非生産的かつ非愛国的な輩として世間の厳しい目にさらされていた。その中でも矢内原がことさら愛を注いだのが、結核療養者、精神病患者、ハンセン病者であった(15)。

矢内原の基準によると、国の現状を憂い、国家を神と結びつけ、その行く末を国際平和に資するように軌道修正していくことは愛国的行為であるとされたが、時局の抜き差しならぬ展開を前にしては、もはや祈りをとおして戦争を神の審判によってやめさせるしか道はないと思われた。よって日常の雑事に追われず、祈ることを主たる活動とすることが可能な境遇にあると思われた彼ら病者こそ、矢内原が見出した「祈りの伏兵(16)」であり、祈りの専門職なのであった。これは聖書の学びと神への執り成しの祈りを主な営為とする矢内原の共同体にあっては、地理的には周縁に位置しつつも、作業的には最も有力な働きをなす一群とみなされる。それゆえ、このような言葉を聞いた患者たちの中で『嘉信』購読を通して生きる気力を獲得し、それを持続させていく人たちが生じたという(17)。

その時まで全く生存価値も楽しみも希望もなくわたしは早く死んだ方がよいと考えていましたが、矢内原先生によって不生産者のわたしたちも「祈る」ということによってよい国民ともなり、国家へご奉公ができ、生き甲斐のある生涯をおくることができるのだ、と真に生きる道を教えられたのであります(18)。

矢内原の言葉を受容した人は、それまでの非生産的で無為な存在という外的なまなざしによる抑圧から一転、最も創造的で有意な存在へと自己認識を作り変える機縁を与えられたのである。

読者・会員による矢内原への援助　終戦直前の頃は検閲もより厳しくなり、雑誌が購読者の手にわたる前に発禁となる可能性があったため、雑誌印刷後は速記者の籾山氏をはじめ集会の会員たちが手伝い、宛名書きから郵便局への発送までを引き受けたという。さらに、当局からの紙の割り当てが懲罰的に打ち止めになった後には、購読者の内より数か月分の雑誌用の紙を送るものまで現れたという。矢内原の声が、途絶えることなく地方の見えない共同体の外縁に届くためには、全国に連なる読者・子弟たちの意を決した協力が不可欠だったのである(19)。

各所における講演会もやがては会員たちが主体的に動き、会場の確保から当日の進行までをも担うようになっていった。彼らは緊張した面持ちで講演会場の前席に座り、矢内原に対して何かあったならば身を挺して彼を守る覚悟を抱いていた。彼らのそうした労働や精神的援助が、時に体力、気力の停滞を覚えた矢内原の士気を高めたことは想像に難くない。

「遺言」と激励　矢内原は治安当局の指針に十全に従わないという点で、警察に留置される可能性もあった。彼が捕まれば当面『嘉信』が発行できなくなり、聖書の指針も発信できなくなるのだから、それは彼にとって公的には「死」を意味する出来事になる。彼は一九四〇年に朝鮮に渡り聖書講義を行う際には、次のように言い残すほど大きな覚悟を必要とした。

内村鑑三先生は、ご自分の告別式に於いてロマ書三章の二十一節以下を読め、と言ひ遺されました。私は今度朝鮮に聖書の講義をする為めに出かけて参りますときに自分の集りの青年たちに言ひ遺して来ました、「私の告別式にはロマ書八章の三十一節以下を読んでくれ」と。唯今お話したところであります。(「ロマ書」、⑧一六九)

矢内原は気力の減退を感じたり、肉体の衰弱を感じたりして、日常において「死」を垣間味わうこともあったようだが、それ以上に、何時倒れても良いように、積極的に後進を導き、鼓舞すること、手綱をしっかりしめて、覚悟の中ぶれずに生きることを日々説いていた。それは時には「遺言」のような切々とした言葉を越えて、次に引用するような激越な内容を持つ言葉となり、その場にいる参加者を震撼させたという。

この間中私はこういうことを考えた。諸君の胸倉をつかみまして、刀で諸君の胸を切り裂いて、その中に神様の御言を押し入れたい、と思った。ここに集まっている諸君の一人一人、諸君の中に神の言、神の力を押し入れておきたいと思った。実際私はそう思うんです。いつまでも諸君が「手前どもは」「手前どもは」と言って、神様の真理を外側から見て、ちょうど諸君が花を見て、この花は美しい、といって外から楽しむように、いつまでも前において眺めている態度に私はあきたらない。神様の言は外において眺めるものではない。これを自分の中に押し込まなければならない。エレミヤが言ったように食わなければならない。食って血となり肉としなければならない。(20)

信仰生活の機微・奥義の伝達　矢内原の聖書講義には、自身の経験をふまえつつ、共同体の皆の信仰生活を、導き励ます言葉が随書に散見される。苦悩に満ちた生活を送る矢内原にとって「エレミヤ記」と共に「ヨブ記」もまた傾倒すべき書であった。そこでは苦難の中、神を見出せないヨブの姿に導かれ、神に出会い、神の心を知るにはどうしたらよいのか、という信仰生活上最も根本的な主題が問われていた。次の文章はこの問いへの回答に当たるものであり、矢内原を形づくった経験、その実存の証の言葉となったものである。

それならば我々も苦難に遭わなければ神の声を聴くことが出来ないか、といえば、そんなことはない、苦難に遭わなくても心が純粋に神に帰った時に聴くことが出来ます。ふだん聖書を読んで、神の事を学んでいれば、例えば朝静かに祈っている時に神から静かな方法で、汝はわが子である、という声を聴くこともあるでしょう。あるいは誇りの中に現れて、私共の傲慢を頭からなぐりつけて、汝は神と争うか、そう言って私共をきめつけられることもある。あるいは電車の中でがたがた揺られている時に、神の声を聴くことがあります。問題をもっていて、神の言葉を学んでいることが必要です。(中略)そのために聖書が与えられている。神自身が私共に述べ給う言葉として聴くことが出来るその時は、聖書の研究ではありません。生きた神様が私共に語り給うその時は、私共が神様に対してわかりました、という時です。(21)

たとえ「苦難に遭わなくても」との言葉が、すでに大小の苦難を背負って集まっている一人一人に対して大きな慰めをもたらすとともに、神の知恵の究め難さにおいて、思わぬ形で聖書の言葉が力を提供し、神と出会う基盤を整えてくれるというのである。

ここで注目したいのは、矢内原が聖書研究の限界を見極め、その向こうにある境地を指し示していることである。ヨブの出来事に誘導された言葉として、「信仰生活は研究的態度で終わるべきではない、生きた神の声をじかに聞き、神との出会いをまなざすものであること、その時は聖書研究の時ではない」、こう明言したことは、矢内原を中心とする戦時下共同体に共有された一つの精神的到達点を物語るものだといってよい。

五　おわりに

本章では矢内原忠雄を中心とする、戦時中の、聖書を介する多様な人間的交わりを確認してきた。戦時下の彼を伝道者や牧会者という面から確認すると、その白眉はもちろん、彼の時代精神への抵抗、超国家的真理の提示ということにあるが、さらに学びたいことは、時代を経てもなお批判力を失わない、学問的思索態度と公的言動との連関の奥深さである。

彼は戦前は植民地研究、戦中は聖書研究、戦後は大学教育に主要な活動の場を得ていったが、そのいずれにおいても、既存の制度を私化して超国家的正義を軽んずる権力者への絶えざる批判や、社会的弱者への愛と励ましを明確にした。彼のそのような独立した立場は、目に見える集会の会員たちに加えて、雑誌発行によってつながりを得た多くの見えざる共同体の構成員によって支えられていたといえる。戦前から戦後にわたり、身心ともに弱い単独の人間が学問的教養と聖書の言葉を携えて、いかに覚悟と連帯の共同体を継続させていったのか。その足跡を丹念にたどる作業こそ、読者各人が矢内原の人生や思想全体の意義を新たに、奥行きをもって理解するための鍵だと考える。[22]

注

（1）矢内原の新居浜時代の足跡については、山下陸奥「新居浜時代の事など」（『矢内原忠雄全集』（以下『全集』と略）月報一二、五〜七頁）や松尾逸郎『基督者の信仰』出版のころ」（『全集』月報一四、三〜六頁）を参照。
（2）奥山清四郎「あのころのこと」『全集』月報四、六〜七頁。
（3）同右、七頁。ここでは、いわば魂を見取る者（独 Seelsorger）としての矢内原の牧会の実態が、教え子の側から回想的に整理されている。
（4）戦後は会場の手狭や風紀の乱れ等を理由に山中湖ではなく妙高や大山（鳥取県）、御殿場などで合宿形式の講習会が開かれることになった（㉖五三五〜七三）。
（5）例えば次のような言葉がある。「見て御覧なさい。被造物は虚無に服して居る。土地は疲れて居る。土地は植物を生育せしめて、植物が出来るから動物の生命も維持せられてゐる。だから土地はその意味に於いて人類の母です。然るに土地が生産物を増殖する力は、生物自身の増殖力に及ばないのです。この事実が人類社会の貧困と罪悪の根本原因であると見るのが、有名なマルサスの人口法則であります。土地はたしかに詛はれて居る。（中略）人が罪を犯した結果、その罰として神が土地を詛ひ給うたのです（創世記三の一七〜一九参照）。（中略）それ以来土地は如何に励んでも、その上に増殖する一切の生物に十分なだけの食物を供給することが出来ず、生物は如何に励んでも土地生産力の桎梏から自己を解放することが出来ない。生存競争は激しく、勤労の果は虚無である」（「ロマ書講義」、⑧一五六）。
　これはパウロが『ローマ人への手紙』八章で告げる「被造物は虚無に服している」という通知についての矢内原の解説である。ここではマルサスの人口法則を持ち出して、「虚無」とはすなわち、すべての生物に十分食物を提供できない呪われた土地を指していると導いていく。矢内原のオリジナルな考えかどうか定かでないが、彼自身非常に確信を以てこの解釈を提出していることがわかり、彼の身についた解釈だといってよい。社会科学者としての矜持を感じさせるものである。他に、経済学者としての視点からカント的見解による平和論の一部を批判した箇所である「十字架の救」『山中湖聖書講習会講話・講演・感想』(新地書房、一九九一年)一九六頁なども参照されたい。

(6) 例えば次のようないくつかの記述によって、各預言者の活動が規模の大小を越えて対比され、その個性的側面が浮き彫りになっていくのを見る。

「エレミヤ哀歌において特に私どもを強く打つところは、その預言者自身の哀しみであります。国の運命を哀しんでいる哀歌としてはエゼキエルの方がはるかに激烈の調子が高いように思われる。そしてエゼキエルの哀歌を見ますと、自分のことを少しも言っておりません。(中略) 国民から笑われたり、妻に死なれたりしても自分自身のことについてはあまり言わないというのがエゼキエル書の特色の一つでしょう。(中略) エレミヤ哀歌とエゼキエルの哀歌を合わせて見ると、個人的な哀しみと公の哀しみが二人の大預言者によって代表されております」(「エゼキエル書」『矢内原忠雄未発表聖書講義　エゼキエル書』新地書房、一九八四年、二八〇〜八一頁)。

「ミカがイザヤの真似をしたら、それは変なものになってしまう。学問のないミカが大教師であるイザヤの真似をすれば、それは鴉が孔雀の真似をするようなことです。ミカは彼の境遇において、彼の階級において、彼の素養において、なしえたところの美しさ、それを正直率直に現しえたところにミカの値打があった。その人間としての値打において、ミカはイザヤに匹敵し、少しも劣っていない」(「ミカ書」『矢内原忠雄未発表聖書講義　イザヤ書・ミカ書』新地書房、一九八四年、二一〇五頁)。

(7) 中でも彼が「田舎祭司」と呼んで愛したエレミヤは格別愛惜の対象となっており、たびたび次のような物語的想像が釈義と溶け合っているのを見る。

「世との激しき戦に疲労し尽して家に帰り来れるエレミヤを迎ふべき妻のほほえみも児女の笑ひもなく、

彼は一人冷き糧に涙を交へて食ひ、壁に物言ひつつ堅き床に身を横たへたであらう」(「エレミヤ記研究」、⑬四一五)。

「彼は身は嬉笑者の社会に置かれて、心は一人悲憤の中に坐した。足は不信者の群と共に歩かされつつ、心は一人反対の方向に走つた。国民のすべてが彼と反対の方向に擦れちがつて歩み去る。その一人一人がエレミヤの顔をのぞき込んで嘲りと侮りの一瞥を投じて行く」(⑬四二五)。

(8) 「遺りの者」とは、パウロが『ローマ人への手紙』九章二九節に引いたイザヤの次のような言葉(『イザヤ書』一章九節)に見出された(「ロマ書五講」、⑧二七六〜)。

「万軍の主、われらに裔を遺し給はずば、我等ソドムの如くになり、ゴモラと等しかりしならん」

実際、「遺りの者」という概念は、『イザヤ書』に限らず、旧約の各預言書の基調的思想であり、民族が国土や人口において滅びの危機にあり、道徳的にも腐敗した状況の下で、民族の国家的復興の希望への拠り所となった。詳しくは大貫隆『イエスの時』(岩波書店、二〇〇八年)二一四〜二二〇頁を参照。

(9) 矢内原自身による土曜学校講義の思い出は「土曜学校と駿河台」(㉖一九九〜二〇一)を参照。

(10) 中村勝己「矢内原とアウグスチヌス」矢内原忠雄『アウグスチヌス「告白」講義』(講談社学術文庫、一九九三年)三五〇〜五一一頁。

(11) 例えば『土曜学校講義(一)アウグスチヌス　告白』(みすず書房、一九九八年)三五三〜六〇頁を参照。ここで矢内原はアウグスチヌス自身の聖書の比喩的読み方から学ぶと同時に、近代科学的視点による実証的読解態度からも学ぶことによって、聖書の含む真理に対して多角度から接近する試みを支持している。

(12) ここで用いる共同体という言葉は、矢内原の自宅での集会を地理的中心にした、『嘉信』購読を通して彼の言説に共感し、彼の告げる指針を実践的に消化した人びとの群、といった意味で使用したい。

(13) 奥山前掲「あのころのこと」七頁。

(14) 「詩篇」『矢内原忠雄未発表聖書講義　ヨブ記・詩篇』(新地書房、一九八六年)二一二五頁。

(15) これら病を持つ人々への言葉は『全集』㉒三四〇〜四二一、三五五〜八六頁などを参照。

(16) 矢内原は昭和一〇年、一二年、一九年、三四年の計四回香川県の大島青松園を訪れたが、戦時下の来園のある時、彼は公会堂に集まった職員や一般患者を前にして次のような意味のことを語ったという。

「この騒々しい気狂いじみた世の中にあって諸君こそ真に国家の前途を憂慮し、世界平和のために静かに祈ることができる場におかれている。またその祈りこそもっとも大切である。諸君にはまだ社会の誰にもできない尊い残された使命がある。祈りの伏兵としてこの所で熱心に祈っていただきたい」(石本俊市「生きることを教えられて」『全集』月報一三、六頁)。

(17) 矢内原は病者には『嘉信』を半額で頒布していた。

(18) 石本前掲「生きることを教えられて」六頁。

(19) 籾山民子「思い出——朝鮮伝道について」『矢内原忠雄——信仰・学問・生涯』(岩波書店、一九六八年)三二〇～二四頁など参照。籾山民子氏については最近追悼論集が出、彼女の生涯や矢内原とのやりとりが整理されて紹介されている。彼女は当初、塚本虎二の門下であったが、ちょうど速記者を募っていた矢内原の面接に合格して参加集会を自由が丘に移した。彼女は自ら家庭教師などで生計を立てており、矢内原の速記の仕事は無償で引き受け、講演旅行にも自費で従っていたという。陳茂棠編『野に匂ふ花のように——籾山民子さんの信仰と生涯』(私家版、二〇〇九年)を参照。

(20) 前掲「ミカ書」『矢内原忠雄未発表聖書講義　イザヤ書・ミカ書』二四九頁。

(21) 「ヨブ記」『矢内原忠雄未発表聖書講義　ヨブ記・詩篇』一八一～八二頁。

(22) 本章は柴田真希都「矢内原忠雄の戦時下共同体の成立と展開——そのエクレシヤ理解との関連に注目して」(『比較文學研究』九四号、すずさわ書店、二〇一〇年)と一部対象を重複するものであるが、そこでは取り扱えなかったことを補完する内容も意識的に取り入れている。二つ合わせても当主題に関して未だ十分捉えきれていないところがあるものの、合わせてお読みいただければ幸甚である。

矢内原忠雄の言葉　III——戦後・平和と民主主義について

「国際平和と日本人」から（⑲三二八）

『社会』第三巻第一号、一九四八年（昭和二三年）一月。抜粋は絶対的平和論の信仰的基盤を語る部分。このテーマは論文「相対的平和論と絶対的平和論」（『講話問題と平和問題』一九四八年刊所収）に詳しい。ここにあげられた三つの原則は、まもなく朝鮮半島の情勢変化によって具体的な試練を受けることになる。

国際平和と日本人

人類の抱いた社会理想の中、平和論ほど不幸な運命をもつものはない。それは、平時に於いて平和論は唱へられても、一度び戦争となれば弊履のごとく捨てられるのが常であり、戦争が終ればまた厚顔無恥にして思想的貞操なき輩が、戦争中に於ける自己の不節操を棚に上げ、口を拭うて平和論におもねる。その娼婦的平和論の故に、私は世のいはゆる平和運動を警戒する。

平和時の平和運動に止り、戦争になつて鳴りを静めることは致し方ないとしても、「戦争になつた以上は」と称して、戦争協力者になるやうな平和論であるならば、むしろ之を唱へない方がよい。それは無用であるのみでなく、偽善である。平和を促進しないのみか、却つて真の平和を阻害するものである。

平和の時代には平和論を唱へるが、戦争になれば之を止めて戦争協力者となるといふ如き平和論をば、相対的平和論と称し、いかなる場合にも維持し貫徹する平和論をば、絶対的平和論と呼ぶ。絶対的平和論を唱へるためには、国家の理想に対し真に徹底した見解を有たねばならない。けだしかかる場合提出せられる問題は、必ず次の形を取るからである。曰く、「国の独立が他国によりて武力的におびやかされる場合、それでもなほ戦争に反対するか」と。このやうな形の問題提出によつて、大抵の平和論は跡形もなく消えてしまふのである。

この問題に関して、絶対的平和論の答へるところは次の三点にある。

第一に、この種の議論は多くの場合主戦論者が国民の協力を求めるために用ひる脅迫的若しくは偽瞞的議論であつて、国家の生存が現実にそれほど危険にさらされて居るのではない。主戦論者がこの議論を用ひるときは、十分の警戒と注意を以て之を聞かねばならない。

第二に、戦争といふ手段が国家の生存と独立を維持するための最良若しくは唯一の方法でなく、主戦論だけの熱心と努力を平和論のために用ひるならば、国家の生きて往く道は必ず他に発見せられるであらう。

第三に、徹底的に平和に忠実なるために、たとひ国家の独立が形式的に失はれることがあつても、それは国家の理想に殉じたものであるから、世界史上に於いて国家存在の意味を完うしたものと言へる。国家興亡の跡を世界史上に見るに、後世に理想を遺した国民こそ真に国家たるの意義を完うしたのであり、大帝国を建てたるもの必ずしも人類に貢献した国民とは言へない。況んや徹底的に平和の理想に殉ずるごとき精神力の旺盛なる国民は、たとひ一時の勢力関係によりて武力的に国家の独立を失はしめられることがありとしても、後必ず復興して独立を恢復するであらう。剣によりて建てた帝国は剣によりて滅び、銃によりて守らうとした国家は銃によりて滅ぼされるが、平和によりて立つ国が永久的に滅亡することは有り得ない。

絶対的平和論は結局宗教的信念に基くものであつて、平和は国家の理想であり、人類の理想たるものであるから、自己放棄を覚悟してでも之に殉ずべき価値ある理想であること、而してこの理想に生きる国民を神は必ず助けてその生存を完うすべきことを信ずる信仰なくしては、之を唱へることが出来ないであらう。

「日本に帰る」／「平和の道」／「モリヤの山」（⑰三五七〜）

以下の三編は、アメリカ出張（一九五〇年五月一二日〜八月二三日）からの帰国を前に船上で記したもの。朝鮮戦争の勃発（六月二五日）を受けて矢内原の新たな決意を語っている。『嘉信』第一三巻第九号、一九五〇年（昭和二五年）九月。

日本に帰る

米国に来て、日本を見ると、復興の困難が今更のやうに強く感ぜられる。経済も教育も、自立の日は遠く、どこから手をつけてよいか、方策はほとんど立たない思ひがする。何よりも危険なことは、平和の理想が現実の国策として確立しないことである。国際情勢の変化に伴ひ、日本再軍備の声はすでにちらほら聞えつつある。神によりたのむことを知らざる国民は、エジプトの馬によりたのんで国の安全を計ろうとする。私は混沌たる日本の社会に帰つて行くことが、全くいやになつた。この思ひが米国旅行中、私の重荷であつた。しかし日がたつにつれ、私の心は次第にある一つの点にむかつて、落ちつきつつあつた。

私の米国旅行は、人に会ひ、物を見、昼も夜も忙しい日の連続であつた。その間で、後にも前にも唯一日だけ、自分一人だけで居られた日があつた。それはコロラド州エバーグリーンといふ、ロッキー山脈の中の村で過した一日であつた。その日、私の心に明瞭な指示があつた。

私は日本に帰る。死ぬために帰る。

私がヱホバの神によりたのむ平和の道を固執するならば、国民は私をとらへてむち打ち、殺す日が来るであろう。しかし私はそのために死ぬる以外に、日本を救ふ道がないのである。そのことがはつきりした時、私の眼に涙が泉み、私の心は単純になつた。その日以来、変貌の山を降りてエルサレムに向ひ給うたイエスが、私の前に立つて歩み給うてゐる。

平和の道

戦争と敗北の犠牲を払うて日本の獲得した貴重な理想は、「平和国家」である。一切の軍備を持たず、一切の交戦権を放棄した憲法をもつ国家は、古今東西日本が唯一つあるだけである。我らの先輩が軍備の全廃を論じて「空想」と笑はれたことが、現実の事実となつて日本憲法に規定されたのである。日本憲法の草案が米人の手によつて成つたか日本人の手によつて成つたかを問はず、いづれにせよ日本国会の審議を経てこの憲法は成立したのであつて、それは神の啓示による平和国家の理想を日本国民の意思によつて受けいれたものに外ならない。彼らはこの事実を忘れてはならない。

第二次大戦終了後満五年の間に国際情勢は大いに変化し、殊に朝鮮事件の勃発は日本の国際的地位にも大影響を与へずにはおかない。日本再軍備の声は、五年前に日本の徹底的非軍備を主張した国民の間からさへも聞かれるやうになつた。日本が絶対的平和の立場を取ることは、現実的意味をもたぬ空想であるとして嘲笑する声が、国民の指導者の間からさへも聞かれるやうになつた。「平和国家」としての日本は、今や重大なる危機に立ちつつあるのである。

今日の緊張した国際情勢の下において、どうすれば日本は国家の安全と国民の生存を維持し得るであらうか。自ら再軍備することであらうか。仮に軍備が国家の独立を防衛する上に有効であるとしても、日本は他国の侵入を自力によつて拒否するに足るだけの兵力を備へる経済力をもたないのである。

或る外国の兵力の保護に依頼して、日本の安全を計らうとする政策は、反面において他の外国の兵力が日本を侵略する道を開くものであつて、日本を殺戮的戦闘の舞台と為す危険を含んでゐる。之に加ふるに、更に二つの点を考慮に入れなければならない。一つは、他国に対する軍事的隷属は政治的隷属の永久化を導く事である。他の一つは今後の国際情勢の変化により、外国の日本に対する態度も更に変転を免れず、その保護に日本の運命をまかせることは、決して日本の安全の永久保障とはならぬことである。

日本が絶対に再武装せず、絶対に交戦権を放棄し、絶対に無防備の平和国家として、丸腰で立つ時、他国の軍隊が必ず日本を侵略するといふ予想をもつ者は、独断であり、恐怖である。侵略するかも知れぬし、しないかも知れぬ。日本に隙間があれば侵略を招くであらう。その隙間とは、第一に神に対する不信頼である。第二に、国民の分裂である。我々が神の保護に信頼して平和と正義の道を堅持し、且つ国民間に分裂内乱を起さざる限り、いかなる外国といへども容易に日本に侵略し得るものでない。

「汝ら、鼻より息の出入する者を恐るるなかれ。」「汝ら、エジプトの馬によりたのむなかれ。」――そのやうな預言者の声は嘗て一度び汝らの耳にとどろいたではないか。然るに汝らはこれを忘れて、恐るべからざる者を恐れ、頼むべからざる者を頼む。

平和の道は生ける神を信ずる信仰にある。日本はこの神の保護を信じ自主的に平和国家の国是を厳守して、右にも左にも曲つてはならない。そこにのみ日本の生きる道があるのである。

モリヤの山

日本が再軍備せず、外国の軍隊の保護をも求めず、平和国家の理想に忠実に生きるとして、もしもその為めに他国の軍隊の侵略を蒙り、国の独立を失ふとすればどうであらうか。私は米国旅行中この問題を深く考へた。而して平和の理想を守るために日本が他国の軍事的侵略を被り、それによつて国の独立が滅びるとするならば、私は愛する日本を燔祭として神の祭壇にささげようと心をきめた。日本が平和の道に殉じて国家の独立を失ふことが仮にあるとしても、日本民族は永く存続して、平和の理想を世界に輝かすであらう。日本は自らの国家の滅亡といふ絶大の犠牲によつて、世界に平和を維持する役割を果すであらう。個人の生命がその肉的生存にあるのでなくて、永遠の生命にあるとするならば、国民の生命も亦地上国家の繁栄にあるのでなく、霊的真理の歴史的把握者たる点になければならない。

アブラハムはモリヤの山の祭壇の上に独子イサクを燔祭としてささげることによつて、信仰の絶対性を人類の前に明かにした。この信仰の絶対性に従つてイサクをささげた時、彼は復活を信ずる者の如くであつた。

私は日本に帰る。而して神がそれを欲し給ふならば、私は自ら平和のために死ぬるだけでなく、私の愛する国をも平和のために燔祭として神にささげる。ここまでつきつめられて、私は神を信じた。而して始めて私の胸の波は静まつた。

「聖書から見た日本の将来」から（⑳一五三）

一九五一年（昭和二六年）九月二三日、笠松聖書講習会講演。内村鑑三『代表的日本人』の精神を継いで、日本民族の伝統を否定するのではなく、世界正義に基づく世界精神によって止揚することを主張。そのなかで、世界神への信仰なくして絶対平和の立場が存立しえないことを示唆する部分。

聖書から見た日本の将来

昭和二十年八月十五日、私は日本について希望をもちました。しかし、今日私の心を占めているものは、失望であります。しかしながら、神がその愛するものに懲しめを与えたまうのは、やがて更に大いなる栄光と救を示すがためであるということは、聖書全体が我々に教える真理であります。前にも申した通りに、始あって終あり。終は死でありますが、しかし死が最終ではなく、死の彼方に更に新な創造がある。

然らば、日本に備えられている新しいものとは何であろうか。私共自身の目の前に備えられている新しい道とは何であろうかということを、神から教えて頂かなければなりません。平和国家としての日本は僅か六歳にして死滅しようとしているが、その死を超えて何を我々は見るか。その新たな幻影を示されることによってのみ、私共は更に生き抜いて働くことが出来るのであります。

（節番号省略）**平和論の基礎**

現実の問題として、日本が平和国家の理想を見失おうとするようになった原因は、国際情勢の変化であります。アメリカとソ連側の対立の勢力関係からいって、日本を再び軍事的に強化することが東洋におけるアメリカ側の陣営強化のために必要であるという、国際政治上の政策から出て来た事なのです。ですから、皮肉にいえば、日本に平和国家の看板をかけさせたのもアメリカだし、之をはずさすのもアメリカだ。力に対抗するに力をもってすることが、世界の平和を維持するために根本的に必要だというのが、今日の国際政治におけるアメリカの基本的な政策でありまして、それがヨーロッパにおける北大西洋条約の趣旨でもあり、又東洋における安全保障機構の眼目でもあります。こういう風に、国際政治上の情勢の変化によって、日本の国際政治上の地位も変化をして来た。アメリカ並に東洋諸国に対して脅威とならない程度にアメリカ側の番犬として役に立つ程度に、日本を再び軍事化する。こういう要求が国際情勢の変化によって生れて来た。

之に応じて日本国内では、独立国が防衛を他国の軍隊に依存するのは不面目だという政治論や、日本の経済復興のためには軍需産業の復興による特需景気が最も効果的だという経済論などから、平和国家の理想に対する裏切者が出て来たのであります。

終戦以来平和を主張する声はいろいろありましたけれども、一言にしていえば浅薄でありました。或いはアメリカに反対するための平和論であって、平和を平和のために愛するというのではない。共産党側の平和論はこれでありまして、それはアメリカの軍国主義に反対するための平和論でありますから、ソ連のために武器を以て戦うということは、また別問題だということになる。

もう一つ多くの人が考える平和論は、再び戦争のために死ぬることは御免だ、戦争の被害者となることはいやだ、という感情論であります。これは一般的な強い感情でありますが、少しく考えてみると、その浅薄であることがわかります。正しいことのためなら、自己を犠牲にすることは、人間としてなすべき当然の義務であります。ただ自分が死ぬのがいやだ、家を焼かれるのがいやだ、子供を死なせるのがいやだという感じだけでは、平和論は確立しません。我々は事に臨んでは自分の一命を捨てなければならない、自分の子供も犠牲にしなければならない、自分の財産も捨てなければならないことがあるのです。もしも戦争が正しい事なら、或は戦争が正しい場合があるなら、その場合は我々は自己を犠牲にしなければならない。果して戦争が正しい場合があるであろうか。そこを十分に考え抜いて置かないと、真に絶対的な平和論を主張することが出来ないのです。結局押しつめて考えれば、外国軍隊の侵入に対して防衛する武力をもたなければ、国民の独立が守れないではないか、という議論に落着くのです。国民の独立を自ら守るのは、民族の当然の義務である。しかるに日本みずから武力をもたないで、他国の軍隊の保護に依頼するというのは、独立国民のもつべき精神ではない。これが日本再軍備論の最も強い理由として述べられる点であります。

にも拘わらず、我々が再軍備しないと主張するためには、いかなる根拠があるか。その一つは、神に依り頼んで、絶対平和によって立つことを決心する国民に対しては、いかなる外国の軍隊も侵入して来ないだろう。神は神を信ずるものを捨てたまうことはないであろう、という信仰であります。これは神の守りを信ずる絶対信頼から生ずる態度であります。

しかしそれだけではまだ足りない。万一外国が侵入して来たらどうするか。その時には手をこまぬいて、国の独立が亡びるにまかせるか。そうだ、平和の理想を守り、万一そのために国の独立が失われるとするならば、それは神の命じたもうところであるから、神の御意に従順に服《したが》うことが最善である。そこまで腹をきめませんと、絶対平和を主張することは出来ない。どれもみな中途半端の平和論になりまして、世の中の情勢が変れば、それに応じて平和論の影が薄くなるのは当然の事です。

しかるに、このような絶対平和論は神を信ずる絶対の信仰がない限りは、誰も持つことが出来ず、主張することも出来ません。そして私共が六年の間に皆と一緒に努力したことは、そういう信仰を、即ちイエス・キリストによって父なる神を信ずる信仰を国民に伝えることであります。今後日本において平和論は次第に影がうすれてくると私は思いますが、それは根がないから、少し日が照れば枯れるのです。キリストが種播きの譬でいわれたように、善き地が平和の理想のために準備されなかったからであります。この六年の間に、日本の天皇陛下はキリストを信じられませんでした。多くの日本の政治家や指導者はキリストを信じませんでした。キリストの福音を信ずるという点において、日本国民は積極的な大きい進歩を示さなかったといってよろしい。戦争前におけるような無理な迫害はなくなりましたけれども、積極的にキリストの福音を受けいれるという点では、国民全体として大きな進歩を見なかったのであります。それ故に国内的及び国際的情勢の変化に応じて、平和国家の理想が幻滅を見るのは、またやむを得ない事であります。

「日本の民主化は可能であるか」（⑳六九九）

一九六〇年（昭和三五年）一二月一七日、東大聖書研究会主催クリスマス講演。同会のための最後の講演。民主主義を支える精神として、自由・平等・ヒューマニズムを挙げつつそれらの根付く源としてキリストへの信仰の不可欠なることを説く。『嘉信』第二四巻第一号、一九六一年（昭和三六年）一月、『教育と人間』同年一〇月刊所収。

日本の民主化は可能であるか

なぜこれを問題とするか

なぜ私どもは、日本の民主化は可能であるかということを問題にするんだろうか。民主主義というものはそんなにいいものか、という根本問題があるわけです。もしも民主主義がそれほど価値のないものであるならば何も特に努力をして、日本が民主化するようにということを考えたり、骨折る必要はない。どうなってもいい事柄であります。

ところで、民主主義とは何であるかということについて、またいろいろ議論がありまして、説明するのは簡単でありませんが、デモクラシーということばはギリシャ語のデーモクラティアから出ているので、デーモスというのは人民という意味、クラティアはクラテインという動詞から出たので、統治する、支配する、という意味だそうです。それでデモクラシーというのは、人民の支配、人民による支配、あるいは人民の権力という意味でありまして、いわゆる「主権在民」ということが正にデモクラシーの思想であります。

一つの社会の全住民が政治に参与するという制度は、素朴な形では原始的な民族もしくは部族の社会からありまして、人類社会の原始的な発達段階においては、むしろそれが当り前であったと言えます。私、昭和八、九年頃、当時日本の委任統治領でありました南洋群島に研究旅行に行った事がありまして、その時調べたのですが、ミクロネシヤ諸島の原住民の部落では、部落の全住民が集まって相談をするところの全体会議で重要な事柄をきめた、という故老の話でありました。つまり全住民による完全かつ直接的なデモクラシーが行なわれていたのであります。

日本の神話でも、天照大神が天の岩戸にかくれた時に、高天原で八百よろずの神々が全部集まって、善後策について相談した。これも全住民による完全デモクラシーであります。

歴史上で有名なのは、ギリシャのポリス（都市国家）の市民総会でありまして、全市民が集まって政治上の問題を討議して決めた。これが近代デモクラシーの制度の起源であるように言われております。

ところで、そのギリシャのデモクラシーの評価について、有名な哲学者プラトーンは、デモクラシーは善くないという考えでありました。プラトーンによれば、国の政治は少数の賢人がするのが一番いい。いわゆる哲人政治、智者の政治と言われるものでありまして、少数の賢くかつ清廉潔白で無欲の人が政治をもっぱらするのがよろしい。一般の市民は欲が深く、金銭上の利益を追求するから、これを政治に参加させては、政治が乱れる。一般市民は経済的活動に従事させる。そのため各市民に土地を与え、奴隷をもつことができるようにして、産業に従事させる。政治は少数の智者が行なうのがいい、という思想でありました。

婦人の地位はどうかと言いますと、プラトーンの言葉を抜き書きしてみますと、「婦人は垂れこめて日陰に暮すやからである」。またいわく、「女というものは、人間の中で非力なるが故に陰険なるやからである」。プラトーンと並び称せられる哲学者のアリストテレースはいわく「男子は優位に立って支配するもの、女子は劣等にして支配さるべきものである」。こういう思想ですから、ギリシャの都市国家では、女子は市民総会に出る権利を認められず、すなわち政治に参与することを許されなかったのであります。

ギリシャの都市国家は少数の自由民であるギリシャ人が、多数の奴隷を所有し、使役する社会構成でありました。奴隷は外国人でありまして、多くは戦争で捕虜にした外国人を連れてきまして、奴隷として使ったのです。ギリシャの都市国家の奴隷は、農耕とか手工業、商業のような産業的の仕事から、家庭教師や学問や文化的な方面まで、随分幅の広い活動をいたしましたが、いずれも市民権を認められず、すなわち市民総会に出席して政治に参与する権利をもたなかった。アテナイやスパルタその他ギリシャのポリスは、すべて市民権をもつ少数のギリシャ人が、何倍も人口の多い奴隷を下積みにして成り立った社会でありまして、その意味では、きわめて不完全なデモクラシーの国家でありました。自由市民であるギリシャ人、しかもその中の男子だけが全部集まって政治をした。これがギリシャのデモクラシーでありました。

今日でも、デモクラシーは必ずしも理想的な政治の形態であるとは言えないという説があります。教育の普及により、だんだん一般民衆の知識が進歩し、政治上の事柄についても多少の判断ができるようになったとしましても、一方社会の問題はますます複雑をきわめ、したがって政治というものはなかなか複雑なものでありまして、たとえば米国のドル防衛とは何であるか、それが日本にはどういう影響があるか、日本としてどういう対策を講ずればいいかというような問題については、皆さんの中にも少数の方を除いては、はっきりした考えをもつことにお困りだろうと思われる。

それでありますから、デモクラシーの下では、大衆を煽動することの上手な人がはびこるのです。賢い人は、政治は大事だと思うけれども、自分でやる気がしなくなる。大衆を煽動して群衆心理をつくり出し、それに乗って政権をとろうとする者や、マスコミ利用の宣伝や買収で投票をかき集めようとするようなデマゴーグ（煽動政治家）が出まして、明哲な知性のもち主や、清廉潔白の士は政治に手がでなくなる。あるいは政治にたずさわる気がしなくなる。

昨晩、ある団体の主催で、今度最高裁長官を定年で退き、国際司法裁判所の判事に当選された田中耕太郎君のための祝賀会があり、私も出席いたしました。その席で、片山哲君がテーブルスピーチをして、田中君は多彩な経歴を経て来られたが、ただ一つ衆議院議員の選挙に出られたことはない。あの「泥沼」を一度経験されないと、社会というものがわからない。矢内原君も一度衆議院議員の選挙をやって見てはどうだといって、私までもとばっちりで激励されたのです。それは、いくら言われても、やる気はいたしません。デモクラシーの政治は金のかかる「泥沼」であって、智者賢者は政治に対して批評家にはなるが自分で政治をやる気がしなくなる。だから民主主義の政治体制で、必ずしも最良の政治がなされるとは限らない。むしろ専制政治でも少数政治でもいいが、賢くて私欲のない人が政治をしてくれれば、一般市民は安心して政治をその人々に任せ、各自自分の仕事に励むことができる。そのほうが自分のためにも、国のためにも、ひいては人類のためにもなるだろう。忙しい時間をさいて投票所に往きましても、これはと思って自分の投票した人が落選し、信頼できない人が当選したりすると、何のためのデモクラシーかと言いたくなるでしょう。

デモクラシーが理想的な政治形態でないとすれば、なぜわれわれは日本の民主化を必要と考え、その可能性を問題にするのでしょうか。そこで真の民主主義とは何か。どういう点に民主主義の価値があるのか、という根本問題に帰ってくるのです。

民主主義の思想的根拠――自由

民主主義にもブルジョア・デモクラシーであるとか、社会民主主義であるとか、人民民主主義であるとか、いろいろの形態もしくは段階がありますが、総じて言えば、民主主義の思想的根拠として挙げることのできる三つの特色があります。

その一つは、民主主義は人間の自由を貴ぶ思想であるということです。人間の自由ということは、要するに人間は他の人間の手段ではなく、一個の人間それ自体が一つの目的である。人間は人間であるがゆえに貴ばれなければならない。人間は他人のために利用される道具ではない。従って他人をもまた自己の利益のために利用すべきではない。それが民主主義の人間観でありまして、民主主義の価値はこの人間観に立つ制度たる点にあります。

専制政治や少数政治においても、真に賢くかつ私利私欲をはからぬ人たちが政治の権力をもち、すべての人々の自由を尊重した政治を行なえば弊害はないんですけれども、そのような賢者は稀にしかいず、かりにいたとしてもこれを見出す方法が容易でありません。政治の権力が少数者の手ににぎられ、その人々が権力におごり、自己の地位と利益を保つために一般大衆を虐げることが昔からしばしば行なわれたのでありまして、そのように権力者が人々の自由を束縛してこれを奴隷化することは、不義であり不正である。それゆえに人民が自己の権利と自由を防衛するために、みずから政治に参加する体制を要求した。これがデモクラシーの思想であります。

人間の自由は当然責任を伴います。勝手気ままなことをすること、他人を押しのけて自分の利益をはかることは、真の自由ではない。これは人間が社会を作る以上当然のことです。自己の自由を主張するごとく、他人の自由を尊重する。ここに責任という観念が生じてきます。自己の自由は他人に対する責任を伴っている。そうでなければ、それはわがままでありまして、自由というべきものではありません。

しかし自由の本質を利益であると見るときは、どうしても他人の自由、すなわち他人の利益と衝突し、矛盾することをまぬかれません。それでは自由の絶対的な価値は確立しません。自由の本体は利益ではなく、人格であります。人間の自由と責任は、人間の人格そのものに付着している根源的な価値であって単なる社会的観念ではありません。人間は人格として自由であり、また責任をもつ。その点において、すべての人間が同じ立場に立ち、同じ価値をもつのです。その他の条件においては、人間は決して自由でありません。空を飛ぶ自由はなく、飛行機に乗るにしてもお金がなければ乗れない。好きな芸術をやりたいと思っても、素質と能力がなければできませんし、家庭的・社会的条件が充たされなくても、できないことです。いろいろの条件が揃わなければできない。心はあせれども実際はできないということが、たくさんあります。だから、人間とは何であるかといえば、人間とは不自由なものなり、と定義してもいい位であります。このような実際上の不自由があるにかかわらず、人間は自由であると主張するのは、人間を人格と認めるからです。この人格に付着する自由は、何人もこれを奪うことはできない。また何人の自由をも侵害すべきではない。これが民主主義の根本理念の第一であります。

平　等

民主主義の人間観の第二の特色としては、平等という観念がある。平等であるといわれる人間の範囲は、歴史的に次第に広められてきたものです。イスラエル民族は、神に選ばれた民として、他の諸民族に対して優越感をもちました。ギリシャの都市国家においては、奴隷は自由がなく、市民の中でも婦人は参政権をもたなかった。すなわち平等でなかったのです。

プラトーンは紀元前第四世紀の人ですが、紀元第一世紀の後半に書かれた新約聖書を見ますと、パウロのロマ書第十章十二節に、

ユダヤ人とギリシャ人との区別なし。同一の主は万民の主にましまして、凡て呼び求むる者に対して豊かなり。

とある。すなわち救においてユダヤ人、ギリシャ人の区別はないということを、はっきり言っている。同じパウロのガラテヤ書第三章二十八節には、

今はユダヤ人もギリシヤ人もなく、奴隷も自主もなく、男も女もなし。汝らは皆キリスト・イエスに在りて一体なり。

とある。つまり万人平等であるという宣言であります。更にコロサイ書第三章十一節には、

ギリシヤ人とユダヤ人、割礼と無割礼、あるひは夷狄・スクテヤ人・奴隷・自主の別ある事なし。

と言って、人種、民族、文化、階級、もしくは性別等一切の差別なく、人間という人間はすべてキリストの救によって神の子になることを宣言したのです。これがデモクラシーにおける人間平等の思想です。キリストにあってすべての人間が自由であり、またその点においてすべての人間が平等であるというのは実に革命的な人間観でありまして、前に申しましたギリシャ思想に比べてどれほどの相違があるかということは、十分注意されねばなりません。

ヒューマニズム

もう一つデモクラシーの根本理念として、ヒューマニズムを挙げたいのです。これは人道主義とか、人間尊重とかいうべき思想でありますが、どんなに貧しく、弱く、または知能の劣っている人でも、あるいは精神病者でさえも、人間として存在の価値をもっている。従ってその存在を重んじなければならない。いな、弱い人であればこそ、一層その存在をいたわり、助けねばならない。これがヒューマニズム、すなわち人間を貴ぶ思想でありまして、その具体的な現われは、社会的もしくは個人的に弱者である階級、もしくは無視されやすい人々に対し、特にその存在を保障し、その権利を重んずる

という制度となって現われるのです。

先ほどブルジョア・デモクラシーということを申しましたが、これは第十八世紀の産業革命期に興った思想でありまして、それまでは僧侶と貴族が特権階級として、政治上の権力をもっておりました。それに対して当時の新興階級であるブルジョアジー、すなわち産業資本家である市民階級が、政治に参加する権利を要求しました。その結果、ブルジョア革命が起こり、貴族、僧侶という封建的勢力の支配階級から、一段下の市民階級のところまで政治の権利が広まったのです。

ところで、そのブルジョアジー、すなわち産業資本家の下に新しい生産の組織ができると、働く人々の社会的地位や身分にも大きい変化が生じました。これまで封建的な身分関係で固定していた職人や徒弟に代わって、多数の自由な労働者が集団的に働くようになった。このプロレタリアート、すなわち勤労無産階級にも政治に対する参加権を認める普通選挙の制度ができ、政治上の自由はすべての人にまで範囲がひろげられました。更に進んで、勤労階級が政治における主導権をにぎり、社会組織に変革を加えようとすれば、それが社会民主主義もしくは人民民主主義となるのです。勤労階級を単一の政党に組織し、その政党が独裁的政権をにぎり、他の政党の存在を認めないで、社会の共産化を推進すれば、それが共産主義政権となるのです。

このブルジョア革命もしくはプロレタリア革命、あるいはブルジョア・デモクラシーもしくは社会民主主義、人民民主主義なるものは、社会の下積みになっている階級に対する同情論のような人道主義からでき上ったものではありません。すなわち単なるヒューマニズムの産物ではありません。それは社会の生産力の発展に伴う生産関係の変化から必然的に起こって来た、力の関係の変化であります。しかしそれに伴ってヒューマニズム、すなわち人間尊重の思想が有力にはたらくのでなければ、下積みの階級の社会的解放は容易に行なわれないでしょう。

今日ではブルジョア・デモクラシーの社会でも、組織された勤労階級の政治的発言力は非常に強くなりました。労働組合は自己の経済的もしくは政治的利益を主張し、もしくは防衛する手段方法と実力をもつにいたりました。

こうして、組織された大企業家と労働組合は、自己の利益と権利をおし進め、もしくは守る力をもつのですが、社会にはこうした組織の網の目にもれた階層もしくは個人がたくさんあるのです。中小企業者であるとか農民であるとか、未組織労働者などがそれでありますが、更に失業とか病気とか、その他個人的事情で社会の落伍者となるものは少くないのです。そこで社会保障の制度が必要となってくるのですが、それは現在の社会機構内の矛盾を緩和して、現存社会機構に安定性を与えるという実利的理由だけではどうしても説明のできないものがある。なぜ社会の負担になるような個人の存在を否定せず、かえってこれを保護するかといえば、それはヒューマニズム、すなわち人間を人間であるが故に愛し、重んずるという思想にもとづくのです。

この間、岡山県のある療養所の一人の患者が、医療扶助があまりに低いことに関連して、国すなわち厚生大臣を憲法違反で訴えた事件について、裁判所が被告すなわち国を敗訴にしたことが新聞にあったでしょう。日本国憲法第二十五条には、

「すべて国民は、健康で文化的な最低限度の生活を営む権利がある。
国は、すべての生活部面について、社会福祉、社会保障及び公衆衛生の向上及び増進に努めなければならない。」

と規定してある。しかるに現在の医療扶助による給与では、一日にちり紙が三枚しか使えない。せめて一日に十枚使いたい。そうでないと療養ができない、といって訴えたのであります。

それはそうでしょう。一枚のちり紙を三つにさいて鼻をかむような状態では、とても療養はできないでしょう。生活扶助とか医療扶助とかいう社会保障制度のできたことは結構だけれども、ただそういう制度があるということで安心していると、もってのほかの偽善的な政治となりましょう。

世の中の弱者という弱者の一人一人に温い心をよせて、かれも人間であると、わが胸に抱きかかえるような気持。これがヒューマニズムの思想です。それがないと、デモクラシーというものも、政党のボスとか、組合のボスとか、そういう者が勢力と利益をむさぼる政治になってしまう。賢い人は隠れて、騒ぎの好きな人だけがのさばる政治になりかねない。どうしても弱い人間をいたわるという精神がないと、デモクラシーはひからびた骸骨になってしまう。そこで、デモクラシーの精神は、人間の自由と平等とヒューマニズムの人間観にもとづくと、私は思うのであります。

人間観の問題

どうすればこれら三つの思想を養ってゆくことができるか。デモクラシーの思想的源流は、ギリシャのポリスとキリスト教の信仰に求められると通常言われますが、ギリシャの人間観は、先ほどから述べたように、甚だ不徹底なデモクラシーでありまして、政治の自由は婦人と奴隷には及んでおりません。アリストパネースというプラトーン時代の喜劇作者がおりまして、いろいろの喜劇を作っている。それを読むと、デモクラシーに対する辛辣な批判があります。

その一つに、『女の平和』という題の劇がありまして、これは、当時アテナイとスパルタとがすでに二十七年間も戦争をしているが、亭主どもの集まる市民総会がぐずぐずして、熱意をもって戦争を終結させる努力をしない。そこで女が相談しまして、アレオパゴスの丘に立てこもって、男を寄せつけない。このストライキが成功しまして、男どもがやっと平和締結にふみ切る、というのであります。これは平和主義者としての作者の面目をよく現わすとともに、実に辛辣な政治批判であり、デモクラシーの腐敗と男の怠惰を厳しく責めたものであります。

アリストパネースの戯曲には、『女の議会』というのもあります。これはやはり亭主たちの市民総会がなまけて、ちゃんとした政治をしない。国内には貧乏人もいる、病気の人もいるのに、一向手を打たないで、むだ話ばかりして時を空費しているというので、主婦たちが相談をして一策を案じた。すなわち市民総会の開かれる日に、男たちはなまけてなかなか定刻に集まって来ないことを知っているので、それの裏をかいて主婦たちが男装をしまして、定刻にさっと議場にはいっちまう。そして男をこまらせるような議決をした。これも民主主義政治の腐敗堕落と非能率的なことを痛罵した劇であります。

ですから、ギリシャのポリスの思想なり政治なりが、そんなに強い影響を後世のデモクラシーに与えたとは、私には思えない。キリスト教の影響なくしては、ギリシャのデモクラシーは非常に腐敗した形になって後世に伝わったであろうと思うのです。

アリストパネースの劇には、『女の平和』にしても『女の議会』にしても、放縦なセックスのモラルと言葉やしぐさが描かれていて、それが観衆を面白がらせ、笑いを呼んだものらしい。今日であれば、公演を許されないような内容であります。『女の議会』を翻訳した東大文学部の村川堅太郎教授の解説によりますと、「本篇随処に見られるようなエロチシズムは、未だ基督教思想により抑止されることなき古代人の性情の無礼講な発散である」(岩波文庫版一九四頁)。また「基督教が西洋人の生活に与えた深い影響力は、アリストパネースの劇を精読することによりはじめてよく理解される」(同一九五頁)と言っておられるのであります。

キリストは人間を人格として見ることによって、人間の道徳性を深くかつ清く新たにつくりかえただけでなく、人種、民族、階級、性別を問わず、すべての人間に自由を与える救主として世に来り給うたのです。キリストの救によって、すべての人間の平等が実現したのであります。またキリストによって、深いヒューマニズムの思想が植えつけられたのです。マタイ伝第二十五章三十一節以下に、キリストの語られたたとえ話がある。最後の審判の日、山羊と羊を分かつように、もろもろの国人が分けられる。そしてキリストは一方の者に対して、「わが父に祝せられたる者よ、来りて世の創始より汝らのために備へられたる国を嗣げ。汝らわが飢ゑしときに食はせ、渇きし時に飲ませ、旅人なりし時に宿らせ、裸かなりし時に衣せ、病みしときに訪ひ、獄にありし時来りたればなり」と告げた。言われた者はびっくりして、「私はそんなことをしたおぼえはありません」と答えたが、それに対してイエスは、「まことに汝らに告ぐ、わが兄弟なるこれらのいと小さき者の一人になしたるは、すなはち我に為したるなり」と言われたという面白いお話があります。これが典型的なヒューマニズムの思想であります。小さい人間に対して為した小さな行為の価値を認めることがキリスト教的ヒューマニズムでありまして、それはキリスト教の人間観にもとづくものです。このようなヒューマニズムは、キリストの福音によるのでなければ発達することのできない思想と生活でありまして、それがデモクラシーを腐敗から救う大きな力になるのです。それがなければ、すなわち社会の少数者もしくは弱者をかえりみるという精神をもたなければ、民主主義というものは、多数政治の形でもって少数の野心家が自己の権力欲を満足させることになりかねないのであります。

民主主義とキリスト教

私の話を結論に導けば、日本が民主化することは必要かといえば、それは必要であると私は思います。政治体制としての議論を別としましても、それは人間の自由と平等とヒューマニズムを根本精神とするものであり、かつこれを養うに適する制度であるからです。しからば日本民主化のためには、われわれは何を最も努力すべきでありましょうか。制度の外形や運営のテクニックを採用し、それに習熟するよう訓練と経験を積むことも必要でありますが、何といっても根本は日本人の思想の中に新しい人間観を植えつけることであります。人間の自由と平等とヒューマニズムは、これまで日本民族の本当に学んだことの無い新しい思想です。ヒューマニズムの思想は、ある意味では仏教によっても養われてきましたけれども、しかしそれは人間の自由と尊厳に結びついたヒューマニズムではなく、むしろ汎神論的な思想でありまして、人間にも仏性があるように狗子にも仏性があるというような思想です。デモクラシーの根本をなす人格の観念が仏教にはありません。それはキリスト教によって初めて明らかにされる思想であると私は信じます。この人格観念を学ぶことが、日本国民が民主化するために絶対必要な条件であります。明治維新以来、西洋的な文明の技術や政治のやり方を取り入れたことでもって日本が近代国家になったというだけでは、とても人類の文明と世界の平和に対して独創的な寄与をすることはできません。いつまでも西洋のあとからついてゆく以外にはない。しばしば批評されるように、「猿まね」「人まね」の国民として終るでありましょう。外形だけでなく、骨の髄から日本が近代国家となるためには、真に民主主義の精神をもつ国民とならなければなりません。日本民族がすぐれた民族として歴史上に存在の意義をもつか否かは、日本国民が真に民主化することができるか否かにかかっていると言っても、過言ではないでしょう。

それならば民主化の方法は何であるかというと、公明選挙運動をして選挙の腐敗をやめるとか、選挙法を改正するとか、その他直接に政治を善くするための努力はどれ一つおろそかにはできませんけれども、すべてのことの根本は、人間を作り直すことであります。人間として新しく生まれ変ることであります。それができなければ、制度の立て方も、運営も、腐敗を免れることはできません。しばしば聞くことでありますが、政党の腐敗、政治の堕落は目に余るものがあるが、それは保守政党だけでなく、程度の差はあるとしても革新政党の側にもある。労働組合の方はどうかというと、ここにも立身出世主義が支配的であって、指導者の間に腐敗がないとは言えず、清廉潔白であるとは言いがたいということです。

ひとりひとりの人間が出来上らなければ、政党も組合も健全に発達することはできない。健全な民主的勢力になることはできず、自己の利益、勢力、野心を推進するための機関としかならないのです。

私の結論は極めて簡単です。日本の民主化が可能であるかという問題は、日本国民がキリスト教を受けいれるか、キリストを信ずることができるかということと、同じ問題なのです。

キリスト教を受けいれるということは、第一に神観の問題です。神についての日本人の考えは、従来はなはだあいまいであります。神と人間との間に本質的な区別を見ることができず、天皇を神とあがめる思想さえありました。海軍にいた友人の話によりますと、海軍では敬礼と拝礼とを厳密に区別して教えられた。天皇には敬礼をする。一番丁重な敬礼であるから、最敬礼である。しかし天皇を拝礼することは教えられなかった。それを教えたのはだれか、というお話でありました。残念ながら東京大学の教授の中にも、天皇を神として拝礼することを教えた人がおりました。けれども、この問題は今では過ぎ去った問題となりました。

天皇を神としておがむ思想が消え去って、あとに残ったものは何であるか。おみこしをかつぐ神社の祭礼はにぎやかに復興しましたが、人間が人間の創造主として、人格の根源として畏れおののいて拝礼する神を、日本国民は知らないのです。それでは人間の自由も、尊厳も、正義も、平和も維持されません。人間に利用される神は、人間を正しく導くことはできず、正しく守ることもできません。正しい神観をもたなければ、正しい人間観をもつこともできないのです。そして正しい人間観をもたなければ、民主主義の国民となることはできません。

人間とは何であるか。人間とは自由な人格であると、私申しましたが、自由な人格であるべき人間の心の実際の状態は、がんじがらめに締めつけられて、不自由と不安に悩んでいるのです。境遇の変化にも屈せず、周囲の誘惑にも捉われず、自由の精神をもつと言える青年が、日本の中に果して何人あるでしょうか。

きのうも若い人たちが歩きながら楽しそうに、「われわれは目的をもっているからね」と話しあっているのを聞きました。あなた方はどんな目的をもっているんですか。たぶん映画を見に行こうとか、旅行をしようとか、就職とか、結婚とか、そういうたぐいの目的なんでしょう。一生をかけて、困難にも圧迫にも屈せず、思わない境遇の変化によっても見失われないところの、人間としての生きる目的。そういう目的をもたなければなりません。

実際において、人は心の自由なよろこびを失っております。それは境遇から来る制約もありますが、何よりも己自身に宿っている罪が、心の自由なよろこびを失わせているのです。罪の束縛から人を解放して、自由の霊を与えるものは神から出る救です。神はそのためにキリストを世に遣わされ、約三年の貴き教えとみわざの生涯の後、十字架の死をとげしめ、三日の後復活して天に昇らせ給うた。これによって、キリストを信ずる者に罪のゆるしと復活の希望を与えられ、観念的な人格の自由が、生命的な自由と平安として生きかえったのです。

キリストは世界万民の救主であって、キリストにありて新たにつくられた人としては、人種・民族・階級・性別その他一切の区別はなく、強者弱者の別もありません。人間の中の最小の弱者最劣等の能力をもつ者も、同じ創造主である神と、同じ救主であるキリストをもつのでありますから、そのような人の自由と権利を奪い、そのような人を侮辱すれば、その人の造り主である神と救主であるキリストを侮辱したことになる。

キリスト教はこのような神観と人間観を明らかにし、真の自由と平等とヒューマニズムを人に与えるものであります。そのように人の心を新しく造り変え、新たに生れさせるものであります。そのために神からこの世に遣わされたイエス・キリストの恩恵を感謝することが、クリスマスの意味であります。一年に一度、クリスマスのシーズンにあたり、この恩恵を一層深く考えて感謝することは、われわれにとって非常に善いことであります。

日本の民主化が可能であるかという問題に対しては、条件づきで可能である、と私は答えます。日本国民の間にキリストを信ずる正しい信仰が根ざすならば、それは可能であります。そして西欧諸国が、すでに時すぎて古い形だけのキリスト教を着ているときに、われわれ日本民族は、素朴ではあっても剛健な新しいキリストを着て、人類の平和と世界の進歩に貢献することができるものとなることを、私どもは心から願っているのであります。

IV

矢内原忠雄と教養学部

教養学部の船出

池田　信雄

この章は、矢内原忠雄の東京大学における教育活動の全般を提示するものではない。東京大学教養学部六〇周年を記念する展覧会「矢内原忠雄と教養学部」の第三部として構想された展示の説明という趣旨に従い、重点は、矢内原個人というより教養学部の成立とその確立の過程に置かれることとなる。いうまでもなく、矢内原は教養学部設立委員会委員、初代の教養学部長、またその後には東京大学総長としてこの揺籃の過程に深く関わり、巨大な足跡を残した人である。終戦後間もない一九四五年一一月に東京大学経済学部教授に復職してから、一九四六年八月東京帝大社会科学研究所所長に就任、一九四八年五月教養学部設立委員会委員を依嘱され、同年一〇月には経済学部長に就任、翌一九四九年五月の新制東京大学発足と同時に教養学部長に就任し、その一年半後の一九五一年一二月に東京大学総長に就任するという、戦中の浪人生活とは対照的な激しい公務をこなしている。この時期の矢内原の公私にわたる生活を記述することはそれ自体大いに意味のあることであるし、本書を首尾一貫させるならそういう記述が求められるところであろうが、その期待にお応えできないことをあらかじめ諒とされたい。

矢内原が、旧制一高の教授連を中心としそれに旧制東京高校の教授を加えた形で発足する教養学部の設立に当たって果たした役割は特殊だったと言えよう。旧制一高側には、それまでの伝統を守りたいとする気持ちが、帝大側にはそうした過去のしがらみにとらわれたくないという思いが強かった。教養学部設立委員会で両者が戦わせた白熱した議論は、いま読み返してみても手に汗握る思いを味わわせられる。矢内原は、経済学部教授であるから帝大側の人間ではあるが、長いこと校務を離れていて中立的立場に近い。しかも旧制一高の出身で、校長新渡戸稲造の愛弟子でもあった。その矢内原を教養学部長の任に着けたのが、南原繁総長であった。絶妙の人事である。一高の教授がその任についても、より帝大色の強い教授が着任しても、矢内原ほどの手腕は振るえなかった。矢内原の傑出した能力をひとまずおいて、そのように言えるのではなかろうか。

以下、展覧会の展示に従って、簡略に記すが、詳しくはこの記述の典拠とした東京大学百年史、教養学部三〇年史、教養学部報などの資料に直に当たっていただければ幸いである。

一　船出

1　新大学の設立準備

一九四七年六月三〇日、旧制東京帝国大学内に、同年三月制定の学校教育法に定める六・三・三・四制に基づく新制東京大学の設立を推進するための新大学制実施準備委員会が発足した。この委員会は南原繁総長が会長を務め、各学部長以下四二名の委員から構成されていた。準備委員会の下には、各種の問題ごとにほぼ週一回の頻度で開かれる特別委員会が置かれたが、委員会総会も頻繁に開催され、新制大学の設立に必要な事項が立案・審議された。

準備委員会の最重要課題の一つが、一九四六年四月発表のアメリカ教育使節団報告書で謳われた「一般教養科目重視」を、それまでの三年制に代わって四年制となる大学の中にどのように位置づけるかという問題であった。

一般教養を担当する教養課程（ジュニアコース）は一年で十分と主張する学部も少なくなかった中で、南原繁総長、矢内原忠雄社会科学研究所長、高木貞二文学部長は終始一貫、広い視野を持つ人間の養成という目的を実現するには、独立学部による二年間の教育が必要と唱えつづけた。旧制東京帝国大学の名前から「帝国」が取り去られた五日後の四七年一〇月六日の準備委員会で、二年のジュニアコースを「外部のキャンパス」で教育する構想が固まった。またその教育は独立の一学部が担当し、その学部に対し人事権を認めることも決まった。一〇月一三日には①新入生は文科、理科各二類に分けて募集し、三年次の本郷進学は振り分けによって行うこと、②ジュニアコースに講座を設けるが、教授に対し助教授の数を多数とすること、③ジュニアコースを修了し、新学部で学び続けたい学生のためにシニアコースを設けるが具体的内容は今後の課題とする、という方針も定められた。驚くべきことに準備委員会は設立後わずか四か月で現在まで続く教養学部のおおよその骨格を作り上げてしまったのである。

実際の出発までに残された時間は一年半しかなかった。その間に、外部キャンパスと施設問題、教員の人事問題、財政問題など数々の困難な問題を解決しなくてはならなかった。

東大がいつ旧制第一高等学校に対し合併の働きかけを始めたか分かっていない。しかし、準備委員会が「外部のキャンパス」を口にする際、一高キャンパスを含めて考えていたのは間違いない。狭い専門に特化した旧制大学の教員には一般教養を担当する自信はなかったし、卒業生を旧制帝国大学へ無試験で入学させていた全国の旧制高校では、三年間のエリート的一般教育が行われていたのだから、近場の旧制高校に白羽の矢が立つのは当然だった。

一高側でも旧制高校廃止が不可避である以上、新制東大と合併する道は自然だと受け止められた。天野貞祐一高校長は一高を母体とする独立大学創設案を唱えたが、支持する教員はおらず、東大との合併話が進められた。超エリート校である一高の、教養部となって本郷の軍門に下りたくないという意向は、準備委員会の独立学部創設案に反映された。

三学年併せても定員一二〇〇名ほどの生徒に全寮制で一般教育を施してきた一高に、二学年四〇〇〇名程度に膨れあがるジュニアコースを担当させるのは無理だった。当初は手狭な上に戦災で多くの施設を焼失した駒場キャンパスに、四〇〇〇名の学生を収容することはできないと考えられた。教員の数も圧倒的に不足だったが、これは、一高に続き旧制東京高等学校と旧制浦和高等学校とも合併合意に至ったことで解消された（浦和高校はこの後埼玉大学に包摂されることになった）。

駒場以外に、千葉県検見川の第二工学部を第二キャンパスとする方向で話が進んだものの、文部省への予算請求が通らずに挫折。その後埼玉県浦和市に第二キャンパスを持っていく案が検討されたが、今度はＧＨＱが他県にまたがる大学の設置を認めない判断を下したため、最終的に駒場キャンパス一本化の方針が決定された。施設の補修、新築が必要なのは明らかだったが、緊縮財政の社会経済情勢下での予算は限られており、十分な施設・設備の確保は困難だった。

カリキュラム編成は、一高、東高、浦高の代表者の特別委員会への参加を得て、一般教養科目の内容、題目、時間数、単位数などが、授業担当数の削減を要求する旧制高校側と予算の制約等で教員数を縮小せざるを得ない大学の委員会側の激論を経つつ、決められていった。

２　発　足

一九四九年五月三一日、全国の国立大学で唯一の教養学部を含む九学部、一〇附置研究所を擁する新制東京大学が設立された。六月に行われた入学試験を経て、女子九名を含む一八〇四名が合格した。

旧制高校と旧制大学予科の一、二年修了者が八割強を占め、新制高校出身者は三四五名と二割に満たなかった。また翌年の三月までは旧制一高及び東京高等学校が駒場キャンパス内に並存した。収容可能人数を上回る学生を抱え、教員も教室と研究室の施設も十分ではなく、しかも学部の運営組織も慣行もまだ確立していない混沌とした状態での船出だった。

創設時の教養学部は、教員全体の四五パーセントが元一高の教員で占められ、またそのうち正教授の比率も他校出身者より高かったため、旧一高色が濃厚に表に出ることとなった。エリート主義的な一高の弊風を打破したいという準備委員会側の思惑から、初代学部長には一高の校長ではなく大学の内部から選任された者が充てられることとなり、南原総長の意向もあって新渡戸稲造一高校長の愛弟子だった矢内原忠雄教授が就任した。

教養学部を新制東京大学の一部として確立するためには、旧一高のエリート意識を払拭して駒場に新しい気風を作りだす必要があった。しかし一高にノスタルジアを覚える教職員の間では改革意識は薄く、本郷への対抗意識や独立姿勢が強かった。そうした状況の中で、新しい理念の東京大学教養学部を築き上げたいという信念と熱意をもつ矢内原学部長のもとで、学部の運営組織編成、教員の一体性の確立、教室や研究室の整備、駒場寮の改善等が進められていった。

発足した教養学部は、人文科学科、外国語科、社会科学科、自然科学科、体育科の五科体制からなり、全教員がそのいずれかに所属して、一般教養科目を担当した。研究室は駒場寮の南寮を第一研究室棟として利用した。発足時の施設は、一高の建物のおよそ二〇〇〇平米が戦災で焼けたため、本館と現在の一〇一号館、九〇〇番教室、図書館、五号館そして駒場寮が立っているだけというまことに貧弱なものであった。

草創期においては東京大学内で一般教養の重要性に対する全体的な理解が得られていたとは言えなかったが、著しく専門化され細分化されたため広い視野に立つ総合的視点を見失いがちだった旧来の大学教育の反省の上に構想された教養学部がこうして出発したのである。

二　教養学科の成立

さて教養学部が本郷の諸学部に対等に伍していくためには、三、四年次の学生を駒場のキャンパスで育てて卒業生として送り出すことが喫緊の課題となった。三、四年次の学生が学ぶシニア課程である教養学科の設置準備は、矢内原学部長のもと、麻生磯次（国文学）、木村健康（経済学）、玉蟲文一（化学）、前田陽一（フランス語）の四人が中軸を担って進められた。最初の教養学部入学生が三年次に進む前に、本郷の既存の学部と重複しない独特の学科を立ち上げるという難題に取り組んだ四教授は、旧制高校のよさをどう新体制の中で活かすかに腐心した。早くから専門化せず、教師と密に接しながら教養を身につけることのできた旧制高校の長所を残したいとの考えから、教養学科をレイトスペシャリゼーションと少人数教育によって特徴付ける方針が打ち出された。また、広い視野に立つ人材を世に送り出す目的にかなうよう、社会・人文・自然科学を包摂するインターディシプリナリな分科案が構想された。

一国の文学を知るにはその国の文化と社会全体に関する知見が必要なのに、旧来の文学部では文学しか教えてこなかった事情を反省し、総合的知と外国語を重んじる米、英、仏、独の地域研究の四分科が作られることになった。さらに、戦後日本では国際関係こそが重視されるべきところ、国際法や外交史などの既存の学問だけでは複雑化した国際関係の理解に不十分なことから、法律も経済も文化も視野に入れた国際関係論を分科として立ち上げることが決まった。理科に関しては、フランスの事情に詳しい前田教授の提案でソルボンヌ大学の科学史・科学哲学の講座に倣い、フランス以上に実験や計算を取り入れた分科を作ることになった。こうして次第に構想が固まり、旧制高校のエッセンスを取り入れた、レイトスペシャリゼーション、総合的学問研究、国際性豊かな人物養成、さらには教員との緊密な人的交流が可能な少人数教育を掲げた、米、英、仏、独の文化と社会、国際関係論、科学史及び科学哲学の六分科からなる教養学科が、一九五一年四月一日に産声を上げる運びとなった。

一方で、伝統を持たない新規の学科は、本郷の希望の進学先に入れない学生のたまり場になるのではないか、という心配がなされたが、ジュニアコースの成績上位者が競って教養学科への進学を求めたことで、その懸念は一掃された。教養学科の新理念は多数の旧制高校生を抱えた教養学部一期生の心を惹き付けたのである。

また、教養学科では実社会に出る学生に期待される専門的知識や訓練を十分に授けられないのではないかと卒業生の就職不利を心配する声もあったが、それも、第一、二期の卒業生が名だたる就職先へと巣立っていったことでたちまちにして払拭された。

三　教養学部と学生運動——一九五〇年九月の試験ボイコット事件

新制東京大学の草創期には、連合国軍の占領下に置かれた日本の政治社会情勢を反映して、学内でも活発な学生運動が展開された。教養学部が深く関係した最初の学内紛争が、レッドパージに反対する学生の起こした試験ボイコット事件である。

一九五〇年六月朝鮮戦争が勃発、七月にはGHQの勧告により言論機関からの共産主義者の追放が始まり、九月には日本政府が公務員のレッドパージ実施を閣議決定した。これに反発する全日本学生自治会総連合は反対闘争を宣言、駒場キャンパスでもレッドパージ反対学生大会が開かれるなどして、定期試験ボイコットが可決された。試験第一日目の九月二九日、学部側は試験を実施したが、試験に反対する学生は試験場に立ち入って試験を妨害するなどした。こうした事態を受け、学部は、レッドパージ反対の主張はともかく、試験のボイコットは容認し難いとし、翌日以降も試験を実施する方針を固めた。翌九月三〇日試験二日目には、正門前に学生によるピケット・ラインが引かれ、受験希望者の入構が阻止された。正門前では矢内原学部長自ら先頭に立ちボイコット派学生と押し問答を続けたが、ついに警官隊の出動が要請される事態に至り、試験は中止となった。同日の学生大会で試験ボイコットの継続が決議される状況に直面した学部は、混乱回避のため、試験を一〇月一三〜一九日に延期する方針をとった。

一〇月三日、大学は告示を発する。昨秋南原総長が表明したレッドパージ否定の方針は東大全学において変更はなく、一部の学生の急進的行動は学問の自由と大学の自治を危険に陥れる、として学生に学内秩序を取り戻すよう訴えた。これを受けて開かれた学生大会では、再試験ボイコットの方針が否決され、再試験は、滞りなく行われた。大学はこの事件で一〇人を退学、三人を無期停学の処分にした。

なお学部は九月のボイコットの際、ピケットを避けるため学生が生け垣を乗り越えて構内に入ることを認めたが、やがてその箇所に小門が作られ、矢内原門と呼ばれて、当時の東大駅への近道として愛用された。今ではその跡に記念碑が立っている。

学生運動については、矢内原総長の任期が終わった直後の一九五八年一月に、学部長会議の「学生大会の議題について」の申し合わせが文章化された。これは、矢内原三原則と呼ばれ、授業計画を乱す決議の禁止、この方針に反する決議の禁止、そうした提案の議題採択の禁止を定めたもので、違反する学生は退学処分に処せられることとなり、学生紛争のときまで大学と学生の争点となり続けた。

四　教養学部の福利厚生施設

一九五〇年の定期試験ボイコット事件の結果は、矢内原忠雄の回顧の言葉を借りれば「わるいことばかりではなかった。大学自治の原則が学の内外に対して確立され」、「先生方の間にソリダリティーができた」のである。

この事件を通じて、大学からの情報が学生に正確に伝達されないことが反省され、竹山道雄教授の発案で大学の方針や連絡事項を学生に伝える「教養学部報」が翌年の一九五一年四月に創刊された。同じくこの事件の反省に立って一九五一年四月、当時の五号館（旧一〇五号館）に学生部教官室が設けられ、早野雅三学生部長、大場和夫学生課長、西村秀夫厚生課長の三人の教員が配置された。学生の勉学、生活、自治活動などにつき、きめ細かい配慮をする全国でもユニークな学生部教官室制度は、西村助教授が駒場を去る一九七五年まで続いた。

ここで当時の教養学部の福利厚生について振り返ってみよう。一高の駒場寮は、一九四九年教養学部附属の駒場寮となったが、四つの寮建物の内、南寮は教官の研究室棟に変えられた。全寮制の旧制高校の寮が、さまざまな新規入寮者を迎え、新制度の自治寮として機能しだすまでには紆余曲折があった。他の旧制高校出身者は一高の寮気質が受け継がれることに反発を示した。一九五〇年四月には戦災にあった旧制東京高校が一時そこに逃れていた三鷹の国有地（現在の三鷹国際学生宿舎の敷地）に三鷹寮が開設され、教養学部は歴史と気風の異なる二つの寮を抱えることとなった。

定期試験ボイコット事件のほとぼりが冷めやらぬ一九五〇年一〇月、現在第二体育館が立っている場所に三号館が新設され、そこに東京大学消費生活協同組合駒場支部が入ることになった。それまでは駒場寮食堂が、駒場キャンパス内の唯一の食堂施設だった。

一九五一年一月には、「学生の一般的教養を高め、民族文化に関する認識をふかめ、世界文化に関する視野をひろめること」を活動の趣旨として、教養学部美術博物館準備委員会が発足した。同年一一月同窓会館洋館で開かれた第一回の美術展覧会後も、三上次男教授を中心とする委員会メンバーの尽力のもと継続的に資料蒐集が行われた。常設の展示室が第二本館内に開設されるのは、しかし一〇年後の一九六一年のことだった。

一九五三年四月、駒場にも学生相談所が開設された。国内では一月に本郷に設けられたものに続いて二つ目の、学生を対象とするカウンセリング施設だった。

五　おわりに

矢内原学部長は一九五一年一二月に東京大学総長に選出され駒場キャンパスを去るにあたって、教養学部報（第八号、翌年一月刊）に「駒場に別れる」と題する一文を寄せた。

教養学部の（中略）教官の大部分は一高、東高、浦高、その他から移られた人々であった。旧一高の寮がそのまま残っており、新入学生は旧高校生と新制高校卒業生との混合であって、しかも学生総数は四、〇〇〇名を超えるものである。

この、いわば「寄せ集め」の教官陣容をどうして統一あるファカルティーとして組織し、発達させるか。この雑多な且つ多数の学生に、どうして秩序ある生活と、新制大学の趣旨にそつた教育をさずけるか。どうして旧制高校風を払拭して、東京大学の一部としての教養学部をつくり上げるか。どうして東京大学内における、また社会における、教養学部の意味を認識させ、格式を高め、実質を充実するか。こういうことが最初の学部長としての私に課せられた任務であった。

ともかく二ヶ年半経過した。

今では教養学部専任の教授、助教授、講師の数は一五〇名に近く若干の兼任教授と、多くの非常勤講師がいる。有難いことには、いずれもみな善意に満ちた、能力ある、仕事に熱心な人々であつて、教官たちの一致した協力によつて教養学部の基礎はもうしつかりと出来上がつたと信ずる。

二代目学部長に就任した、最後の一高校長でもあった麻生磯次教授も、翌年四月の教養学部報に、そのときまでにすでに教養学部の「草創の礎は据えられた」と記している。

しかし教養学部が最初に迎えた節目は、最初の教養学部生が東大の各学部を巣立ち、教養学科が初の卒業生を送り出した一九五三年三月だったといえよう。教養の精神を身につけさらに学問を深く探究しようとして大学院に進学する学生も多く、また就職希望者の就職率一〇〇パーセントという業績は、教養学部が軌道に乗ったことを内外に証するものだった。苦節四年の間に、教養学部長の職は初代矢内原忠雄教授、麻生磯次教授を経て、高木貞二教授へと引き継がれていた。

発足当初問題視されていた、教職員の連帯感の欠如は協力関係の建設が不可欠となる運営委員会の組織化などによって克服された。教授と学生の交流が希薄化した状況に対する打開案としてクラス担任制も採用された。また、第二本館建築や美術博物館の準備開始など施設面での改善も進められ、さらには教養学部報や各学科毎の紀要の刊行にも至った。

しかしその後も、対処すべき問題は多々あった。制度として創設されたクラス担任制なども、その目的である教官と学生の人的交流に資するほど円滑に機能していなかったことが当時の教授達の発言に見てとれる。新カリキュラムの必修科目の多さに対する不満、新制教育を受けて入学してきた学生の精神的・知的未熟さの指摘、教養学部の理念に対する理解不足などを訴える声が聞かれた。また、不安な政治情勢に連動した学生運動もたびたび起こった。だが、そうした逆境に対処する中で教訓を得ながら、教職員及び学生は二人三脚で四年間を駆け抜け、卒業生を送り出す晴れの日に辿りついたのである。

想い出の矢内原忠雄と教養学部

川西　進

矢内原忠雄先生は、私にとり、幼い時から畏敬すべき存在であり、大学に進学する頃には信仰の師であって、以後変わることはなかった。課せられたテーマ、「矢内原忠雄と教養学部」についても、論文ではなく先生の想い出として記させて頂く。

先生のお名前は、ときどき両親の口に上るので、子供の時から知っていた。父は先生と同じ旧制神戸中学の出身、父が三年上級だったが、学年合同の級長会議で、二年生で級長になった先生の整然とした発言、弁論大会での熱弁に感嘆し、やがて「忠坊」と呼んで親しく交わるようになった。その後先生は新渡戸稲造が校長の旧制第一高等学校に入学し、内村鑑三の集会で聖書を学ばれるようになったが、その過程を、父は先生の追悼録の中で「渡し守」という題の小文に書き、「私は忠雄さんを舟に乗っけて向こう岸に付けた。忠坊が忠雄さんに成長し、忠雄さんはとうとう私共一家の先生となり、恩人となり、全国民、否、人類に仰ぎ慕われる師表となった」（南原、大内、黒崎、楊井、大塚編『矢内原忠雄——信仰・学問・生涯』岩波書店、一九六八年、三三頁）と結んでいる。

先に『駒場友の会会報』一三号に書いたように、私が先生に初めてお会いしたのは一九四三年二月、九歳上の大学生の兄が突然の病で逝ったときだった。兄は旧制一高入学後間もなく、先生が東大経済学部教授の職を追われるとすぐに創刊された、月刊の個人雑誌『嘉信』の購読者となり、二年生の秋からは毎日曜先生の御自宅で開かれる聖書講義の集会への出席を申し込んで許された。若い弟子を天に送った先生は、その葬式、埋骨の式を司って下さり、長子に先立たれ、悲嘆の涙にくれる両親を、キリストを信じることによる希望と喜悦へと導いて下さった。小学五年生の私は傍から見るだけで、それがどのような心の働きによるのかはわからなかったが、先生が、親にとり、家族全体にとり、かけがえのない存在であり、これから先も、私共を助け導いて下さる方だろうと感じた。それは二年後に活字になった兄の遺稿、書簡、追悼文集を読んでいっそう確かなものとなった。

戦争が終わると先生は東大に戻られ、家庭での聖書集会を閉じ、翌年三月から御自宅近くの今井館で、毎日曜公開の聖書講義の集会を始められた。私も中学四年の頃からそこに出席するようになり、エレミヤ書、続いてルカによる福音書を学んだ。以後先生の今井館の聖書集会、夏休みに催される聖書講習会に亡くなられるまで通い、キリスト教に導かれた。一九四九年五月、先生は新制東京大学教養学部の初代学部長となり、私は七月に教養学部の第一期生として入学したので、大学においても、私の先生となった。専門は全く違う理科の学生だった私が、四年の時に先生の授業を受講することが出来たのは、先生のもとに新しく創設された教養学部、教養学科に進学したためだった。

大学に復帰されてからの先生は、たちまち幾つもの重職を担うことになり、極めてお忙しかったに違いない。特に教養学部長に任じられてからしばらくは格別だった。先生は大学でのお仕事について聖書集会で語られることはなく、『嘉信』に綴られることも、ほとんどが聖書の講義、各地でされた御講演の記録、時折の所感など、キリスト教信仰を述べ伝えるためのものであった。しかしこの時期には時折大学での激務に言及された。一九四九年六月号の『嘉信』の末尾には次のような言葉がある。「私は（中略）当分経済学部長兼教養学部長です。（中略）後者は東京大学最大の学部で新しく組織を立てて往かねばならぬものでありますから、現在の私の仕事は全く激務であります。その為め今月は嘉信の原稿がすっかり遅れてしまひ（中略）発行遅延を深くおわび申し上ます。（中略）学生のスト事件で、私の名が新聞に出たりして、皆様にご心配をおかけいたしました。（中略）目的のために手段を選ばない煽動的な学生もいけませんが（中略）傍観的態度の学生にも責任があります。判断力を養ふことと、道徳的勇気を振ひ起こすことは、今の学生にとって絶対必要です」（㉕七六二〜六三）。そして三か月後の九月号の「此夏記」には次のように記されている。「此の夏は新設教養学部の教授会や委員会のためほとんど休暇もなき状態であった。少しくまとまった時間があれば勉強と著述に使ひたいと希ったが、それも地方訪問のために費されて、とうとう何も仕事は出来なかった。神はいつまで私をかくもひどくお使ひになるのであらうかと、時には怨み言の一つも言ひたくなるが、人間としてどうして神に言ひ逆ふことが出来ようか。いつも私の泣き寝入になってしまふ。而して目がさめれば、新しき戦いが常に私を待って居るのである」（㉖六一七）。

「新しき戦い」の一つは、一年後の一九五〇年九月、先生が五月末から三か月のアメリカ旅行から帰られた直後の、全学連（全日本学生自治会総連合）の指揮するレッドパージ反対闘争の一つとして行われた教養学部前期末試験ボイコットの時だった。試験の第一日、九月二九日は、学生が受験している教室に、試験反対の学生の一団が侵入し、答案用紙を奪った（私もその目に遭った）が、騒動は学生全体には及ばなかった。しかし二日目は、朝から厳しいピケットが張られ、学生だけでなく、正門から入ろうとされた学部長も阻止された。先生は初め何人かの学生の先頭に立ち「われに続け」と叫ばれ体をぶつけてピケットを破ろうとされたが跳ね返された。やがて先生が一人で静かに歩み寄り「ちょっと通してくれ」と言われると先生のために道が開かれた（大濱徹也編「敗戦後における矢内原忠雄関係年譜（II）」『嘉信』（二）、新地書房、一九七八年、四三七〜三八頁）。しかし導入された警察隊によってピケットが破られると、集まっていたボイコット反対の学生は、警察に護られて学内に入ることを拒み、結局試験は延期となった。教授会の席上、先生は「こんなことになって申し訳ない」と涙を流されたという（『矢内原忠雄――信仰・学問・生涯』四四五〜四六、四六〇、四六二頁）。

その後間もなく、どのような経緯によるのか私は知らないが、学内は平常に復し、学期間の二週間余りの休暇後、一〇月末から、後期の授業がふだん通り始まった。「ふだん」といっても、教養学部二年生にとってその内容はすべてが新しかった。新制東大に入学すると、初めの一年半は教養学部のいわゆる「一般教養」の授業を受けるが、二年目の後期からは、三年に進学する予定の専門学部の授業も一部受講することになる。特に教養学部の専門課程として設けられた教養学科では、矢内原学部長の創意に基づき、麻生磯次、玉蟲文一、木村健康、前田陽一の四教授が幹事となって作られた、新しい教育体制とカリキュラムによる授業が、一〇月末から始まった。教養学科の「イギリスの文化と社会」分科課程に進学した私は、形式、内容とも、いままでとはまったく違う授業に魅了された。矢内原学部長の「国際政治経済」の講義も開かれた。教室入り口まで、いつも、当時助手の川田侃先生、あるいは事務部長青木庄太郎氏と、難しいお顔で話を交わしながら歩いて来られたのが印象に残っている。寸時の暇もないお忙しさだったろうに、翌年一二月東京大学総長に選出されてからも、その翌々年の一九五三年三月末日、ご定年で教授の併任を解かれるまで、駒場のキャンパスに来られてこの授業を担当された。

先生のご定年の年は、新制東京大学が最初の卒業生を送る年、教養学部教養学科第一期生の卒業の年でもあった。一九五八年三月二八日の卒業式での祝辞で、先生は新しい学制下で養われた新鮮で弾力性のある知的探究の精神の今後の発展を期待されたあと、特に新設の教養学科について次のようにおっしゃった。

新しく教養学士という学士号をもつ卒業生を出すものは、現在のところ、東京大学が日本において最初且つ唯一である。この卒業生を育成したる学部は、教養学部の後期課程たる教養学科であるが、これは進駐軍の示唆によったのでもなく、既存の学部の一部であった学科の分離でもなく、内外いずれの大学の制度の模倣でもなく、まったく新制東京大学の独創的な構想によるものであって、その内容は従来の学問分類による専門課程のいずれにも属せず、(中略)旧来の概念による学問の専門分野に拘わらない教育を受けるものである（㉑五六六〜六七）。

教養学科の設立に深く関わった前田陽一教授は、この卒業式の総長祝辞を聴いて「目頭が熱くなる感激を覚えた」と言われた（『矢内原忠雄――信仰・学問・生涯』四七四頁）。私も卒業生の一人として、先生の「はなむけの辞」によって、教養学科で受けた教育が稀有の宝であることを知り、あらためて、なんとよき師友に恵まれたことかと感動した。

教養学科は「東京大学の独創的な構想」によって生まれた、と先生は言われたが、その構想の礎石となったのは、麻生磯次、前田陽一両教授が書いておられるように（『矢内原忠雄――信仰・学問・生涯』四五四、四七三頁）、矢内原教養学部長の理念だった。そしてその理念の淵源は、先生の思想、信仰、人格においてもそうであるように、先生が生涯の師と仰ぐ新渡戸稲造と内村鑑三にあった。先生は早くからこの「二人なくしては今日の私はない」と言っておられるが（例えば「内村鑑三と新渡戸稲造」（一九四六年九月二七日、北海道大学講演）、㉔三八五）、特に教養学部創設期の頃、東京大学教養学部と明治の初期、新渡戸、内村が学んだ、W・S・クラークの札幌農学校との密接な繋がりを繰り返し主張された。教養学部長になられて二か月余り後の一九四九年八月、北海道大学に、新渡戸、内村と農学校で同級生だった宮部金吾名誉教授を訪ね、「新制大学の理想と札幌農学校」という題の講演をされ、「その理想が札幌農学校の精神にほかならぬことを話し、その生きた証人として宮部先生がここにあられる」と結ばれた（㉖六二一）。総長となられて最初の一九五二年五月祭でのお話でも、「札幌農学校と東京大学」と題される前置きの挨拶で、明治以来の日本の大学教育を振り返り、初めは東京大学と札幌農学校の二つの中心があった、前者はドイツの教育学者ハウスクネヒトを招き、国家主義的教育が、後者はマサチューセッツ農科大学学長クラークを迎え、リベラルな個人主義的人間教育が取り入れられたが、やがてはこちらも国家主義的色彩に染まり、遂には太平洋戦争に至った、と要約された。しかし札幌農学校と東京大学はいつも接触があったことを指摘され、早くは札幌の卒業生新渡戸が後に東京大学教授として、札幌の国際主義の精神を活かし、今日では「南原繁前東京大学総長もその後の私も、学生時代から新渡戸、内村の感化を受けた者であり、札幌農学校の精神を受け継いでいる」と締めくくられた（㉑二七七〜八〇）。

札幌農学校は、その名が示すように、一方で北海道開拓のための農業を学ぶ学校でありながら、最初のクラーク校長はキリスト教による徳育と自由な人間教育を重んじ、クラークの弟子である次期校長もそれに従った。それは古くは内村鑑三の『余はいかにしてキリスト信徒となりしか』（*How I Became a Christian: Out of My Diary*, Keiseisha, 1895）、第一期卒業生大島正健の『クラーク先生とその弟子達』（帝国教育会出版部、一九三七年）、近くは太田雄三マックギル大学教授の『クラークの一年――札幌農学校初代教頭の日本体験』（昭和堂、一九七九年）、馬場宏明北大名誉教授の『大志の系譜――一高と札幌農学校』（北泉社、一九九八年）が一致して示している。その教育方針は、クラークの母校であり、長く教授でもあった、ニュー・イングランドのリベラル・アーツ・カレッジであるアーモスト（アマースト、あるいはアマストと記述されることも多いが、新島襄の出身校としてゆかりの深い同志社大学ではアーモストとしており、現地での発音もそれに近いのでそれに従った）のそれに他ならなかった。そこは新島襄の母校であり、内村が農学校卒業の四年後に渡米した時、新島の勧めによって留学したところでもあった。内村は、そこでシーリー学長から生涯の支えとなる信仰を教えられたのである（*How I Became...* 鈴木俊郎他編『内村鑑三全集』岩波書店、一九八二年、三巻、一一三〜一四、一二九頁）。矢内原先生は、先に触れた一九五〇年夏のアメリカ旅行の途次、「私にとっては忙しい観察旅行の日程の中から省くことの出来ない（中略）大学」としてそこを訪ね、その訪問記に「アーモスト・カレッジと札幌農学校とはまことに兄弟であった」と記された（㉔四四九、四五五）。それを思えば、矢内原先生が、新渡戸、内村から受け継いだ教育理念は、リベラル・アーツ・カレッジの理念と通じるものであり、それが先生の教養学部の構想の母胎であったと言えるのではないだろうか。

事実、先生の御専門の学問ではない分野での教育活動、すなわち聖書の講義、西洋のキリスト教文化の講義においては、早くからこの教育理念が、聴く者の心を揺り動かしていた。毎日曜の集会での聖書講義は、当然キリスト教の伝道を目的としていたが、「説教」とは違い、その名の通り、学校の授業に近いものがあった。聖書によって、日常の生活にかかわる卑近な信仰上の教えを説かれたが、それはいつも聖書の登場人物が、どのような時代に、どのような文化と社会のなかで生きていたかを考察し、彼らの行動、発言、思考がどのような意味を持っていたのかを語られた上でのことであった。そのような聖書の読み方によって、聖書が広く読者の「教養」となった。

このような講義の特色は、先生が東大を追われて一年後の一九三九年一月から自宅で開講された「土曜学校講義」でいっそう顕著だった。土曜学校を思い立たれた動機は、その直前の『嘉信』の一九三八年一二月号の「歳末雑記」の一節で明らかにされている。「いまの学校は職業的技術教育の機関としては立派である。しかし真理探究の香気はますます失はれて来た。そこで私は試みに自分の学校を開いてみようと思ふ。その特色は基督教の信仰による人格教育であることと、哲学、科学、文学の諸領域に亘る万有学の講義であることとに置きたい」(㉕六二二)。この第一の特色である「基督教の信仰」は、国立大学の教育の目的とすることはできないが、第二の「万有学」の講義は、現在の大学の教養課程にふさわしいものであろう。また「立派な職業的技術教育の機関」とは、専門学部から成る大学を念頭に置いて言われたに違いない。そしてそこでは「真理探究の香気」が失われつつあると言われたとき、先生は、その一年前まで在職しておられた東京帝国大学経済学部のことを思い返しておられたのだろう。この翌月、いわゆる「平賀粛学」によって経済学部が粛清されると、先生は『嘉信』一九三九年二月号で、「経済学部は遂に往く処まで行った。軍艦総長の狙ひ過たず、巨弾一発、ソドム、ゴモラは一挙にして壊滅させられた。誠に神の審判は怖るべし」と記し、「学部壊滅の日に先たつ一年にして、神は余の手を取りてソドムより引き出し給うたことを、余一己としてあつく神に感謝する。之によりて余はこの紛擾に関係することなく、心身平安に神の真理を学び且つ説くことが出来て居るのである」と結ばれた(⑰六二二)。

土曜学校は二部に分かれていた。毎週土曜日午後前半の第一部では人文系の世界の古典を先生が講じられ、後半の第二部では経済学の本について受講者の一人が報告したあと質問と討論があった。第一部はアウグスチヌスの『告白』に始まり、彼の著作を数冊読んだ後、一九四二年四月、最初の米機の東京爆撃があった日からはダンテの『神曲』、三年後にそれが終わると、夜間大空襲の続く一九四五年の五月からミルトンの『楽園喪失』となった。ミルトン開講に当たっての先生の祈りは闇を貫く光のようだった。

「(前略)この戦乱の真只中にありて我らにこの真理の講筵を備えたもうたこと、これ実に汝の大いなる恩恵たるなり。願わくは我らをして汝の真理を愛する者として生かしめ、汝の真理に生くる者として死なしめよ。(中略)世界は今日汝のミルトンを要す。世界は今や汚水の沼なり。願わくは我らの心を汝の高きに向けしめたまえ。我らに高雅と徳と自由と力とを与うるために、汝の詩人の声をして再びわれらの間に轟かせたまえ(後略)」。(『土曜学校講義』(八)みすず書房、一九六八年、七〜八頁)

終戦後の一九四七年五月『楽園喪失』全一二巻の読了と共に「土曜学校」は閉じられた。しかし幸いにもその第一部の速記録が、全一〇巻に編集、出版され(『土曜学校講義』みすず書房、一九六八〜七二年)、活き活きとした講義の模様を知ることができるようになった。そこには、キリスト教信者ではない者にも強く訴えるものがあり、教養学科の講義に相応しいとさえ思われる。教養学科一期生の比較文学者、平川祐弘氏は、『神曲』講義の書評で、先生は「魂の詩人であり、知的にも巨人であった……偉大な非専門家の個性的な発言には、事物の核心を目ざして直行するという迫力において、数多の小専門家の学術的研究以上に聞くべきことの多いことを改めて感じさせる」と述べた(『中世の四季——ダンテとその周辺』河出書房新社、一九八一年、三八六頁)。まことに矢内原先生は教養学部の企画創設者、初代の運営責任者であったばかりでなく、授業の手本を示される方でもあった。

矢内原忠雄の言葉 IV ――教育論

「宗教の本質と教育の本質」（㉑一七）

一九五三年（昭和二八年）五月一〇日、大阪大手前会館講演。教育の意義と限界について語り、これを補完すべき信仰のあり方について述べる。『嘉信』第一六巻第六号所収・一九五三年（昭和二八年）六月、『銀杏のおちば』同年一一月刊所収。

宗教の本質と教育の本質

一　教育とは何か

教育の本質と宗教の本質ということは、簡単にいえば、一口ですんでしまう。教育ということは、人間の中にあるものを引張り出すことであります。英語で educate というのは、引張り出すという意味の語です。之に反して、宗教というのは、人の中に吹き込むこと、英語でいうと inspire するということが、宗教の本質なのです。

それで、人間の中にあるものを引出す、引伸すということが教育ですが、人間の中にあるものというのは、一体何であるか。いろいろなものが人間の中にある。例えば技術的な能力というものがあります。それを引出し、引伸すものが、職業教育とか技術教育とかいわれる教育です。それから、情操教育といわれるものは、人間のもっている感情を養い、引伸す教育であります。また、人間のもつ知性を引伸し、いろいろの物ごとについての知識を与える知識教育もある。それから、道徳教育といいまして、人間の道徳心を養い、引伸す教育もあります。いろいろ教育の種類がありまして、昔から教育の大切であることは、殆んど凡ての人が知っております。宗教の重要であることを知っている人はそう多くないが、教育の大切であることは殆んど常識的に皆知っておるのです。

次に、教育の方法にもいろいろあるのですが、第一に、教訓という事がある、教えるということです。第二に、模範を示すということがある。第三に、実験もしくは実習をさせるということがある。第四に、規律を立て賞罰を明かにするということが、また教育の方法です。

ところが、教育については、もう一つ考えなければならない問題がある。それは、人間の中に、教育されることを拒否するという妙な本能があることです。勉強しろといえば、勉強しない。真面目な子供になれといえば、不真面目な子供になってやろう。叱れば、うわべを飾る。褒めれば、虚栄的なものを追求する。だから、人間の中にあるものを何でも引出すということだけでは、教育にはならない。善と悪との戦において、善を勧め悪を退ける。勉強を勧め不勉強を退ける。真理にむかって引伸し、誤謬に対して遠ざける。正義を慕わせ、不義を憎ませる。そういう取捨と陶冶が教育である。智慧でも、悪智慧という語があるように、悪智慧を養成することは決して教育の本旨ではない。だからして、教育は人間の中にある能力や感情を引伸すのだが、これを善にむかって引伸し悪にむかって抑えるということが、教育の本質であり任務であるのです。そこで、何が善であるか、何が義であるかという事が、教育の根本問題になるわけです。先ず教育の目標として、何が正しいか、何が善であるか、何が人間の進むべき道であるかが明かにせられて後に、教育の手段方法——教育技術論とでもいいますか——そういうことが問題になるわけですね。

二　教育の効果

教育というものはそういうものだと諒解して、さて人間は教育によってどれほど進歩するものかということを、次に考えて見たいと思うのです。

教育がなければ人間は進歩しません。教育を受けない人間は、技術も知らず、知識も浅く、情操も養われない。道徳も粗野な素朴な程度にとどまる。教育によって文化が形成され、且つ進歩する。生活の内容、生活の様式、生活の程度、凡て教育のおかげで進歩してくるのです。これは個人にとってだけでなくて、人類の歴史を見ても同じです。国民の歴史あるいは世界の歴史は、自然的状態の未開社会から、文化的な社会に進んで来た。それはいうまでもなく、教育の効果であります。

ところが、不思議なことに、教育に対する反抗というものが、人類の歴史にしばしば起って来た。十八世紀の末、フランス革命の前に、ジャン・ジャック・ルソーという思想家が出ましたが、このルソーが「自然に帰れ」ということを叫びました。文化生活だとか何だとか余計なものを身にまとって、そのため人間は文化で窒息しそうになっている。文化的な装飾をかなぐり捨てて、自然に帰ることが人間の生きる道だ、ということをルソーが叫んだ。

そういう主張はルソーをもって始まったのではありません。文化の発達した時代のあと反動的にしばしば叫ばれて来たことでありまして、ギリシャ時代にも犬儒派と呼ばれた哲学者の一派があって、犬のような自然生活をすることを主張しました。近代にも自然主義の文学が起り、絵画の流派の中にもフォービズム即ち野獣主義といわれるものが起った。伝統的な文化に対する反逆、常識的な理性と道徳に対する反逆ということが、いろいろの時代に唱えられて来たのであります。

なぜそのような運動が起るかということは、理解出来ないことではありません。教育の結果文化は発達したが、しかし文化は果して人間を幸福にしたか。人間が人間らしく、生き生きとして生きる生活をつくり出したか。文化によって人間の生活は、確かに一面では進歩したけれども、他面においてこれに対する懐疑が伴うのです。

昨年学生運動が非合法的な実力行使の手段をとった時期がありました。その当時、私どもは学生運動の非合法主義を矯正して、合法的な線に乗せるように努力をしたのでありますが、そういう問題について学生たちと話をしました時、一人の学生が私にむかって、突然「先生は理性を信用しますか」という質問をした。彼のいうには、「理性が有力なものであるなら、そして教育によって人間の理性が磨かれるものであるならば、世の中はもっと善くなる筈ではありませんか。しかるに社会の混乱、いろいろの不道徳と不正義は、国内的にも国際的にも目に余るものがある。教育の進んだ文明国民といわれるもの同士が、たがいに戦争をしあって、残酷な方法をつくして殺し合う。それが、文明国というもののお互にやっておる事実ではないですか。そういうことを現実に目の前に見ながら、先生はそれでも理性を信用なさるか。」

私は彼にむかって、「理性を信用しないとすれば、何を信用するか」と聞きましたら、「それは実行である、行動である」というのが彼の答えでありました。

これはなかなか面白い問題でありまして、理性頼むに足らず、従って理性を磨く教育も頼むに足らずとすれば、人間が幸福になる道は実行あるのみだ、という一応の結論になる（拙著『大学について』一四一―二頁〔本全集本巻三二一―三頁〕。『キリスト教入門』一二一―四頁〔本全集第十四巻一一六―七頁〕参照）。

ところで実行とは、何をどう実行するのかといえば、そこでもう行きづまってしまう。もし理性をもって国民と国民の間の話合いが出来なければ、実力を揮って戦争するより外解決の道がない。国内においても、例えば資本家と労働者の間に争いが起ったとき、理性に訴えて話し合い、譲り合うことによって解決出来ず、実力行使に訴える以外に解決の道がないとするならば、社会には秩序がなくなり、従って生活もなくなることは、極めて明かです。理性では戦争を止めることが出来ないといって、理性に失望した結果、実力だけが頼みであるということは、実力行使中の実力行使ともいうべき戦争を弁護し是認する論理に他ならない。だから理性に失望して、実行である、行動である、といったところが、それだけでは少しも解決にならない。

以上述べたことをまとめて申しますと、教育がなければ人類の進歩はない。これは確かな事です。しかし教育には限界がある。教育だけでは必ずしも世の中はよくならず、個人も必ずしも善い人間にならない。教育程度の低い人の方が、教育程度の高い人よりも、かえってより清潔な生活を送り、教育を受けている人の方が、かえって大きな悪いことをすることがある。知能犯といいまして、詐欺とか横領とか背任とか買収とか賄賂とか、そういうことは教育のある人の方が大げさにまた巧妙にやる。国民や世界の歴史を見ても、同様のことがある。文化が進んだために国と国との間が平和になるかというと、必ずしもそうでない。だから、教育の効果には限度があることがわかるのであります。

教育は重要であるが、しかしそれには限界がある。その限界に当面した時に、理性以外の二つの世界が現われる。一つは教育を否定するもの、即ち暴力的な、野獣的な実力行使に解決を求めるものである。第二には、宗教というものがそこで意味をもって来るのです。

で、結論的に申しますれば、人間の理性の行きづまったところに、暴力の道と宗教の道が開かれて来ます。暴力の道は、教育そのものを破壊してしまう。宗教の道は之に反して、教育を破壊せず、かえって教育を育ててゆく。そういう区別があるのであります。

三　宗教の本質

宗教というものは、先程申しました通りに、人間の中にあるものをインスパイアするものである、吹入れるものであります。人間以外の所から、人間の中に、人間のもっていないものを吹きいれるものです。その吹きいれられるものは何であるかといいますと、それは神の霊でありまして、これは人間の能力や性質ではない。人間のもって生れた本能を引伸すのが教育の本質ですが、之に反して神の能力をわれわれの中に吹き入れることが、宗教の本質なのです。然らば宗教、即ち神の霊をわれわれのうちに受けるためには、どういう方法があるか。

第一に、説教とか講義とか研究とか、総じて教訓ということがある。第二に、信仰によって生きている人の模範を見て学ぶということがある。第三に、自己の生活の実験、殊に祈りということがあります。

これらすべての場合を通じて、宗教的真理が人に教えられる道は、啓示即ちレベレーションによるのです。啓示というのは、被われている被いが取り除かれて、全貌が人に現わされることをいいます。例えば銅像の除幕のようなものです。神の真理あるいは神の御意が、被いを取り除いて人に示される。これは人間が自分でつかみ取るものではないのです。教育は、人が勉強して自分のものとするのですが、宗教的真理はわれわれの努力によってかち取るのではなく、神の方から見せてくれるものなのです。これを啓示というのです。その点において、宗教の方法は教育の方法と根本的に異る。第二義的に考えれば、教訓とか模範とか実験とか、凡て教育と宗教に共通でありますが、根本的に考えると、宗教の真理を人が知ることは、神が示して下さるからである。神の方から、神の霊をわれわれの中に吹き入れる、即ちインスパイアして下さるからである。而してそれは神の恩恵によるものである。

このことはヨハネ伝第三章にあるニコデモの話でよくわかります。人はいくら修養努力しても、そういう教育的方法では神の国を見ることは出来ない。人は神の霊によって新たに生れなければ、即ち宗教的方法によらなければ、神の国を見ることが出来ないことを、イエスは教え給うたのです。

四　インスピレーション

更に使徒行伝第十九章を見ますと、洗礼者ヨハネのバプテスマとイエスのバプテスマの相違があげられている。ヨハネのバプテスマは罪の悔改を説く道徳的性質のものであったが、イエスのバプテスマは聖霊を授ける宗教的性質のものであった。ヨハネのバプテスマは水をもってするバプテスマだが、イエスのバプテスマは霊と水をもって、或いは霊と火をもってするバプテスマである。こういわれている。

祈に関しても、ヨハネの祈とイエスの祈との間に差異があったらしい。それはルカ伝第十一章に、イエスの弟子の或る者がイエスの所に来て、バプテスマのヨハネは祈を教えたが、先生も私どもに祈を教えて下さい、とお願いした記事があることによって、推察される。而してその差異を説明する鍵は、「天の父なる神は求むる者に聖霊を賜わざらんや、」(ルカ一一の一三)といわれたイエスの御言葉にある。即ち祈に対して聖霊を与えられるということが、イエスの教え給うた祈の特色でありました。聖霊を与えられるというのは、神の霊のインスピレーションを与えられる、神の霊を吹き入れられるということでありまして、宗教と教育の根本的に異る点がそこにあるのです。

人が聖霊を受けるのは、祈によるのです。しかもそれは必ずしも、「我に聖霊を与え給え」という祈に限りません。「聖霊を与え給え、聖霊を与え給え」という熱狂的な祈によって得た熱狂的な聖霊は、やがて時とともにさめます。そしてさめたあとは、前よりも、信仰的にも道徳的にも悪くなるのです。われらはむしろ普通の日常生活の中において、ルカ伝第十一章やマタイ伝第六章でイエスが教え給うたような祈を、イエスの教え給うたような態度で祈る時、神は求むる者に「善き物」、即ち聖霊を賜うのです。しかし又それは、祈が直接に聞かれた時だけでなく、むしろ祈の聞かれない時に聖霊が与えられることを、われわれはしばしば経験によって知っている。

内村鑑三先生にルツ子さんという一人の娘があって、私と同年の生れでありましたが、十九歳の時病のために天に召された。内村鑑三先生が、娘の病気をなおして下さいということを如何に熱心に祈られたか。たましいを注ぎ出し、心を注ぎ出し、肉体の力を注ぎ出して祈られたことは、先生のお顔に刻まれた皺、額に録された苦痛のあとを見て、私どものような当時まだ信仰に入ったばかりの者にもよくわかりました。その時、内村先生の無教会主義を平生非難していた者たちは、円陣を作って内村鑑三を見ておりました。「無教会主義は誤謬であるから、内村がどんなに祈っても聞かれないだろう」などと冷たい目で見ていた。だから内村先生にとっては、この祈は、自分の娘の病気をなおしていただくという私的な祈に止るものではなく、先生が長年唱えて来た無教会の信仰が正しいか正しくないか、その天下分れ目の祈であった。そういう公の問題に関する祈として、先生は熱心に祈ったのです。けれども、神は先生の祈を聞きいれないかのごとく、ルツ子さんを天に召されたのです。しかしその時先生は聖霊を受けられたんだと、私は最近になってやっと気付きました。

同じような例は、外にも多くあります。藤井武がまたその一例であります。彼が内村先生のところから独立して、神田美土代町のＹＭＣＡの一室を借りまして日曜日の集会を始めました時、妻のぶ子は生れたばかりの赤ん坊を背負いまして、早くから出かけて、集会の準備、会場の整理をし、集会が始まればオルガンをひき、家に帰れば女中もいない家で五人の子供を育て、家事万端の労働をしました。その上、ひどい近眼であった藤井は失明をするおそれがありましたので、その時に備えて、のぶ子は英語の勉強を始めました。これは万一の場合、英語の参考書を代読して夫を助けるためでありました。このように藤井の伝道になくてはならない補助者であった妻が、藤井の独立伝道が始まって三、四カ月もたたぬうちに、病のためにたおれた。藤井は必死になって祈りました。これは、自分の妻の病をいやしていただくというだけのことではなく、藤井が神に召されて福音の使徒として立ち、公の伝道を開始したその出発の一番大事な時において、一番大事な人なのだから、神の御用のために妻の病をいやして下さい、ということを祈り、そしてこの祈は、キリストの御名によって必ず聞かれるという確信をもって、彼は熱心に祈りました。しかるに藤井の熱き祈は聞かれずして、彼の妻は二十九歳の若さをもって、天に召されてしまったのです。

聞かれざる祈は、必ずしもその祈に偽りがあったとか、熱心が足りなかったとか、いうのではなく、正しい祈でも聞かれないことがあります。それは神が魚を求むる者にまむしを与え給うたのではなく、魚を求むる者に魚よりも更に善き物として、神の霊を与え給うのであります。このように聖霊は、我らの祈にこたえて、神の恩恵により上から与えられるものであります。

五　啓示の進歩

真理を知るための宗教的方法は啓示、即ちレベレーションによるのでありますが、宗教的真理の啓示には歴史的に進歩があります。聖書ことに旧約聖書を見ますと、神の真理の啓示が時代とともに進歩して来たことがわかります。或る人々は旧約聖書に粗野な事件の記事があることにつまずき、聖書を道徳的見地から非難する人もあります。けれどもこれは聖書の読み方を知らないものでありまして、聖書はそのような粗野な行為を決して推称しておるのではなく、かえってそれは神の真理の啓示が素朴であった時代の状態であるということを、ことわり書きしているのです。語を換えていえば、宗教上の真理の啓示は、人類社会の歴史的進歩に応じて進歩したのです。未開野蛮の時代には、粗野な形でしか神の真理は啓示されなかったが、時代の進むと共に神の性格や経綸についての啓示にも進歩が見られるのであります。

さて、その時代の進歩ということについては、教育が重大な関連をもつのであります。もちろん、教育が低くても信仰の深い人はありますから、教育と信仰とは必ずしも比例するものでありません。教育が進歩すれば必然的に宗教を受け入れるかといえば、必ずしもそうではない。高い教育を受けた者が、かえって神を排斥することもあります。しかし、個人にとっても、また民族の歴史においても、教育の進歩によって、より深くより広き神の真理の啓示を受け容れるための、準備がなされることがあるのです。

一方、真の宗教は決して教育を無視しません。かえって、真の信仰は知識欲と研究心を刺戟し、且つ学問研究の能力を人に与えます。教育が人に聖霊を与えるとか、人を救うとかいう事はありません。たとい宗教教育でも、人に信仰を与えることは出来ない。信仰は神の恵として与えられるものでありますが、だからといって、教育や学問は信仰の世界において役立たないとはいえません。世にいろいろの偶像崇拝、迷信、新興宗教等がありますが、これらと真の宗教を区別する一つの明白な標準は、それらが学問や教育の価値を尊重するか否かにあります。キリスト教の信仰によって学問は刺戟され、教育は奨励されますが、偶像崇拝や迷信のたぐいは、学問と教育に対する刺戟を与えないのです。

六　教育における宗教の役割

次に私は教育における宗教の役割について考えて見たい。教育の本質は、前に申した通りに、人の中にあるものを引出すことですが、何でも引伸すというのではなく、人の中にある悪い性質、歪んだ感情、利己心等はこれを陶冶して、善に向うて人の能力や知性や情操を引きのばし、養って行くものでなければなりません。そこで、何が善であるか、何が義であるか、教育の目標となるものは何であるかということが、先ず示されなければならない。それを人に示すものは宗教である。宗教によって啓示されなければ、教育の目標とする真理は人にわからない。即ち宗教による真理の啓示がなければ、教育は成立しないと私は思うのです。

このように教育の基礎が宗教によって与えられるだけでなく、教育の実行という面においても信仰は重要な役割を果します。教訓の点からいっても、生活の模範という点からいっても、規律という点からいっても、宗教心、――人を恐れず神を畏れ、人の前をつくろうのでなくて神の前に畏れかしこむ精神なくしては、本当の教育は出来るものでありません。

真理の存在を知り、これを崇め、真理の前に謙虚な謙遜な態度をとることによって、始めて学問の探究が出来る。

また如何なる人間の中にでも、一つの宇宙ほどの広い世界があり、広い大きな無限の能力がひそんでいること。子供や生徒を自分の型にはめようとしても、はまるものでない。いかなる人間でも、神の創造し給うた人間としてこれを尊重しなければならないことを理解してこそ、始めて人を教育することが出来ます。

しかも教育そのものの力に限界があり、人間の子のいかに教え難いかを経験によって嘆く親と教師は、真に人を教え導く者は神であることを信ずる信仰をもたなければ、教育という仕事に失望せざるを得ないでありましょう。さもなければ、教育という仕事も他の職業同様、自分のパンを得るための労働として教壇に立つに過ぎなくなり、教育の仕事の重要性を理解しないで終るでありましょう。しかるに人の力のつきるところに神の活動が始まり、人の目に絶望と思われるところに神の力が現われるのでありまして、人の手におえない者でも神はこれを救い給うという信仰に立ってこそ、われらは希望をもって教育の仕事に当ることが出来るのです。教師を失望から救い、教育に真の喜びと希望を与えるものは、神に対する信仰だけであると思います。

七　道徳教育について

近代国家の法律では、宗教と教育を分離することが傾向であります。日本でも、公立の学校において特定の宗教のために便宜を計ってはならない、という法律があります。これは宗教上の寛容を守るために必要な法律であります。しかしながらその事と、教育の任にあたる教師自身が特定の信仰をもつこととは、全然問題が別です。神を信ずる事なくしては、真に人間を理解することが出来ない。人間を理解しないで、どうして教育することが出来るか。

今、日本では、修身教育を復興しようという意見がしばしば聞かれます。戦後、学校の道徳教育が基準を失ってきておる。以前には教育勅語というものがあって、国民道徳の基準とせられましたが、戦後それがなくなったから、新しく国民道徳の基準を作って学校教育にそれを用いよう、という思想であります。私はその考えには根本的に反対なのです。それは、道徳教育が必要でないというのではありません。しかし、一定の道徳律を掲げて国民に服従を強いるような、形式的な律法主義の教育は、かえって道徳に対する真の尊敬と新鮮な実行力を失わせ、偽善者を養成する以外の何ものでもありません。戦争前の教育勅語がいかに多くの形式的な偽善者を養成して、本当の人間を作らなかったかということを考えて見れば、このことはよくわかるでしょう。

道徳教育は必要ですけれども、それは教師自身が道徳をもつ必要があるということです。教師自身が道徳をもつということは、必ずしも教師が道徳的に完全無欠な人間になるということではありません。しかし何が善であるか、何が義であるかも知らず、また人間の価値と人間の欠点も知らず、人間の中にある善に対する欲求と、これを阻む悪の力をも知らず、要するに教師自らが人間というものを知らないでは、子供の教育は出来ません。教師自身が信仰によって救われ、神を信ずる者として教育に当れば、それで子供に対する道徳的教育がおのずから出来るのです。子供の一生に影響を残すような道徳的感化が、必ず与えられるでありましょう。

このことは、家庭教育についても社会教育についても同様でありまして、親自身、指導者自身が、自己の罪をなげき、謙遜に神によりたのみ、神によって救われた平安を心にもつ者であってこそ、始めて家庭の子供に対し、また社会の民衆に対し、真の道徳教育を与えることが出来るでしょう。

要するに、神を知ることによって人を知るのが宗教の道です。聖書に教えられているごとく、神を知ることは人間としてもち得る最高の智慧であり、最高の善であります。従って教育の最高の目的は、神を知らしめることにあります。「汝の若き日に汝の造り主をおぼえよ」と伝道之書（一二の一）に説かれていることが、教育の最高目標であると思うのであります。

現在日本の状態は御承知のように混乱しておりまして、いつになれば善き世の中になるかという見当がつきません。その中にあって、教育は本当に大切なことであることを感じます。教育に力を注がずしては、国民を救うことも、人類を救うことも出来ません。しかし教育だけではだめだ。教育だけでは、一人の罪人を、救うことは出来ません。一人の罪をもあがなうことが出来ません。また、望むべくもあらぬ時になお望んで、人間の完成と神の国の実現を信ずることが出来ません。罪の赦しと神の国の完成の希望を人に与えるものは、――これは言葉通り「与えられる」ものであります。即ち神の側から与えられる恩恵なのです。この恩恵を受けるものは、謙遜に従順にそして熱心に、生活をもって祈る信仰の人であります。どうぞ皆さん自身がキリストの救を慕い求めて、重要な真理の啓示を神から受け、また聖霊の力を受けていただきたいと願います。

「二つのSと二つのJ」（『未発表講演集』より）

一九五八年五月二一日、東京女子大学、東京女子大学創立四〇周年記念講演会。東京女子大学『学報』一一巻六号、全集㉑七一一〜一四に要旨が掲載されている。自らが受けた薫陶を述べて、二人の恩師、新渡戸稲造と内村鑑三の精神を語ったもの。

二つのSと二つのJ

高木〔貞二〕先生から本学（東京女子大学）の四十周年記念講演の講師となるようお話がありましたときに、本学の建学の精神については私よりももっと本学の創立に参加し、深い関係をお持ちになった方があるだろうから私が出なくてもいいでしょうと申しました。また私は大正十二年に欧州の留学から帰り、その年まだ角筈にありました東京女子大学の大学部を教えまして、それからあと、こちらに校舎が移りましても二年ばかり来たと思います。私は自分の本務とする学校以外には、教えに行かないという考えでありました。ただ自分の母校であった第一高等学校とこの東京女子大学だけが例外をなしたのです。その東京女子大もただ三年ぐらいしか来なかったのですから、旧職員ということについても、講師は、そんなに私でなければならないという理由はないでしょう。そこで、高木先生のお申し出の理由は二つとも大きな理由でない。ただ私も高木先生も東大におりましたときの同僚でありまして、私の方からいろいろずいぶん御迷惑をお願いいたし、ことに私のあとの教養学部長としてお骨折りを願ったこともありますので、高木先生の御依頼ということなら行くといいましたら、高木先生は譲歩なさいまして、理由は何でもいいから来てくれ、とおっしゃいました。それで約束ができまして、本日伺ったわけであります。

私の題はクイズのような題でありますが、「二つのS」とは、みなさんの胸についているバッジの模様、東京女子大学の標語「犠牲と奉仕」の頭文字であります。この標語は新渡戸稲造先生の選ばれたものです。「二つのJ」は内村鑑三先生の「自分は二つのJを愛する。一つはJesus、一つはJapan」あるいは「美しき名二つあり、キリストと日本、これなり」の文章からとったものです。ですから「二つのSと二つのJ」という題を翻訳すれば、「新渡戸稲造と内村鑑三」ということになります。

この二人の先生は私にとって非常に大事な先生であって、私が書いた文章にはしばしばこの二人の先生の名が出てきます。新渡戸先生はみなさんの知られる通りに、札幌農学校の第二期生でありまして、明治十年にこの学校に入学されて、内村鑑三先生と同級生であります。二人とも札幌でクリスチャンになりました。有名なウィリアム・S・クラーク先生は札幌にわずか八カ月しかいなかった。それで第一回生を教えてイエス・キリストを紹介された。元来はケミストリー（化学）とボタニー（植物学）の先生でありますが、それらの学科を教えるとともに聖書の教えをお語りになった。第一期生の全員がクリスチャンになりました。そのあとで、新渡戸、内村という二期生のクラスが入ってきました。卒業生の感化あるいは強制と言ってもよいのですが、非常に熱心に伝道されまして、クリスチャンになりました。

　新渡戸先生は、学生の時代にメソジストの監督のハリスという人から洗礼を受けたのですが、満五十年受洗記念日に、札幌の同級生と一級上の人たちが、青山墓地にあるハリスさんの墓参りをした非常に美しい写真が残っております。雨が降っている日で傘をさしまして、内村先生、新渡戸先生、宮部先生、広井博士、大島正健、伊藤一隆氏などがうつっております。したがって、ハリス監督に対して非常によい思い出と感謝の心をもっていたことがわかります。さらに、一人の人間として、また一人の日本人としての生涯において、力になったような信仰をお持ちになったのは、学校時代に種を播かれ、学校を卒業して後にいろいろの苦労にあわれた結果、鍛練ができていったからです。そして最後には、新渡戸博士はフレンド（クェーカー派）になり、フレンド派の婦〔夫〕人を迎えてフレンドの信者として一生を終られた。新渡戸先生の書かれたものやお話によると、明治初年にキリスト教に接してキリストを信じたあとで、どうしても頭に引っかかっていた疑問があって、それがフレンドに接して初めて氷解した、心からキリストを愛することができるようになったということであります。

その問題とは国家と宗教の問題なのです。武士の子として封建時代に生れて来て、国家の形成の初期に教育を受けた人たちは、当然よい意味において国家主義的な思想に燃えておりました。今はトルコとかインドとかそれから中国とか、歴史は古いけれども近代国家としての歩みが最近始まった国では、青年が国家興隆の熱心に燃えている。どうして国を造ろうかということ、その国の政治や教育や経済に夢中になっている。興国の意気に燃えている。日本は明治維新の頃にそういう時代を経過したのであります。

国家を興すという国家主義の思想をもっている青年学生が、キリスト教という人類的、世界的な宗教に接したとき、頭の中に理解できない問題があって釈然としない。それがフレンドのきわめて人類的な信仰に接し、疑問が解けて心からクリスチャンになったと、こう言うのです。

フレンド派の教えは絶対非戦論で、徹底的な平和主義であって、敵とか味方とかいう感覚、区別を越えて人間のために人間が尽すのがキリスト教の信仰であるという考え方です。ですからソ連革命の真っただ中においても、アメリカのクェーカーの人は金を集め品物を集めてソ連に送り、ソ連もこれを受け入れ、承認して救済事業にあたった。赤十字精神が最も立派に行なわれているのがフレンドの救済事業であります。日本もずいぶん世話になりました。今度の戦争のあと日本のわれわれが衣食住に困ったときに、まっさきに救済の手をのべたのはフレンドの人たちであったのです。

このような人類的な立場に立ちますと、人間を重んずる思想になります。国家のために人間があるのではない。国家が人間を支配するものではない。人間は人間として、存在の意義があり価値がある。神は世界万民の神であって、国家というスクリーンを通して人に接するのではない。国籍とか国家は、神と人との間の隔てではない。こういう思想だと思います。

したがって、そういう意味から最もデモクラティックな、民主的な人間観をもつ。デモクラシーの解釈はいろいろありましょうが、人間の貴さ、価値の承認を前提としていわゆる基本的人権と言われていることや個人の自由と言われていることが、デモクラシーという政治体制の根本にあるのでしょう。新渡戸先生はそういうような考え方、思想をもった学者であり教育家であったと思います。これは新渡戸博士が自然にもって生れた、生れながらの思想ではなかった。生れながらの思想は封建的な考えの人であったのです。新渡戸博士の故郷は、今の岩手県の南部藩であります。その北の今の青森県の津軽藩と岩手の南部藩とは国が違う、藩が違うわけです。道路が藩の境において接続しないようにつけられていたのです。そのくらいに派閥的でありました。そういう時代において、社会組織は階級的でありました。そして新渡戸先生は士族の階級であります。しかも士族でも相当の身分のある家であります。当然階級的な、鎖国的な思想をもつべき人であった、この人が国際的な視野をもち、また人間についての民主的な人間観をもったということは、勉強の結果である。その勉強とは、本を読んで勉強しただけでなくて、キリスト教の信仰によって自ら深く考えた後天的な努力の結果だと思われます。

新渡戸博士は第一高等学校の校長をしておられたとき、ずいぶん排斥されました。校長排斥が毎年の記念祭の行事の日程に上っておりました。排斥された理由はいろいろある。私が一高に入学した頃は、もうすっかり新渡戸校長の勝利に帰しておりました。それでも排斥する人がおりました。非常に大きな攻撃になった一つの理由は、先生が運動会に婦人席を設けたことであります。今は何でもないことですが、明治時代の末期、一九一〇年頃においてはそれが問題になった。一高は女人禁制であって女は入れない。「たれが植えたか姫小松」という歌があった。構内にある女性は松の木だけであった。ですから運動会に婦人席を設けたことは、女子におもねるものだというので新渡戸校長が排斥を受けました。運動会に入れてやるなら隅っこの方で隠れて見ていろぐらいの気持だったのでしょう。新渡戸校長が、この攻撃に対して答えた言葉がある。「男の生徒諸君は婦人と言えば何を連想するか知らないが、自分は母を連想する。自分の母が運動会を見物に来ると言えば、らくに見物できるようにござを置くのが当りまえではないか。」こう言って、一高の野蛮な学生たちの攻撃に答えられた。

新渡戸先生に『一人の女』という本があります。先生が旅行先や校長室や自分の家で偶然に会われたり、訪ねて来られたりした、名もなき一人の女の話をお書きになった。子供が一高に入ったが、体が弱い、寮に入っているけれども心配だというので田舎から訪ねて来た母親の問答とか、旅行に出られて宿に泊って、食事のときに給仕に出て来た宿の女中の身の上話などを集めたのが『一人の女』という本なのです。名もなき田舎の母親でも、田舎の旅館の食事の給仕に出る女中さんでも、一人の女ということは一人の人間だ。それぞれの悲しみをもっており、苦しみをもっており、望みをもっており、それに心を開いて話を聞いてやるという人間観、そういう教育精神を新渡戸先生はおもちになった。

これは先程申したように、新渡戸博士自身にとっては実に革命的な、思いも及ばなかった、つまり彼の子供時代、封建時代においては思いも及ばなかった人間観であって、どこからそういう精神を得られたかと言えば、明白にキリスト教の信仰から得られた。

新渡戸先生のお好きだった花がある。それは春は梅の花、秋は萩の花。どちらも実に平凡な花です。梅の花は、寒さに負けないで寒さの中にほほえんでいるその姿を愛した。萩は雑草に近いような野草で、見映えのある姿でも花でもありませんが、秋の夜、萩の側に立つと、小さな花の一つ一つ、小さな葉の一つ一つに露をおいている。その露に月の光がさしている。それを先生は好まれた。

人間は社会をなしております。みなさんは高い、よい教育をお受けになっているから、萩の花に比するのは失礼かもしれないが、ばらとか百合のように豪奢な美しさはないけれども、素朴な萩の葉、萩の花が群生している。おのおの一つ一つであって、つまり一つずつ露を分けて月の光が宿っている。月は一つですが、たくさんの人々の心に一つ一つ宿っている。先程の『一人の女』の話で言えば、一人の女がそれぞれ涙をもっている。その涙に神の光が映るということを、萩の花に、萩の葉末におく露に月の光がさしていることと結び合わせお感じになったのであります。新渡戸博士の『随想集』"*Thoughts and Essays*"という、元来は英語でお書きになり、日本語の訳もある本の中に梅の花のことも書いてある。このような国際主義というか人類主義、それから一人の人を大事にするという人間観をもった新渡戸博士が、同時にまた優れた愛国者であった。これも隠れもない事実であります。

新渡戸博士は札幌農学校を出られまして、もっと勉強したいというので、今でしたら大学院に入るのですが、当時は大学院という制度がなかったために、東京大学の文学部に選科生としてお入りになった。そのときに選んだ学科が農政学、経済学、歴史学と、札幌で学ばれたような学科に加え、最後に英文学をとられた。そのときの文学部長の戸山正一という先生が不思議に思われ、君はどうして英文学をとるのかとききました。新渡戸先生は「私は太平洋の橋になりたいと思いますから」と答えた。その意味がまだわからなかったために、「それはどういうことか」ときかれた。これに対して、日本とアメリカとが今後交わりを結んで、両国民が本当に理解しあって親しくなることが太平洋の平和のため、また人類の文化の発達のために、今で言えば東洋と西洋の文化交流のために必要である。自分は自分の生涯をそのために用いたいと思う。ついては英語を知っている必要がある。英語を学び英文学を学ぶ必要があると思うから、この学問を聴講したいと申し出たという話がある。

新渡戸博士の愛国心は、簡単に言うと、外国人にむかって日本の値打ちを知らせるということです。明治初年のことでありますから、日本を文化も道徳もない、宗教も思想もない野蛮国のように思って来る西洋人がなかったわけではありません。ことにキリスト教会の中においても、日本について知識をもたないで来る宣教師がおりまして、日本を野蛮国扱いする者がありました。それに対して日本には古い文化があり思想があり、西洋とは違うが日本は野蛮な国ではないということを説明をする。同時に日本に対しては西洋を説明する。日本は鎖国的な排他主義でありまして、西洋人を軽蔑する。これに対しては、日本人の短所を指摘して、日本国民、日本人が世界的な、歴史に貢献することのできる民族となるためには、外国の思想を学び、長所を取り入れて日本国の欠点を直していく努力をする必要があることを説いたのです。だから西洋人から見ると、新渡戸博士は非常な国家主義のように見えたこともある。日本人からは、新渡戸博士は西洋かぶれの人間であって愛国心がないように攻撃されたこともある。しかしその両方の攻撃に耐えながら国民と国民の間の相互理解と融和のために尽された。そして、ついに昭和八年、一九三三年十月にカナダのバンクーバーで開かれた太平洋問題調査会の国際会議に出席中、病を得られ、バンクーバーに近いビクトリヤ病院で逝去されました。

私は昨年初めてバンクーバーに参りまして、かねがね聞いておりましたバンクーバーの国立コロンビア大学の構内にある、新渡戸博士を記念するために建てられた日本流の石燈籠《どうろう》を見ました。それには「世界の諸国民のアンダスタンディングを増すために尽した、グッドウィルのアポッスル（Apostle of Goodwill）稲造・新渡戸の記念のために」という字が刻まれております。これが新渡戸稲造先生の生涯のごく簡単なスケッチであります。

内村鑑三先生が苦しみかつ問題とされたものは、「教会とキリスト」であります。キリストは一つであり、キリストの教えは一つであるのに、なぜ教会がたくさんあるか。そして教会と教会がなぜ争っているか。キリストを信ずるのか、教会を信ずるのか、そこの区別がたたない。教会に来ないとクリスチャンでないように言われる。教会に来ていればクリスチャンだとみる。そこが問題であったようです。結局、内村鑑三は日本のキリスト教の歴史においてのみならず、おそらく世界のキリスト教の歴史において画期的であると思われる、無教会という信仰によって問題を解かれた。無教会の信仰はどういうことかというと、人は救われるため、クリスチャンであるためにはキリストを信ずればよい。教会員になる必要はない。教会員になってもよいけれども、ならなくてもよい。人がクリスチャンか否かということを見分ける目じるしは、彼が教会で洗礼を受けて教会員として登録されているか、そうでないか、そこに求むべきでない。ほんとうにキリストを信じているか否か、そこで見分けるべきである。そこが問題だ。簡単に言えばこれが無教会の主張なのです。いかにそれが革命的な思想であり、信仰であるかということは、みなさんが少しくキリスト教の歴史を調べてごらんになると、おわかりになると思います。ルターは宗教改革をなしまして、人はカトリック教会に属さなくても救われる、ということを言ったのです。そこからいろいろのことが起ってくる。教会の制度とか、カトリック教会の制限、制約とか、教会の壁とか、そういうものがキリストと人との間を隔てるものではない。国と国の間の国境が神と人との間の隔りでないように、教会の隔りも神と人との間に本来ないものだ。ここで人間が人間として認められることになる。人間をみるときに、国家に所属するものとしてみるのが国家主義です。実際は世界中の人は国家をなして、国家の人民として、国民となっております。それは事実ですが、神と人との関係ということからみれば、国境は問題でない。国境によってイギリスのクリスチャンとアメリカのクリスチャンと、クリスチャンが別だということはない。同じように教会という制度の存在の必然的な理由もあるでしょうが、しかし教会に属するということがキリストに属する必要な条件ではない。こういう意味において、キリストと人との間に教会という隔てはない。だから人間を人間としてみることになる。あの人は教会に行っているから立派な信者だ、この人はよく聖書を読み、キリストを信じているけれども、教会に行っていないから信者と認められない。こういうことは理由にならないという思想であります。そこでは一人の人間、内村鑑三の言葉で言えば「平民」、今で言えば「庶民」、普通の人間、学位をもっているとか、財産があるとか、政治家であるとか、有力者であるとか、そういうことではなくて一人の人間、平民というもの、庶民というものが神に愛され、神に救われるものであります。

そこで内村鑑三の好んだ花があります。それは先生の書いた文章の中にある。春のおだまき、秋のりんどう。これも実に平凡な草花です。おだまきは実に謙遜な花で、取り立てていうほどのものではありません。カーネーションとかチューリップというような目立つものではありません。薄紫の目立たない謙遜な花です。その謙遜と柔和を愛した。りんどうはいろいろ種類がありますけれども、内村鑑三の文章にあるりんどうは、笹りんどうという種類と思われまして、高原や山に咲いております。花屋で売っているような枝の大きな立派なりんどうではなくて、天の秋空の青さが地に落ちて宿ったような色のりんどうです。その純潔と青さを愛された。新渡戸博士が梅と萩を愛されたことと何か通ずるところがある。ともに平民的な花で、そして謙遜で純潔である。これが人間というものの値打ちだ。人間の値打ちはその人のもっている地位とか身分とか肩書きとか財産とか、そういう付属品ではなくて、人間そのものの魂の美しさである。魂の美しさは謙遜と愛と柔和と純潔である。こういう思想です。したがってデモクラシーの人間観に通じるものです。

明治時代には、長州閥とか薩摩閥とか、明治の近代国家ができたときに功績のあった藩の出身の政治家、軍人が日本の政治を支配いたしました。伊藤博文とか山県有朋とかなどは長州閥である。それから黒田景〔清〕隆とか西郷隆盛などは薩摩閥である。内村鑑三は群馬県の高崎藩の人でありまして、その閥外にあったということもあるでしょうが、やはり彼の信ずるキリスト教の信仰と、そのデモクラティックな人間観あるいは社会観が、彼をして藩閥を攻撃させ、それから財閥を攻撃させました。それから学閥を攻撃させました。すべて閥というものを非難し、攻撃するために烈々たる筆陣を張りました。当時の進歩的な青年の心を揺り動かしたのであります。それは内村鑑三の愛国心であります。

愛国心はとくに努力しなくても、人が自然にもっているものです。自分が生れた国を愛することは、ほとんど自然に人がもっているといってもいいのです。ただそれを自覚する程度と方法が問題となります。新渡戸先生も愛国者であった、内村鑑三も愛国者であった。内村鑑三の愛国心は日本を神の心に適《かな》う国としようというところにあったのです。現実の日本は腐敗し堕落して、攻撃すべきものがたくさんあるが、しかし日本そのものは愛すべき国であり、愛さなければならない国民である。この中から腐敗を焼き払い、汚れたものを払い除き、正義と平和と自由と独立を愛する庶民の、人々の、心の正しい国としようというのが内村鑑三の愛国心であった。新渡戸先生の愛国的思想や行動と、内村先生のそれとは必ずしも同じ方向に、同じ表現をとったわけではないが、根本においてはもちろん同じであります。

そこで内村先生の愛国心は「二つのJ」「美しき二つの名」という言葉になって現われたのであります。この二つの言葉はもちろん日本がキリストの国となるように結びつけて考えられている。また逆に言うと、西洋の学者のいろいろのしきたりや思想などで歪められたようなイエス・キリストでなくて、聖書に述べられているキリストそのものの姿、そのものの愛、それを清められた日本国民が、日本人が直接に学ぶことができれば、それによって日本の国は潔まる、本当に国らしい国となる。のみならず、日本の国から人類を照す光が輝きでるだろう。そういう夢をおもちになったのです。

新渡戸先生流に言うと、東西相触れ、東西交流する。いろいろ違った国民、民族が世界にあるが、それがおのおの美しさを保ちつつ、しかも敵対しないで平和になるためには、どうすればよいか。そのために全力をあげて努力すべき使命が日本にあると感じられた。内村鑑三先生は、イエス・キリストによって、日本の国民の精神を潔め、経済を潔め、道徳を潔め、生活を潔め、そしてそれと同時に日本人がキリスト教を純粋な形において、純粋な精神において世界に伝える。こういう考えをもたれたのです。

今日の世界の情勢をみると、われわれはいろいろのむずかしい問題に当面しております。内村鑑三の召されたのは一九三〇年三月、新渡戸稲造の召されたのは一九三三年十月で、すでに二十余年を経過しております。その間、世界は日本を含めて大戦争を経由いたしました。今日の世界は実に心配な情勢であり、あるいはよくない情勢であるといってもいいでしょう。第二次大戦が起ったあと、世界の情勢はくつろぐ暇がなく、常におびえてこの十年を経過いたしました。解決のめどがないようであります。アメリカとソ連という現代における二大勢力が相対抗しております。その間の冷戦、熱戦が尽きません。両国は単に資本主義国と社会主義国の差、社会構造の差があるだけでなくて、いわゆるイデオロギーが違っております。唯物論とキリスト教の差といえば大雑把に過ぎますけれども、思想の対立があります。

それから、フランスとアルジェリアの問題が昨今新聞に大きく出ておりますが、コロニアリズムと言いますか、植民地主義と民族独立運動の対立が非常に強くなっております。フランスとアルジェリアだけでなく、いろいろなところでそれが現われている。アラブ諸国とキリスト教国とか、あるいはソ連のような唯物論の共産主義の国とか、思想的な組合せ、それから経済的な組合せと、民族独立主義の政治問題とがいろいろにかみ合って複雑になっており実にすっきりとしない状態であります。

いろいろなことを拾ってみますとアメリカはなぜ方々の国で嫌われるか、ニクソンが南米を訪問して石で打たれ、そのためにニクソンは国民的英雄として歓迎されたという話ですから、実に簡単な英雄もいるものだと思います。アメリカは世界の国民にずいぶん金を使って物を送り、それから援助をし、自分では一生懸命やっているつもりらしいのですが、なぜ好かれないか。これはアメリカ人自身が問題とするだけでなくて、われわれにも非常に問題になることです。何が一体足りないか。足りないものは何だ。

ソ連はなぜ嫌われるか。日本の進歩的青年諸君の中にはソ連を好きな人もありますが、嫌いな人が多い。そしてアメリカは、げじげじのようにソ連を嫌っている。ハンガリーの学生は武器をもって立ったけれどもソ連に弾圧された。ポーランドはどうだ。東ドイツはどうだ。いわゆるソ連陣営の中においてもソ連を嫌っているものがある。ユーゴのチトーはなぜああいう政策をとるか。

つまり大きな力をもっているものが、人から好かれない。お礼を言われたり利用はされるけれども、心から愛好されない。何が足りないか。これも今の一つの問題です。

国際間の紛争が解決されないで、不安的な状態にあるのはなぜかということが一つの問題です。力ある国々が愛されないのはなぜだろう。これも一つの問題です。その他いろいろ不思議があります。原水爆がなぜやめられないか。これだけ明らかな解りきった問題で、しかも方々の国が反対運動をしているのに、なぜストップできないか。反対する者の力が弱いからだということでは説明になりません。もっと何か深い理由がある。

なぜ日本の政治はよくならないか。やがて総選挙があります。三悪追放というけれども、三悪追放どころか七悪もある。あしたは総選挙ですが、まだ政権を渡せないとか、政権をよこせとか言って、一体だれが政権をもっているのか。政権は主権者にあるというならば、政党は主権者に謙遜な態度をとるのが当りまえではないか。政権が自分のものでないのに、まだ渡せないとか、渡せとか、そんなことを明治憲法のもとで言ったならば、もう懲役ですよ。権力は天皇が持っている。それを渡せとか渡さないとかいうことを総理大臣が言えば、これは不敬罪で罰せられる。今は民主主義でありますから、天皇の政治上の権力はなくなり、国民自体が主権者であることが本来の建て前である。もう少し政治家は謙遜にならなければならないですね。つまり政治はなぜ潔まらないか。これは日本における一つの問題です。

なぜ青年は自殺するか。これも私どもにとっては非常に大きい問題です。アメリカの大学の教授と話をしました。戦後自殺が多い、アメリカでも多くなっている。ヨーロッパにも自殺が多くなっているが、日本の特色は青年の自殺が多い。欧米においては中年以上の者の自殺が多い。青年の自殺は少ない。日本においては逆だ。なぜ日本では学生をも含めて青年の自殺が目立って多いのか。これも一つ、わからない問題です。

いろいろな大きな困難な問題が山積みされている。その中で考えられることは、現代は思想的にも道徳的にも低調な時代ではないだろうかという疑いです。私はこの疑いをもつことを、自分で非常に恐れ、またいやであります。自分が生きている時代ですから、人類の歴史に残るような時代であって欲しいと思うけれども、どこに偉大な哲学があるか、どこに偉大な芸術があるか、どこに偉大な政治家があるか、と考えてみると、人類の歴史を担い、光を添えるような大きな偉業はほとんど見当りません。現代のいろいろの矛盾と困難と、説明のできないような事柄がなぜ起ったか。人類は行きづまりの状態であり暗中模索をしているような様子でありますが、何が足りないかについて、私の考えたところを簡単に言うと、一つは戦争というものであります。

第二次大戦がいかに人類に対して損害を与えたかというと、精神的な道徳的なディジェネレーション、退化を人類に課した。昔のような局地的な部分的な戦争ではなくて、全世界的な戦争となりました。そして戦争の方法は残酷を極める。かつて歴史になかったような、破壊力の大きい武器をもって戦うようになりました。昔の戦争には戦地と銃後という区別があった。戦闘員と非戦闘員の区別がありました。非戦闘員を攻撃することは国際法で禁じられた。今はその区別がありません。攻める方も守る方も、国民全体が戦闘員となっている。だから爆弾を落すのでも、どこにでも落す。前線で戦っている兵隊を攻撃するだけでなくて、背後の国民そのものを攻撃する。こういう戦争は人類が始まって以来、かつてなかったことなのです。

こういう戦争を行なったあとの損害は、ただ家を焼き人を殺しただけのことではありません。人間の思想を殺してしまった。人間は生きる目的、生きる目標を失ってしまいました。もう一度戦争が起れば、もっとひどいことになるだろう。それでは大変だと思っておりますが、しかしどうしていいかわからない。

このような破壊力の大きい戦争を誰がしたか、いわゆる民主主義、資本主義の国も、いわゆる共産主義、社会主義の国も共に戦ったのです。戦争となれば見分けがつかなくなる。そして共産主義の国と資本主義の国とが相い戦うことがないとは誰も言えません。

戦争をこのような規模において可能としたものは、富の蓄積と科学の発達であります。富の蓄積は経済学の目的であります。もしも富が蓄積されなかったら、戦争は起っても一部分で終ったでしょう。もう一つ、戦争の破壊力を大きくしたものは科学の発達であります。科学が発達したために破壊力の大きい戦争となり、戦争の地理的範囲も広くなりました。富の蓄積と科学の発達は総合して、一方では大戦争を可能ならしめ、他方では人間の精神を唯物的にしました。物が力であるという考え方を人々に植えつけました。

唯物論の思想の歴史と科学の歴史の研究は面白い問題です。ごく概略して言いますと、中世における宗教的な精神主義の考え方、ある人々はこれを観念論といいますが観念論の哲学思想あるいは宗教思想に対する反動として唯物論が起りました。唯物論は、ある時代において人間の思想の自由を代弁するものであります。

けれども百年、百五十年を経過したのちに、一方においては科学の力と富の力、他方においては物が力である、物が人を幸福にするという唯物論的な思想が結びついたときに戦争が起り、その戦争の破壊力から人が立ち直ることができない。今日、人類の思想の低迷の由来は深い。これは過去百五十年にわたる人類の歴史の総決算であると、私は思っております。

何が欠けているかと言えば、それは霊魂の自由です。魂の問題を人が見失っている。霊は存在しないと唯物論者は言います。神は存在しない、神を畏れず、霊の自由を信じないで、人間の存在は物がすべてであるというときに、人と人とが争う。誰がこれを解決するか。人と人との共通点をどこに求めるか。人はご飯《はん》を食べる。ご飯《はん》を食べなければ生きていけない。それはどこの国民、どこの民族でも同じです。けれども物を食べなければ生きられないということが、国民の生存圏、生活圏に拡大されると戦争の原因となる。人間と人間の共通の生命を物質だけに考える。そして物質的生命は経済と技術によって維持発展することができる。それ以外の霊魂の自由、神を畏れるということは迷信であるとして否定する。否定し去った心、それが世界の人類の思想の大勢を支配してきた。そういう文明の行き詰まりが、今日の第二次大戦と戦後における低迷した人類の状態の根本原因だと、私は思っている。人間は信仰、したがって信頼を喪失しました。世界平和、自由、基本的人権がどうと言うけれども、互いの意見が分裂して争いが絶えない。そしてわれわれは生きる望みを失った。どこに自分の頼み、自分の喜びを見出すか。結局、物質的な欲望の充足です。あしたは知らないから今日肉欲を楽しもう。ロカビリーは世界的な現象です。日本にはたいていオリジナルなものはない。外国から伝わってくる。数カ月おくれて日本に入ってくる。ロカビリーは日本だけの問題でない、人類的の問題です。ああいうことに熱狂しなければ空虚が満たされない。そういう人間である限りは、戦争でもやらなければ思う存分活動ができないということと大差ない。同じ流れの思想なのです。

人間の幸福、人間の生きがい、人間の自由は、根本的には霊魂の、魂の自由である。それは神を信じる信仰によって与えられるのである。これが個人の自由の根本であり、すべての人類が生き、また国民と国民、民族と民族が平和に生きる根本であるのです。

霊を見失ったことが現代文明の致命的な欠陥であることを、幾人かの人が指摘しました。たとえば一昨年日本に来た、イギリスの歴史家のアーノルド・トインビーも同じことを指摘している。「歴史の危機は人間が霊と霊の自由、スピリチュアルな自由を見失ったからである」とも言っています。アフリカにいるアルバート・シュワイツァーもそう言っている。インドのネルーも同じことを言っているのであります。ですから私の言うことは、けっして私だけの独断ではないと思います。

自分の幸福を考え、自分が幸福になっていけば他人はどうでもいい、他人は犠牲にしてもいい。こういう利己的な考え方と、幸福は物質的な肉的な生活にあって、精神的な自由にあるのではないという、利己主義とが結合するところに人間は失われてしまう。

日本の青年が自殺をする。もう生きる興味がない。自分は死んだ方が幸福であるから自殺をするということは、利己主義的な物質主義的な考えなのです。自分の幸福だけ考えれば、自分が死んだほうが幸福だと考えて死にます。ある東京の大学で、女子学生が今月の三月末の卒業前に自殺をいたしました。卒業試験を受け、卒業論文も出し、学生としてなすべきことすべてをしました。家庭も両親が揃っており兄弟もあり、お金にも困らない。何一つ不足のない者が卒業論文を出したあとで死にました。自分は幸福になりたい。死ぬのが幸福だと言って死にました。そのように人間というものの値打ちを軽んずる。自分の幸福だけを考える。自分の幸福は精神的な勇気をもって困難と死に耐えるということでなくて、学校を卒業して世の中に出ればうるさいことがたくさんあるだろう、今のうちに死ねばきれいに死ねる。そういう考えで死んでいった人がある。霊の自由を考えないで、利己的な唯物的な思想に支配されているから、ロカビリー的なばか騒ぎ、そうでなければ虚無的な退嬰《たいえい》主義に陥るのは当然なのです。

みなさんがこの学校のマークにある学校設立の精神、二つのSということをお考えになる。奉仕と犠牲は愛の精神です。奉仕と犠牲はあまりにも自己否定的である。ニーチェはキリスト教を批評して、キリスト教は奴隷の道徳であると言いました。あまりにも奉仕・犠牲を高調するからだ、というのです。しかし「キリストが世に来たのは人に仕えられるためではない。かえって仕えることをなし、また多くの人の贖《あがな》いとして、おのが生命を与えるためである。あるいは、人、その友のためにおのが生命を捨てる、これより大なる愛はない」こうキリストは言っている。愛の精神、社会の悪と戦い、国民を正義と平和の国民となし、大衆の一人一人を愛し、その葉末に宿る露、葉末に宿る涙の一滴一滴に同情と理解をもつ、そういう愛の精神であります。

奉仕と犠牲の精神に反対なものは、人を自分のために奉仕させよう、それから人を自分のために犠牲にしようと考えることです。これは立派な道徳ではなくて、それこそ奴隷の道徳です。奉仕と犠牲については、誰が誰に仕えるか、誰が誰のためにおのれを犠牲にするかということが問題であります。それは言うまでもなく、根本において神とキリストに仕えることであり、神とキリストのためにおのれを捨てることです。神とキリストのためということは、けっして法王とか大僧正とか位の高い人、権力者のためではなくて、神の造りたもうた一人の小さい人間のためにわれわれの生命を捨てるという精神、正義と平和を蹂躙するものと戦い、これを解き放つという精神、これが奉仕と犠牲ということだと思います。それはイエスにありて、イエスによりて、イエスのためになされる奉仕であり犠牲であります。

こういう人々が教育され、生活することによって、日本の国は国らしい国になる。個人が生れてそれぞれの生活をするように、民族も歴史上の世界にいくつか存在しました。われわれは日本民族として生れ、日本国に存在しております。この日本国を愛して、日本国を神の御心に適《かな》う、よい国となし、世界の進歩のために貢献する国となすということは、われわれの当然の愛国心であります。これはもちろん、富国強兵の愛国心ではありません。富国強兵によって世界に覇を唱えるという愛国心ではありません。奉仕と犠牲の精神をもつ愛の精神の愛国です。

みなさんの学校は東京女子大学ですが、英語では Tokyo Woman's Christian College と言うのでしょう。「クリスチャン」という字をどうして省略したのか私にはわかりません。みなさんの精神においては省略されてはならない大切な言葉であると思います。この学校は東京の学校であり、この場合東京は日本と呼んでもいいけれども、目白に日本女子大学があるから、東京としたのであります。日本あるいは日本以上の代表という意味で「東京」。「女子」は日本の四十年前には、まだまだ実際に見劣りしていた。軽蔑する意味ではないですが、教育の機会は今ほど与えられていなかった。その当時において女子教育を必要だと考えられたのは、実に達見であると思います。女子は単に国民の人口の半分を占めているというユニットだけでなくて、非常に大切な国民の構成分子であります。女子が自らを重んじて、みなさんが教育を受けた女子としての価値を発揮されることがどれほど日本のために、世界のために必要かわからない。クリスチャンとは、先程から申したような精神、奉仕と犠牲という精神です。カレッジは学校、学問をする場です。諸君が勉強して、真理を愛し、学識のある、良識のある国民の指導者として、社会に出て行かれるならば、どれだけ日本と人類のために幸福であるかがわからない。

私の申しました趣旨は、現在昏迷している日本と世界を救って、それから数歩抜きんでた社会を造っていく責任は、あなた方にあるということなのであります。私どもの活動する社会は過ぎていきつつあります。やがてはあなたがたの時代が来るのでありますから、四十周年を祝うことは次の時代を建設する第一歩としてお考えになりまして、ただに学校の理事者、先生がただけの問題でなくてみなさん自身の問題としてこの問題を考えていただきたいと思うのであります。

［編者紹介］

鴨下　重彦（かもした・しげひこ）

一九三四年生。東京大学名誉教授、小児医学研究振興財団理事長。『現代に求められる教養を問う――新渡戸稲造、南原繁、矢内原忠雄、吉田富三に学ぶ』（編、to be 出版、二〇〇五年）、「矢内原忠雄――戦後相継いだ無教会総長」（『宗教は不必要か』南原繁研究会編、EDITEX、二〇〇七年）、『社会的共通資本としての医療』（共編、東京大学出版会、二〇一〇年）。医学、小児科学専攻。矢内原総長在任中に東京大学在学、毎日曜、今井館で聖書の教えを直接受ける。

木畑　洋一（きばた・よういち）

一九四六年生。成城大学教授、東京大学名誉教授。『支配の代償――英帝国の崩壊と「帝国意識」』（東京大学出版会、一九八七年）、『帝国のたそがれ――冷戦下のイギリスとアジア』（東京大学出版会、一九九六年）、『イギリス帝国と帝国主義――比較と関係の視座』（有志舎、二〇〇八年）。国際関係史、イギリス現代史専攻。矢内原が初代学部長を務めた東京大学教養学部の第三一代学部長となった。

池田　信雄（いけだ・のぶお）

一九四七年生。東京大学教授（大学院総合文化研究科及び教養学部）。シリーズ言語態6『間文化の言語態』（責任編集、東京大学出版会、二〇〇二年）「序・間文化の輪舞」、「異文化発見の船出――ヘルダーの出発」。ドイツ文学専攻。東京大学駒場美術博物館長を務めていた二〇〇九年に特別展「東京大学教養学部創立六〇周年記念　矢内原忠雄と教養学部」開催。

川中子義勝（かわなご・よしかつ）

一九五一年生。東京大学教授（大学院総合文化研究科及び教養学部）。「解説　悲哀の人・矢内原忠雄」（『日本の説教11　矢内原忠雄』編、日本キリスト教団出版局、二〇〇四年）、「矢内原忠雄と教養学部」（『高校生のための東大授業ライブ　熱血編』東京大学教養学部編、東京大学出版会、二〇一〇年）、『詩人イエス――ドイツ文学から見た聖書詩学・序説』（教文館、二〇一〇年）。ドイツ文学、キリスト教思想史専攻。一九八九年以降、矢内原に遡る東大聖書研究会の顧問。

［執筆者紹介］

今泉裕美子（いまいずみ・ゆみこ）
一九六三年生。法政大学国際文化学部教授。『沖縄県史』（共著、第五巻、沖縄県教育委員会、二〇一一年）、『21世紀国際社会への招待』（共著、有斐閣、二〇〇三年）。国際関係学専攻。

川西　進（かわにし・すすむ）
一九三一年生。東京大学名誉教授、フェリス女学院大学名誉教授。「シェイクスピアの『ソネット集』の宗教性」（*CRITICA* 一〇号、一九六四年）、「父と子――フィリップ・ゴス父子と矢内原忠雄父子」（『比較文学研究』五四号、一九八八年）、「詩人としての矢内原忠雄」（『無教会研究』五号、二〇〇二年）。イギリス文学専攻。矢内原は東京大学在学中の教養学部長であり総長であり、生涯、信仰の師であった。

塩出　浩之（しおで・ひろゆき）
一九七四年生。琉球大学法文学部准教授。『岡倉天心と大川周明――「アジア」を考えた知識人たち』（山川出版社、二〇一一年）、「明治期ハワイ在留日本人の参政権獲得問題」（『日本歴史』第六六三号、二〇〇三年四月）、「日本領樺太の形成――属領統治と移民社会」（原暉之編『日露戦争とサハリン島』北海道大学出版会、近刊）。日本政治史専攻。

柴田真希都（しばた・まきと）
一九八三年生。東京大学大学院博士課程。「賀川豊彦――連帯と自治の理想的共同体を目指して」（『南原繁――ナショナリズムとデモクラシー』南原繁研究会編、EDITEX、二〇一〇年）、「見神と自然をめぐる思索と交錯――綱島梁川と内村鑑三」（『宗教研究』第八五巻第一輯、日本宗教学会、二〇一一年）、『ロマ書』八章の自然観の受容と展開――内村鑑三とその後継者における自然の境位」（『日本思想史学』第四三号、ぺりかん社、二〇一一年）。比較文学、宗教、思想史専攻。

三浦　永光（みうら・ながみつ）
一九三八年生。津田塾大学名誉教授、総合人間学会理事。『戦争と植民地支配を記憶する』（明石書店、二〇一〇年）、『ジョン・ロックとアメリカ先住民――自由主義と植民地支配』（御茶の水書房、二〇〇九年）、『現代に生きる内村鑑三――人間と自然の適正な関係を求めて』(御茶の水書房、近刊)。哲学、社会思想史専攻。矢内原総長在任中に東京大学に在学し、その講演・聖書講義を聴く。

若林　正丈(わかばやし・まさひろ)
一九四九年生。早稲田大学政治経済学術院教授、東京大学名誉教授。『台湾抗日運動史研究　増補版』(研文出版、二〇〇一年)、『矢内原忠雄「帝国主義下の台湾」精読』(編、岩波書店、二〇〇一年)、『台湾の政治——中華民国台湾化の戦後史』(東京大学出版会、二〇〇八年)。台湾近現代史専攻。

(紹介の肩書き等は初版時)

矢内原忠雄

2011年11月2日 初 版
2012年 2月10日 第2刷

［検印廃止］

編 者 鴨下重彦《かもしたしげひこ》・木畑洋一《きばたよういち》・池田信雄《いけだのぶお》・川中子義勝《かわなごよしかつ》

発行所 財団法人 東京大学出版会
代 表 者 渡辺 浩
113-8654 東京都文京区本郷 7-3-1 東大構内
http://www.utp.or.jp/
電話 03-3811-8814 Fax 03-3812-6958
振替 00160-6-59964

印刷所 株式会社理想社
製本所 矢嶋製本株式会社

ISBN 978-4-13-003370-1 Printed in Japan